锡林郭勒盟草原文化研究系列丛书

成吉思汗与忽必烈汗

周景峰　编著

内蒙古出版集团
内蒙古科学技术出版社

图书在版编目(CIP)数据

成吉思汗与忽必烈汗/周景峰编著.—赤峰：内蒙古科学技术出版社，2014.12(2020.2重印)
(锡林郭勒盟草原文化研究系列丛书)
ISBN 978-7-5380-2495-1

Ⅰ.①成… Ⅱ.①周… Ⅲ.①成吉思汗(1162~1227)—生平事迹②忽必烈(1215~1294)—生平事迹 Ⅳ.①K827=47

中国版本图书馆 CIP 数据核字(2014)第 299754 号

出版发行：内蒙古出版集团　内蒙古科学技术出版社
地　　址：赤峰市红山区哈达街南一段 4 号
邮　　编：024000
邮购电话：(0476)5888903
网　　址：www.nm-kj.cn
责任编辑：马洪利
封面设计：永　胜
印　　刷：天津兴湘印务有限公司
字　　数：246 千
开　　本：787×1092　1/16
印　　张：21.75
版　　次：2014 年 12 月第 1 版
印　　次：2020 年 2 月第 2 次印刷
定　　价：98.00 元

《锡林郭勒盟草原文化研究系列丛书》
编 委 会

主　　任：张院忠

副 主 任：孙俊青

编　　委：付海宙　李　询　额尔敦　张晓东
　　　　　吴　隽　宝　音　谷海峰　庄永兴

策划编辑：付海宙　庄永兴

责任审核：斯仁那德米德　杨富有　郝喜刚　斯日古愣
　　　　　哈斯朝鲁　哈　斯

前　言

自古以来,成吉思汗一直是世界感兴趣的话题。上个千年临近结束之际,他又一次聚焦了全球的目光,成了各路媒体争先恐后报道的对象,甚至把他评为"世界首富"、"影响最大的人物"、"世界最大的成功者"和"千年风云第一人"。本书记述的是成吉思汗祖孙三代人,为统一中国而不懈奋斗的不朽历史功勋。

本书分上下两篇,上篇记述的是成吉思汗统一蒙古各部,建立大蒙古国,为元朝的建立奠定基础的历史功绩;下篇记述的是成吉思汗之孙忽必烈汗建立元朝,统一中国的历史功绩。

上篇　成吉思汗建立大蒙古国

1206年春天,成吉思汗在斡难河源头召开忽里台(贵族大会),树起九斿白旗,宣布登上大蒙古国大汗的宝座。成吉思汗作为我国古代杰出的政治家和军事家,突出的表现是在即大汗位后,实行一系列的政治、经济和军事上的改革,将大蒙古国建设成为当时世界上独一无二的强盛国家。

据《元史·太祖本纪》记载,元太祖成吉思汗(1162—1227年)是大蒙古国的开国大汗,杰出的政治家、军事家。他"深沉有大略,用兵如神,奇勋伟绩甚众"。在我们中国人看来,元太祖成吉思汗是中华民族的杰出人物,是一位伟大的政治家、军事家,他对中国和世界的历史产生过很大的影响。

现将古今中外政治家、历史学家对成吉思汗的权威评价摘录如下：

毛泽东同志将成吉思汗亲切地称为"一代天骄"，将他与中国历史上著名的帝王秦皇、汉武、唐宗、宋祖相提并论。

著名历史学家翁独健、亦邻真写道："成吉思汗统一蒙古各部，在历史上起了进步作用，攻金灭夏，曲折地反映了当时中国各民族交往日益密切的客观趋势，为元朝的建立奠定了基础。"

阎崇年在《正说历代帝王》一书中写道："成吉思汗统一蒙古草原后，第一件事就是大封功臣、宗室，把在战争中已经实行的千户制进一步完善和制度化，创立军政合一千户制，先后任命了一批千户官、万户官和宗室诸王，建立了一个层层隶属、指挥灵活、便于统治、能征善战的军政组织。成吉思汗把占领区的人户编为九十五个千户，分封给开国功臣和贵戚们，分别进行统治。《史集》和《蒙古秘史》一一列举了这些千户官的姓名、出身、主要经历以及各千户的组成情况，其中包括七十八位功臣，十位驸马，有三位驸马共领有十千户，因此，当时实际分封的是八十八人，这就是大蒙古国历史上著名的八十八功臣。千户制的建立，标志着部落和氏族制的最后瓦解。这是一种军事、政治、经济三位一体的制度，是大蒙古国统治体制中最重要的一环。建立特殊功勋的那颜，还被授予种种特权，那颜阶层是成吉思汗'黄金家族'统治蒙古人民的支柱。这实际上是用战争打败了原来各部的奴隶主和氏族贵族，又重新培植了一个新的奴隶主阶层，这是以成吉思汗所在的黄金家族为主、各级功臣为辅的新的奴隶主阶层。"

杜文青在《正说开朝十四帝》一书中写道:"蒙古国的建立,为今后中国的统一也创造了条件。在这方面,也是有积极意义的。蒙古国对蒙古高原、中原乃至整个世界产生了重大的影响。成吉思汗的成功之路,充满传奇色彩,但他毕竟是时代的产物。……'一代天骄'成吉思汗,不仅是蒙古民族的英雄,也是整个中华民族的英雄。"

革命导师马克思曾说:"成吉思汗戎马倥偬,征战终生,统一了蒙古,为中国统一而战,祖孙三代,鏖战六七十年,其后征服民族多至七百二十部。""他依靠这支军队征服了东蒙与华北,然后征服了阿姆河以北的地方与呼罗珊,还征服了突厥族地区,即不花剌、花剌子模和波斯,并且还侵入印度。他的帝国的疆土,从里海一直延伸到北京,南面伸展到印度洋和喜马拉雅山,西面到阿斯特拉汗和嘉桑。"

革命先行者孙中山先生曾说:"亚洲早期最强大的民族之中,元朝蒙古人居首位。"

英国学者莱穆在《全人类帝王成吉思汗》一书中说:"成吉思汗是比欧洲历史舞台上所有的优秀人物更大规模的征服者。他不是通常尺度能够衡量的人物。他所统率的军队的足迹,不能以里数来计量,实际上只能以经纬度来衡量。""亚历山大马其顿斯基,其英名也可以与成吉思汗相提并论,但'亚历山大一死,他的高官都是因为奢望帝王宝座而互相争斗,亚历山大的儿子遭到了逃亡的命运'。与之相反,'成吉思汗的儿子,没有受到任何继其父汗之位的影响,君临西起亚美尼亚,东至朝鲜,南自西藏,北至伏尔加河的广阔领域。成吉思汗的孙子忽必烈支配了世界的一半(确切些说是当时世界的五分之四)'。"为此,他称成吉思汗为"全人类的皇帝"。

日本学者太田三郎在《成吉思汗》一书中称成吉思汗为"世界古今盖世之英雄",他说:"观蒙古民族雄图伟业,俯仰六百年间,当时都为龙盘虎踞之大版图而赞叹。自有地球以来,英雄之席卷大陆者不知凡几;自有历史以来,君主之削平邦土者亦不知凡几。然规模之大,版图之广,如蒙古成吉思汗者,前后无其俦匹。……亚历山大、恺撒、拿破仑等比较,基业之伟,领域之大,亦故不能同日而语耳。"故而他认为成吉思汗不仅是蒙古民族的英雄,"亦且为世界古今不见俦匹盖世之雄也"。

伊朗著名史学家志费尼在其《世界征服者史》一书中说:"倘若那善于运筹帷幄、料敌如神的亚历山大活在成吉思汗时代,他会在使计用策方面,当成吉思汗的学生,而且,在攻略城池的种种妙策中,他会发现,最好莫如盲目地跟成吉思汗走。"

拿破仑说:"我不如成吉思汗,他的四个虎子都争为其父效力,我无这种好运。"

印度前总理尼赫鲁在《怎样对待世界历史》一书中说:"蒙古人在战场上取得如此伟大的胜利,这并不靠兵马之众多,而靠的是严谨的纪律、制度和可行的组织。也可以说,那些辉煌的成就来自于成吉思汗的指挥艺术。"他非常赞成勒·加特的说法:"蒙古人所进行的征战,就其规模和艺术、突然性和灵活性、包围的战略和战术而言,是史无前例的。""成吉思汗即使不是世界上唯一的、最伟大的统帅,无疑也是世界上最伟大的统帅之一"。

美国五星上将麦克阿瑟说:"如果有关战争的记载都从历史上抹掉,只留下成吉思汗战斗情况的详细记载,且被保存得很好,那么军人将仍然拥有无穷无尽的财富。从那些记载中,军人可以获得有用的知识,塑造一支用于未来战争的军队。那位令人惊异的领袖(成吉思汗)的成功使历史上大多数指挥官的成就黯然失色。""他渡江河、翻高山,攻克城池,灭亡国家,摧毁整个文明。在战场上,他的部队运用得如此迅速和巧妙,横扫千军如卷席,无数次打败了数量上占压倒优势的敌人。""虽然他毁灭一切,残酷无情,野蛮凶猛,但他清楚地懂得战争的种种不变的要求。"

俄国军事家柯列金也说:"通观世界历史,用很少兵力(拉施特说十二万,小林高四郎说二十万),在很短时间内(1207—1227年,共二十年),攻略广大土地(欧亚两洲的大部),统治众多人口(中小路彰说六亿人口,可能有些夸大),除成吉思汗时代的鞑靼人和帖木儿时代的中亚细亚人之外,开天辟地以来从未有过。"

据史书记载,成吉思汗一生共进行了60多次战争,除十三翼之战因实力悬殊主动撤退外,无一失败。因此,中国学者刘乐土先生在其《成吉思汗》一书中说:"成吉思汗是后人难以比肩的战争奇才。他逢敌必战,战必胜的神奇,将人类的军事天赋穷尽到了极点。"

"成吉思汗及其子孙建立的蒙古汗国横跨欧亚两洲,当时世界上的各种宗教,在其统治的范围之内几乎应有尽有。实行开明的宗教政策——信仰自由,在一定程度上减少了被征服者的反抗,对蒙古贵族的得天下和治天下都曾发挥过不小的作用。"

"成吉思汗西征导因于一次东西方的商业冲突:讹答剌城守将残杀蒙古商队,成为成吉思汗西征的导火线,并为此付出了惨痛的代价。德山先生在《元代交通史》中说:'国际陆路交通是成吉思汗祖孙三代三次西征的产物。'由此开辟了中国通往波斯的国际交通——波斯道。"

法国学者格鲁塞在《蒙古帝国史》中说:"蒙古人几乎将亚洲全部联合起来,开辟了洲际的通道,便利了中国和波斯的接触,以及基督教和远东的接触。中国绘画和波斯绘画彼此相识并交流。马可·波罗得知了释迦牟尼,北京有了天主教总主教。""从蒙古人传播文化这点说,差不多和罗马人传播文化一样有利。对于世界的贡献,只有好望角的发现和美洲的发现,才能够在这一点与之相似。"

加拿大史学家斯塔夫里·阿塔斯说:"由于蒙古帝国的兴起,陆上贸易发生了一场大变革。历史上第一次也是唯一一次,一个政权横跨欧亚大陆,即从波罗的海到太平洋,从西伯利亚到波斯湾。""往来于这条大道的商人们说,无论白天还是黑夜,在塔那到中国的路上行走,是绝对安全的。"这条横穿中亚的商路,对于当时东西方商业的发展具有重大意义。

美国作家哈罗兰姆将成吉思汗称为"人类帝王",他在著作中说:"虽然成吉思汗从未接受过物质文明的熏染,竟能为50多个民族建立了切实可行的典章,维持大半个世界的和平与秩序。""信使可以纵横50个经度,一个少女怀揣一袋金子,可以安心遨游这个广大的帝国。""使得东西交流为之畅通、欧亚文化为之交流,这是人类之间最广大而开放的一次握手。"

韩国学者金钟日说:"大地是人类的家园,我们只有一个家园,这是当今'全球化'的新概念。然而,'全球化'起源于成吉思汗的大统一。"

《千年风云第一人》(巴拉吉尼玛等编著,民族出版社 2003 年版)的作者在该书《致读者》中写道:"我们敬重成吉思汗,并不只是因为他是民族的骄傲,而很大程度上是因为他是世界公认的最伟大的成功者之一。"在该书引言《成吉思汗创下了十二个世界之最》中,他们认为成吉思汗"创建了世界上版图最大的帝国"、"发动了人类历史上规模最大的战争",是"千年来世界最富有的人"、"人类历史上最大的成功者"。

著名历史学家韩儒林说:"世界上从来没有不死人、不破坏的战争,东西方历史学家对成吉思汗的评价从来也没有一概采取否定态度。我们今天就成吉思汗在蒙古民族历史上、中国历史上、世界历史上所起的作用进行考察,似乎是很必要的。……灭国四十是不会没有流血和破坏的,然而我们是拥护各国大小奴隶主、封建主的封锁禁闭呢?还是赞成成吉思汗打破封闭,给各族人民在经济文化上创造互相交流互相学习的条件呢?对社会发展起推动作用的,是封闭呢?还是冲破封闭呢?当然不会是前者。"

下篇　忽必烈汗建立元朝

1260 年三月,忽必烈在漠南开平城召开忽里台(贵族大会),继位为大蒙古国第五任大汗。

至元九年(1272 年)二月,忽必烈改中都为大都。将大都定为国都,为北京奠定了国都地位。元朝开国皇帝忽必烈,在上都、大都完成了统一中国大业。

现将国内著名历史学家、学者对忽必烈建立元朝,统一中国的历史功绩的权威评价摘录如下:

著名元史专家周良霄在《忽必烈》一书中写道:"忽必烈是一个伟大的历史人物,这一点是千古无异词的。"

著名历史学家韩儒林在《元朝史》(上册)中写道:"蒙古灭金后,经过长达四十余年的蒙宋战争,终于由忽必烈最后完成了全国的统一。实现全国的统一,这是各族人民的共同愿望。但是,作为中华民族主体的汉族,当时没有一个强有力的政权,腐败无能的南宋统治集团根本不可能担负起统一全国这一历史任务。忽必烈作为蒙汉各族地主阶级的总代表,在政治上主张改革,抛弃蒙古旧制,坚持统一,是比较有力量、有生气的,因此得以最后完成统一全国的重任。实现国家的统一,这是历史前进的需要。元朝统一后中国历史的发展,证明由元代宋是历史的进步,而不是历史的倒退。"

阎崇年在《正说历代帝王》一书中写道:"元世祖忽必烈是少数民族皇帝中统一中国的第一人,其文治武功,可以同秦皇、汉武、唐宗、宋祖、成吉思汗等相提并论。从1251年起,忽必烈即受命统领漠南汉地民事。1260年继位蒙古大汗,1271年建立元朝,1279年统一中国,直到1294年去世,统治中国北方及全中国近半个世纪。"

金歌在《中华四百帝》一书中写道:"他(忽必烈)统一了全国,结束了唐朝以来中国长期分裂、割据的政治局面,奠定了元、明、清三代六百多年长期统一的基础,在中国的历史上有着深远的意义和影响。"

黄时鉴在《元朝史话》一书中写道:"蒙古第二个汗窝阔台在1234年灭金。到了七十年代,蒙古第五个汗忽必烈终于以中原和漠南为中心建立元王朝,并进而灭亡南宋,统一了中国。"

门岿在《忽必烈全传》一书中写道:"元朝的开国皇帝,就是杰出的政治家,历史上著名的铁腕君主忽必烈。"

唐浩明在《忽必烈大帝》一书中写道:"13世纪中叶,中华大地诞生了一位伟大的封建帝王,他就是元朝的开国皇帝忽必烈。……可以说,忽必烈是我国历史上功勋卓著的、伟大的封建帝王。"

宋乃秋在《忽必烈皇帝全传》一书中写道:"忽必烈敢于和历史上其他任何一位著名帝王相比,他是一个伟大的历史人物,是成吉思汗继承者中最杰出的、最富有远见卓识的帝王。他审时度势,迁都幽燕,在吸收汉文化的基础上,忽必烈非常注重学习先进文明、革新除弊。在建立新制的过程中,他积极倡导学习汉文明最先进的部分,努力吸收各民族中先进经验,大刀阔斧,建立并完善一套具有自己特色的全新的统治体系。""忽必烈即位后,统一了中国,奠定了中国多民族统一国家的疆域基础,在中华民族发展史上占有极其重要的地位。"

综观元朝历史,蒙古贵族向外扩张和各汗国的建立,客观上打通了中国与外国之间的交通,元朝与各汗国的往来十分频繁,与欧洲、中亚、东南亚各国的联系也很广泛,中国的航船一直到达非洲,中国的印刷术、火药、造纸术、指南针都是在元朝时期传入欧洲的。中国的商品远销世界各地。来自欧洲、非洲、亚洲各国的客人,在中国长期居住,回国后又把中国的情况介绍给本国人民。在元朝时期,中国人民对世界的了解比过去前进了一大步。

忽必烈是蒙古族和中国历史上的伟大历史人物,他顺应当时社会发展的需要,完成了蒙古族从早期的游牧奴隶主到中原封建主的飞跃,创建元朝,统一了中国。忽必烈统一中国,对中国疆域的奠定和历史的发展,多民族国家的建设,以及中华民族的繁荣昌盛,中外经济文化的交流都有巨大的影响,意义深远。

本书将成吉思汗祖孙三代人为统一中国而奋斗的光辉历史,以及他们所创立的不朽功勋真实、完整地再现于读者面前。

在此希望广大读者对世界的成吉思汗现象和忽必烈统一中国的历史功绩有个全新的认识。毫无疑问,成吉思汗是蒙古民族的英雄,也是中华民族的英雄。他的名字紧紧与"大一统"连在一起。我们之所以尊敬成吉思汗,是因为他的最大的历史功绩是:为其孙忽必烈建立元朝,统一中国奠定了基础;为我们伟大祖国的大统一,作出了不朽贡献。我们中国人一定要正确认识世界的成吉思汗现象,公正评价这位"千年伟人"。因为"正确评价成吉思汗及其后代的历史业绩,就是正确评价中国一个朝代的历史"(《大统帅成吉思汗兵略》汉译者前言)。正确认识成吉思汗和忽必烈,对于加强中国人的民族自尊心、自信心和自豪感,激励人们为振兴中华而奋斗,具有重要的意义。今天中国已经进入了人类历史上最伟大的社会发展时期。爱国的中国人,不管属于哪个民族,都在企盼祖国更加强大,中华民族更加兴旺发达。我们相信,希望中国强大,这不只是中国人的强烈愿望,也符合全世界人民的共同利益。

本书是普及性读物,供广大读者阅读,竭诚欢迎广大读者提出宝贵意见。

周景峰

2014 年 10 月于锡林浩特

目　录

上篇　成吉思汗建立大蒙古国

第一章　蒙古族的兴起 ·································· 3
第一节　蒙古族的起源 ·································· 3
第二节　蒙古部 ······································ 7
第三节　铁木真被推举为乞颜氏联盟可汗 ··············· 11
第四节　铁木真在部落混战中崛起 ····················· 16

第二章　成吉思汗建立大蒙古国 ························· 29
第一节　成吉思汗即位 ································ 29
第二节　成吉思汗编组千户 ···························· 31
第三节　成吉思汗扩建护卫军 ·························· 34
第四节　成吉思汗制定札撒（法令）···················· 37
第五节　成吉思汗设大断事官 ·························· 39
第六节　成吉思汗创制蒙古文字 ························ 41

第三章　成吉思汗进行的征服战争 ······················· 43
第一节　成吉思汗六征西夏 ···························· 43
第二节　成吉思汗征服西北地区 ························ 48
第三节　成吉思汗亲临指挥攻金国战争 ················· 55
第四节　窝阔台与拖雷分兵征伐金国 ··················· 62
第五节　成吉思汗命木华黎经略中原 ··················· 65

第六节　成吉思汗西征花剌子模国 ………………………… 69

第七节　元太祖成吉思汗的历史功绩 ………………………… 78

附录　元太祖成吉思汗大事记 ………………………………… 85

下篇　忽必烈汗建立元朝

第一章　蒙哥继位为大蒙古国第四任大汗 ………………… 93

第一节　拖雷与唆鲁禾帖尼 …………………………………… 93

第二节　蒙哥大汗即位 ………………………………………… 99

第三节　蒙哥大汗命忽必烈总领漠南汉地军国庶事 ……… 106

第四节　忽必烈奉命率东路军征鄂州 ……………………… 121

第五节　蒙古军征伐川蜀 …………………………………… 139

第六节　蒙哥大汗亲征川蜀身亡 …………………………… 148

第二章　忽必烈继位为大蒙古国第五任大汗 ……………… 164

第一节　忽必烈大汗在开平即位 …………………………… 164

第二节　忽必烈与阿里不哥继大汗位之争 ………………… 183

第三节　阿里不哥投降忽必烈 ……………………………… 194

第三章　忽必烈建立元朝 …………………………………… 197

第一节　忽必烈改大蒙古国号为大元 ……………………… 197

第二节　忽必烈与儒学 ……………………………………… 207

第三节　忽必烈推行汉法 …………………………………… 219

第四节　忽必烈建立行省制度 ……………………………… 223

第五节　忽必烈命赛典赤抚定云南 ………………………… 229

第六节　忽必烈命帝师八思巴与宣政院统辖吐蕃 ………… 238

第七节　忽必烈派郝经出使南宋议和失败 …………… 247

第八节　忽必烈灭亡南宋 …………………………… 251

第九节　忽必烈平定蒙古诸王叛乱 ………………… 266

第十节　忽必烈平定山东益都行省长官李璮叛乱 ……… 269

第十一节　忽必烈制定元朝军事制度 ……………… 273

第十二节　忽必烈制定元朝法律 …………………… 279

第十三节　忽必烈统治时期阿合马专权及其被杀 …… 291

第十四节　忽必烈创制蒙古八思巴文字 …………… 296

第十五节　元世祖忽必烈皇帝的历史功绩 ………… 299

附录　元世祖忽必烈皇帝大事记 ……………………… 316

参考文献 …………………………………………………… 327

上篇 成吉思汗建立大蒙古国

成吉思汗,名铁木真,属蒙古尼伦部孛儿只斤氏族。父也速该,母诃额仑。

据《元史·太祖本纪》记载,元太祖铁木真(1162—1227年)是大蒙古国的开国大汗,杰出的军事家、政治家。铁木真出生于蒙古贵族世家,少年时代父亲被害,家道中落。但他努力奋斗,不屈不挠,终于崛起,接连战胜强大敌人,统一蒙古草原各部,1206年春建立大蒙古国,尊号成吉思汗。接着

成吉思汗

又攻金、夏,移师西征,灭花剌子模等国,直至印度河而返。蒙古军一部曾进入钦察草原,建立钦察汗国200余年。成吉思汗曾发动灭夏战争,西夏灭亡时,即1227年七月己丑(公历8月25日),他在清水县西江行宫中去世,享年66岁。元朝至元三年(1266年)冬十月,追谥"圣武皇帝"。至大冬十一月庚辰,加谥"法天启运圣武皇帝",庙号"太祖"。

成吉思汗是震撼世界的历史名人。美国科学院名誉院士捷克·法萨切优德说,成吉思汗改变了世界地图。当时的欧亚两洲以无数封建小国组成,成吉思汗把它们统一成类似今天我们在地图上看到的国家地形。因此,他成为世界千年风云第一人。他以"世界征服者"称号,被载入中国、世界历史史册,万古流芳。

第一章　蒙古族的兴起

第一节　蒙古族的起源

根据许多学者的研究,东胡后裔乌桓、鲜卑、契丹、室韦等族的语言与蒙古语有共同的祖源。蒙古族的直系祖先,是和鲜卑、契丹人属同一语族的室韦各部落。

室韦的名称最早见于《魏书》记载,作"失韦",隋、唐时代的史籍通常都写为"室韦"。

东胡与匈奴发生战争,被匈奴冒顿单于击败。从此,东胡余众四散奔走,形成了几个名称不同的部族。

乌桓,是东胡人后裔的一支,居住在今老哈河流域。乌桓降附于汉。公元207年(建安十二年),曹操亲征乌桓,大破蹋顿于柳城(今辽宁辽阳南),得降众二十万人。这些乌桓人被迁入内地,逐渐与汉族融合。少数留居塞外的乌桓人,很快又为鲜卑人所征服。

鲜卑,是东胡人后裔的一支,居住地在今西拉木伦河流域。在"五胡十六国"时期,鲜卑人进入内地,鲜卑贵族建立了前燕、后燕等好几个割据政权。后来拓跋鲜卑统一了黄河流域,建立了北魏王朝。鲜卑语属东胡后裔的语言,与蒙古语有相同的祖源。

契丹,是东胡人后裔的一支,居住地在今西拉木伦河、老哈河流域。契丹的语言是东胡后裔的语言,它和蒙古语亲属关系密切。后来,契丹人大部分同化于汉人,一部分加入了形成中的蒙古族。

室韦——达怛,是东胡人后裔的一支,居住地在今呼伦贝尔草原,大兴安岭东西,额尔古纳河与黑龙江两岸。6世纪时,室韦——达怛人分为五大部,曾受突厥的统治,后与唐朝保持密切关系。

室韦——达怛人的语言,保持东胡后裔语言和方言的特点,这种语言和方言,应当叫做原蒙古语。《蒙古秘史》中保留的一些原蒙古语的词汇和语法现象可以证明,这种原蒙古语与后来经过突厥化的古蒙古语有很大差别。

蒙古民族的名称,起源于蒙古地区东北部的一个室韦部落——蒙兀室韦。"蒙兀"是"蒙古"一词最早的汉文译写,见于《旧唐书·北狄传》。蒙兀室韦的居住地在今额尔古纳河流域。后来,关于"蒙古"一词的不同译写还有很多,如"萌古"、"朦骨"、"萌骨"等等。写作"蒙古",最早见于《三朝北盟会编》所引《炀王江上录》。在古代蒙古语中,"蒙古"这个词是"质朴、无力"的意思。它开始只是一个氏族或部落的名称,后来才成为一个新兴民族——蒙古族的共同称谓。

关于蒙古族的祖先,最早的蒙古族历史典籍《蒙古秘史》记有一个古老的传说:蒙古的始祖是孛儿帖赤那和豁埃马阑勒,这两个人名的汉语意是"苍白色的狼"和"惨白色的鹿"。因此旧译《元朝秘史》记载说:"成吉思合罕(可汗)的根源是:奉上天之命降生的苍白色的狼,他的配偶是惨白色的鹿,他们一同渡过腾吉思海子而来,在斡难河源头、不儿罕山前立下营盘,生下了巴塔赤罕。"这就是《蒙古秘史》所说的成吉思汗的始祖,时间距离成吉思汗整整二十二代。

根据许多学者研究,在"孛儿帖赤那"时,蒙古人并没有迁到不儿罕山之下,因为当时那个地区还是铁勒人的地盘。但《蒙古秘史》所说的孛儿帖赤那的迁徙路线,却基本符合蒙古族西迁的实际。他们离开额尔古纳河之后,首先渡过了腾吉思海子,即今呼伦湖,逐步迁徙到斡难河源头不儿罕山之下。这段旅程经过十一代人的努力,大概到了公元900年左右唐朝时的回鹘汗国灭亡以后,蒙古人在朵奔蔑儿干兄弟的率领下,才开始迁居到不儿罕山地区。他们发现这座山比原来的山还要高大,自以为是世界上最高的山,因此起名叫"罕山",这就是今天蒙古国的大肯特山。大肯特山地区不仅是斡难河的发源地,而且是怯绿连河(克鲁伦河)、土兀剌河(土拉河)的发源地,因此被称为"三河源头"。这里水草丰美,土地肥沃,为蒙古族的发展提供了有利条件。应该说,这一地区正是蒙古族的发祥地。

从"苍狼"与"白鹿"起,又过了100多年,蒙古族才进入朵奔蔑儿干时期。"蔑儿干"汉语意为"善射者","朵奔蔑儿干"即善射者朵奔。他有一个哥哥名叫都哇锁豁儿,"都哇"汉语意为"远视","锁豁儿"汉语意为"目","都哇锁豁儿"相当于汉族传说中的"千里眼"。他们是蒙古族著名的首领,成吉思汗的第十一世祖先。

朵奔蔑儿干之后,他的两个大儿子的子孙组成了蒙古族的答儿列斤氏,也就是一般出身的蒙古人;三个小儿子的子孙组成了尼伦氏,或称尼鲁温氏,相传他们是金光神人的后裔,所以称作"纯洁出身的蒙古人",亦即"黄金家族"。其中幼子孛端察儿的后代称为孛儿只斤氏,这就是成吉思汗所出生的氏族。

答儿列斤和尼鲁温蒙古合在一起,称为合木黑蒙古——全体蒙古人。金代,蒙古各部共同推戴一个汗,建立了一个松散的部落联盟。成吉思汗的三世祖合不勒汗曾统治合木黑蒙古,之后是他的堂兄弟俺巴孩,再后又由合不勒汗的儿子忽图剌当了合木黑蒙古的汗。尼鲁温蒙古和答儿列斤蒙古,出自不同的祖先,因而可以互通婚姻。

第二节　蒙古部

　　蒙古部的居住地在斡难河中上游和不儿罕山(今肯特山)地区，他们是唐代蒙兀室韦的后裔。这一支室韦部落是何时从额尔古纳河故地西迁的呢？《元朝秘史》一开头就写道，始祖孛儿帖赤那一家来到了斡难河源头的不儿罕山，立下了营盘。从始祖至成吉思汗共计二十三代，推算起来大约有五六百年，所以有人据此认为，成吉思汗的始祖早在7世纪就迁到斡难河上游。但这种传说并不能作为信史看待，而且把西迁时间推到那么早是不可能的，因为"两唐书"记载了蒙兀部还在望建河(今额尔古纳河)之东，而不儿罕山一带那时则是铁勒人的地盘。《史集》记述，成吉思汗先世实际上是从朵奔伯颜和阿兰果火开始的。拉施特说，从所有蒙古族系中分出朵奔伯颜和阿兰果火这一支，大约有四百年的历史，在此之前，蒙古各部落是没有信史可言的。(《史集》俄译本第一卷第二册，页八、十)他也追述了朵奔伯颜以前那无可考证的世系，但又说孛儿帖赤那是从额尔古涅昆迁出的一些蒙古部落的首领，并没有指出他们迁住在什么地方。只是在讲到朵奔伯颜和阿兰果火时，才说："他们的营盘地在斡难、怯绿连、土兀剌三河(河谷)，这三条河源出不儿罕合勒敦。"(《史集》俄译本第一卷第二册，页十)《元朝秘史》中虽然一开头将蒙古人的始祖安置于不儿罕山，但也是在讲到朵奔伯颜的事迹时，才真正有他们在不儿罕山活动的记录。而且记载，那时不儿罕山的"主人"(额毡)是兀良合人，蒙古人大多是新来者，到后来他们才取代兀良合人成了这个地区的强部。《元朝秘史》所载朵奔蔑儿干(即朵奔伯颜)诸子征服一支兀良合氏族的故事,或许正是这个事件的带有传说色彩的反映。据此看来,蒙古人西迁应该不会在朵奔蔑儿干时代(公元900年左右)之前很久。

据《元朝秘史》记载,蒙古氏族约有三十个,除朵儿边氏外,都出于朵奔蔑儿干之后,而其中绝大多数又是朵奔蔑儿干死后他的妻子阿兰果火感天光而生的幼子孛端察儿的后裔。这个系统的诸氏族,构成了蒙古部的同族集团。但是据《史集》的说法,凡源出额尔古涅昆捏古思、乞颜两始祖的所有氏族,都称为蒙古人。拉施特把所有蒙古氏族分成两大类,一类称为蒙古—迭列列斤(一般的蒙古人),一类称为蒙古—尼鲁温(纯洁出身的蒙古人)。尼鲁温氏族系指阿兰果火在丈夫死后感受天光所生的三个儿子的后裔。尼鲁温的意思是"腰",据拉施特解释,这表示他们是出自阿兰果火的纯洁的腰和肚,意指系由天光所生。(《史集》俄译本第一卷第一册,页一五二;第二册,页一五)《史集》所载的蒙古—尼鲁温氏族,大体上就是《元朝秘史》记载的蒙古氏族;阿兰果火感天光生子的传说,两书也相同。

据《史集》记载,蒙古—迭列列斤诸氏族,成分则比较复杂。可分下列几组:

兀良合。据说,此部是原始捏古思族的分支,曾参与煽火熔铁打开通路,从额尔古涅昆迁移出来。另外有一个居住在八儿忽真隘的"森林兀良合部",则不是"本来的"蒙古人,与前者有别。《元朝秘史》中说到兀良合部的一个氏族,原是不儿罕山的"主人",后来被蒙古部征服,成了世袭奴隶。兀良合可能就是《辽史》中的斡朗改部。

弘吉剌及其分族亦乞列思、斡勒忽讷兀惕、哈剌讷兀惕、豁罗剌思、燕只斤。《史集》记载，弘吉剌部也源出额尔古涅昆两姓祖先。在迁出额尔古涅昆时，他们抢在前头，踩了别部的灶，因而病脚，为此他们受到其他蒙古人的鄙视。同书还记载了另一种传说，说上述弘吉剌诸氏族都是出于"黄金壶"三兄弟的后裔，"黄金壶"后裔天生聪明，品性完善，仪态端方。这后一种信息，似乎又表明他们与蒙古部有不同的起源。

辽朝末金朝初，耶律大石在漠北立国，曾征兵十八属部，其中有弘吉剌部。这是弘吉剌部名见于记载之始。在《金史》中，写作"广吉剌"。《史集》记载，弘吉剌诸氏族的居地"在哈剌温只敦（今大兴安岭）的那一面"。据《金史》和《元朝秘史》的资料，此部分分布范围大抵北至今海拉尔河和额尔古纳河上游，南边至哈拉哈河、乌拉盖高勒（今内蒙古锡林郭勒盟乌拉盖河）一带，其地域与辽代的乌古部相当。据辽代史料，乌古（于厥里）"凡事与蒙古里国并同"（《契丹国志》），说明乌古与蒙古应是族属相同的部落。从地域上看，辽代的乌古部可能包含后来的弘吉剌、亦乞列思等部落。

许兀慎，速勒都思及其氏族亦勒都儿斤，伯牙乌及其氏族札合、轻吉惕等族。《史集》将这些氏族都列在蒙古—迭列列斤一类，但关于他们的起源却很少记载。我们只知道，早在成吉思汗兴起以前，速勒都思、伯牙乌等氏族的一部分已成为蒙古部贵族的附属民。传说朵奔蔑儿干用鹿肉换了一个"马阿里黑巴牙兀惕"氏族的小孩为仆人，后来，成吉思汗亲族的奴隶中的大部分伯牙乌人都是这个孩子的后裔。《史集》中说，伯牙乌人分为许多支，其著名者有二支，一称草原伯牙乌人；一名札台，这是蒙古之地的一条河谷，系因地得名。他们的居住地在薛良格河下游。后来，成吉思汗将这个地区封给速勒都思部的宿敦那颜（锁儿罕失剌之孙），于是这两部人就交错居住在同一地区。

斡罗纳儿及其分族晃豁坛、阿鲁剌、嫩真。《史集》仅说这些氏族出于三兄弟，但未详述其氏族起源。据《元朝秘史》记载，海都第三子抄真斡儿帖该的儿子们，成了斡罗纳儿、晃豁坛、阿鲁剌惕、雪你惕、合卜秃儿合思和格泥格思六氏族。《元史》也说阿鲁剌氏始祖为孛端察儿。据此，这一组氏族应属尼鲁温蒙古。

阿兰果火与朵奔伯颜所生的两个儿子——别勒古讷台与不古讷台的后裔，成为别勒古讷惕、不古讷惕氏族。按《史集》说法，他们也属于迭列列斤蒙古。

上述几组迭列列斤氏族，除弘吉剌人自成一独立而强大的集团外，其他多数是蒙古部贵族的附属民。

在10世纪至12世纪的蒙古高原上，从杭海岭以东，直到哈剌温山（今大兴安岭），都成了蒙古语族部落的地盘。当然，西迁的蒙古语族各部，无疑或多或少吸收了留居当地的突厥语族人口，因而蒙古人自身的语言、习俗、经济生活等方面也受到后者的强烈影响。

第三节　铁木真被推举为乞颜氏联盟可汗

公元1162年，正当蒙古部与塔塔儿部进行激烈战争的年代，蒙古部的一个首领也速该把阿秃儿（把阿秃儿意为"勇士"）攻打塔塔儿部，战罢获胜归来，掳掠了大量牲畜、人口，适逢他的长妻诃额仑在斡难河畔的老营生下了第一个儿子。这个婴孩的手中紧紧捏着一团凝血块，据说这预示着他将来不平凡的命运。因为也速该在这次战争中俘虏了塔塔儿部的首领铁木真兀格等，为了纪念这次重大胜利，给新生儿取名为铁木真。他就是后来名震世界的成吉思汗。

铁木真9岁时，也速该带他到弘吉剌部的斡勒忽讷兀惕氏族去求亲。按照蒙古人古老的习俗，定亲后就把铁木真留在岳父德薛禅家。据说也速该在回家路经塔塔儿人住地时，吃了他们下毒的食物，到家后不久便死了。因此，铁木真很快就离开岳父家，回到自己家里。

自忽图剌汗死后，蒙古部各支贵族便开始了争夺兀鲁思（蒙古部）可汗权力的斗争。因此，长期产生不出新的"管理全蒙古部众"的汗来。泰赤乌氏在同族各支中力量最大，但他们内部矛盾重重，为了推举一个俺巴孩汗继承人来做本部首领，竟争议了很久不能解决。最后，权力大概是落到阿丹汗之子塔儿忽台手里。乞颜氏的力量与泰赤乌氏不相上下，尤以也速该成功最著，威望很高。拉施特说："忽图剌汗死后，他的诸兄弟部落都由也速该把阿秃儿治理。""他（也速该）是多数蒙古部落的国王，长幼各支都奉他为主，服从和接受他的管辖。"虽然实际上也速该并没有当过汗(他的称号仅是"把阿秃儿"),但拥有一支强大力量是无疑的。因此,塔儿忽台、忽邻拔都等泰赤乌氏贵族对他早怀忌恨之心。也速该一死,他们就抛弃了他的寡妻弱子,夺走他的部众。一些乞颜氏贵族也离开铁木真,依附到泰赤乌氏方面。从此,蒙古贵族的联盟,犹如古语所说:"深水已干,明石已碎。"无可挽回地破裂了。强盛一时的蒙古兀鲁思,也陷入了如同乃蛮部和弘吉烈部那样的内争。

少年铁木真一家暂时陷入困境,诃额仑母亲带着几个孩子和仅剩的少数部众住在斡难河上游不儿罕山一带。《元朝秘史》用诗歌的笔调,描述他们的困苦生活,说他们甚至靠采集野果、打土拨鼠和钓鱼度日,家里的财产只有九匹马。

铁木真渐渐长大了。泰赤乌氏贵族塔儿忽台等率领护卫军来进攻,把他抓走。这次事件的原因,据《元朝秘史》譬喻式的语言推测,大约是铁木真家族的力量正逐渐恢复,使泰赤乌氏感到了威胁,因而用武力来消灭这一支势力。幸得泰赤乌氏的属民速勒都思人锁儿罕失剌的暗中救助,他才脱离罗网,与母亲会合,迁到桑沽儿河(今克鲁伦河支流臣赫尔河)附近住下,其后又迁到不儿吉之地(今克鲁伦河上游布尔肯小河旁)。

铁木真知道,要抵抗泰赤乌氏贵族的压迫,重振旧家业,必须寻求一个更强大的势力庇护,于是来到土兀剌河黑林(今蒙古国乌兰巴托南),他父亲的"安答"(意为契友)——克烈部首领王罕处,贡献贵重礼品,并尊王罕为父,其实就是表示依附或臣属的意思。在王罕的帮助下,他开始积聚力量,阿鲁剌氏的博尔术来到他家做伴当(那可儿),兀良合人札儿赤兀歹老人送其子者勒蔑来做他的门户奴隶,这两件事表明他在收集部众方面获得了初步成功。

可是,羽毛未丰的铁木真,又遭到三姓篾儿乞人的袭击,抢走他的妻子和家人。他求援于王罕和札只剌氏贵族札木合,结果王罕起兵二万,札木合起兵二万,并统领铁木真的兵一万,共同袭击篾儿乞人的营盘不兀剌川(今克图南布剌河地)。篾儿乞部首领脱脱,因为没有预防,部众全被打散,只带着少数随从沿着薛良格河逃入八儿忽真隘。铁木真夺回了妻子和被掠家人,杀了许多仇敌,并将他们的妇女、儿童掳为奴婢。就在这次动乱后,孛儿帖生下了长子术赤。所以,术赤的血统后来一直受到怀疑。

经过这次战争,铁木真的力量逐渐壮大起来。一两年后,他就摆脱了对札木合的依附,从斡难河中游的札木合营地迁到克鲁伦河上游的桑沽儿小河,独立建营。许多蒙古部众被吸引到他的一边,其中有兀良合人速不台兄弟,札剌亦儿合赤温兄弟和阿儿孩合撒儿父子,速客族人速客该者温,以及伯牙乌族人等。另外,还有阿鲁剌族人斡歌来兄弟,忙兀族人赤勒古台、塔海兄弟,把鲁剌思族人忽必来兄弟,别速惕族人迭该、古出古儿等。这些人大多出于弱小氏族,有不少是地位低微的奴隶或属民,在民族血缘关系早已瓦解、掠夺和奴役成为社会公则的时代,他们不能形成单独的力量,而总是处于强大贵族势力的奴役和压迫之下。但急剧的社会动荡,又使他们有可能脱离原来的主人,去投靠新的贵族势力。他们聚集在铁木真周围,拥戴他为领袖,愿为他去"砍断逞气力者的颈项,劈开逞雄勇者的胸膛","如老鼠般收拾,老鸦般聚集,盖马毡般盖护,遮马毡般遮拦"。一旦铁木真成就了大业,他们也就可以上升到那颜阶段的地位。因此,这些人都成了铁木真"中倚赖的吉庆伴当",在后来成吉思汗建国后,所封的八十八千户那颜中占十二名。

这时,一些原来有名望的乞颜贵族也向铁木真靠拢。他们是合不勒的长支主儿乞氏的撒察别乞、泰出,忽图剌汗之子拙赤汗和阿勒坛,也速该之弟答里斡赤斤,兄捏坤太子之子忽察儿等人。在旧蒙古兀鲁思的贵族联盟破裂以后,乞颜氏各支也跟着分崩离析,他们虽然仍各自拥有一圈子百姓,但已成不了强大势力,只能依附于更强盛的泰赤乌氏或札只剌氏。这些贵族靠拢铁木真,企图借助他的力量去掠夺更多的财富和奴隶。他们的地位和那些从属于铁木真的那可儿们是不同的。在当时,只有他们有资格参加推举可汗的贵族会议,而且和铁木真一样有资格被推举为可汗。只是因为这时铁木真周围已聚集了强有力的那可儿队伍,所以,尽管他的资望比这些贵族低,他们还是不得不推举他当了可汗,并表示服从他的领导,于是结成了乞颜氏的贵族联盟。事实上,这只是一种旧式贵族之间的盟约,和那可儿对主人的从属关系全然不同。

据《蒙古源流》记载,铁木真第一次被推举为可汗是在己酉年,即1189年。这年,铁木真28岁。铁木真就任后,立即建立起一套巩固自己地位的制度,任命最早追随他的那可儿博尔术和者勒蔑为那可儿之长,并分设了带弓箭的、管饮食的、管牧羊只的、管修造车辆的、管家人口的、带刀的、掌驭马的、管牧马群的,负责远哨的、守卫宫帐的等十种职务。担任这些职务的人员,除其弟外,几乎全是他的那可儿之长。他们不像旧贵族那样拥有显贵族望和属民,全凭铁木真"用人肉养,用铁索拴着",随时可以纵放去搏噬猎物。通过这些制度,铁木真组成了一支以那可儿为核心的精悍队伍,作为自己力量的基础。

  当时,新建立的以铁木真为首领的乞颜氏兀鲁思,只控制着克鲁伦河上游一带不大的地盘,部众也不是很多。铁木真知道,要在激烈的纷争中巩固自己的权力,还必须继续依靠强大的克烈部首领王罕的支持。铁木真就任乞颜氏贵族联盟可汗位后,他立即派使臣向克烈部首领王罕报告此事,得到了王罕的允准。铁木真建立乞颜氏贵族联盟,为他下一步建立大蒙古国奠定了基础。

第四节　铁木真在部落混战中崛起

12世纪初叶,铁木真建立乞颜氏贵族联盟时,蒙古高原上的各个部落争战不休。当时,部落混战的局势是这样的:你不去战胜对方,对方便会来消灭你。铁木真在这种不断的混战中表现了杰出的政治、军事才能。

《元朝秘史》中,描写12世纪蒙古高原社会面貌时写道:

　　大地滚滚翻腾,

　　天下到处作乱。

　　谁能在被窝里安睡!

　　人们互相残杀。

12世纪蒙古高原各部处于从父系氏族社会末期向阶级社会过渡的时期。当时,各部之间经常争战,社会生活很不安宁。后来名震世界的成吉思汗就是在这样的社会环境中成长起来的。让我们看一看铁木真战胜各个部落的大略过程:

❖ 十三翼之战

札木合与泰赤乌氏贵族自然不能容忍出现一个新的强大势力,来与他们争夺蒙古部众。以札木合部人劫掠铁木真的马群而被射死为导火线,蒙古部贵族之间的一场战争爆发了。

札木合与泰赤乌贵族联合起来,起兵三万进攻铁木真。铁木真得到札木合部下亦乞列思人孛秃的报告,也将自己的部众和各家贵族的兵力组成十三翼,布列于答兰版朱思之野(意为七十沼泽,在克鲁伦河上游支流臣赫尔河附近),准备迎战。十三翼即十三个古列延(营、圈子)。其中,第一翼是铁木真之母诃额仑统领的亲族、属民、养子和属于她个人所有的人们,第二翼是铁木真自己统领的诸子、诸那可儿和护卫(怯薛),第三翼到第十一翼是乞颜氏各贵族所率领的族人和属民,第十二、十三两翼是来附的旁支尼鲁温氏族人组成。这就是当时乞颜氏兀鲁思的全部阵营,虽然其首领铁木真和他所统领的那可儿集团居于核心地位,但还不占优势。十三翼的全军兵数,《元朝秘史》说是三万人,《史集》、《圣武亲征录》则未载。

十三翼之战的结局,《史集》、《圣武亲征录》都说是铁木真获胜。"人数众多而强大的泰赤乌部在这次战争中溃散了",追随他们的兀鲁、忙兀等部因此先来降。但《元朝秘史》却记载着铁木真被札木合所迫,退入了斡难河的哲列捏狭地。后者可能更近于真实。《圣武亲征录》和《元史》在叙述十三翼之战后,都是紧接着说,当时泰赤乌部"地广民众,号为最强",和前文不很协调,暴露出了粉饰的痕迹。《元史·畏答儿传》载:"时大畤(即泰赤乌)强盛,畏翼(畏答儿之兄,忙兀氏首领)率其属归之,畏答儿力止之,不听,追之,又不肯还,畏答儿乃还事太祖。"据《元朝秘史》所载,这正是十三翼之战以后的事。看来札木合和泰赤乌人并未遭到败创,倒是铁木真因羽翼初长,为了避开强敌,可能采取了暂时退却的策略。归附他的捏古思族(第十三翼),因此遭到了札木合的报复。

泰赤乌贵族虽然势力盛强,但"内无统纪",各强支之间互争雄长,不能统一;对部众的剥削和压迫又十分残暴,常攘其车马,夺其饮食。因此不仅他们的属民日益困苦,依附于他们的弱部首领利益也受到侵害。与他们的骄横态度相反,铁木真则采取了笼络人心的做法。在一次围猎中,故意将野兽驱入泰赤乌属部照烈氏(又译沼兀列惕)的猎场,让他们多获,然后邀与结盟。照烈氏首领本不满于泰赤乌贵族的欺凌盘剥,于是率部来归。他们对铁木真说:"我属将有(如)无夫之妇、无牧之马而来,以泰赤乌长母之子讨杀我也。我担当弃亲从义而招之。"铁木真听了大受启发,说:"我方熟寐,捽发而悟之。兀坐,掀髯而起之。你之言,我素心也。汝兵率所至,余悉力而助也。"此后,他对部属更多施仁义,关怀笼络。泰赤乌贵族的属民多苦其主非法,见铁木真宽仁,"时赐人以裘马",于是兀鲁(术赤台)、忙兀(畏答儿)、晃豁坛和速勒都思等族人纷纷来附,他的力量壮大了。

紧跟着而来的一次机会,又使铁木真的威望和权力空前提高,这就是配合金朝夹攻塔塔儿人的斡里札河之战。

❖ 斡里札河之战

塔塔儿是金朝的属部。从金朝初年以来,一直利用他们防卫东北路边墙,使其与别部相互牵制,在金与蒙古诸部之间起一种缓冲作用。塔塔儿人在金的支持、挑动下,经常攻击蒙古、克烈等部。金章宗明昌六年(1195年),蒙古部落山只昆(撒勒只兀惕)、合底忻(合答斤)联合广吉剌(弘吉剌)等部,侵扰金朝边境,金遣夹谷清臣等率师北伐,并征招诸纠部族军从征。金军进至合勒合河(哈拉哈河)、栲栳泊(呼伦湖),攻下许多营寨。塔塔儿部(北阻卜)趁金军回师时,拦夺其所获羊马,清臣遣人命其纳贡赎罪,塔塔儿因此叛金。承安元年

（1196年），金遣丞相完颜襄统兵专讨塔塔儿，进至龙驹河（克鲁伦河），将其击溃。塔塔儿部众向斡札（浯勒札）河逃奔，完颜襄遣兵追赶。

铁木真得到这个消息，立即报告王罕，要求他出兵共同协助金朝攻打塔塔儿，并以"为父祖复仇"的名义，征集主儿乞氏等族人参战。主儿乞氏没有出兵，铁木真只率领自己的一营（古列延）人马与王罕军会合，从斡难河上游东进至斡里札河的纳剌秃·失秃延、忽速秃·失秃延之地。塔塔儿人正筑寨坚守，他们攻破这两座寨子，捕杀其首领，掳走了车马粮饷。

这次战事不仅使铁木真打击了东邻的劲敌，使塔塔儿部从此一蹶不振，并且在蒙古部族中赢得了"为父祖复仇"的声望，更重要的还是得到了金朝的封赏。完颜襄因他为金朝立了大功，承制授以"札兀惕忽里"（纠军统领。纠军是辽、金以边地部落所组成的军队）之职，并表示回朝奏明皇帝，赏他更大的"招讨官"。王罕是大部可汗，此次战争中他是主力，因此得了"王"的封号。他本名脱斡邻勒，在汗号之上再冠以王的头衔，因此改称王罕。金朝的封赏大大提高了铁木真的政治权力，从此他可以用朝廷命官的身份号令蒙古部众和统辖其他贵族了。

在斡里札河战役之前，乞颜氏贵族的内部矛盾已经暴露。主儿乞氏依恃着长支族望和所继承的精悍部众，看不起铁木真家族。撒察别乞等人虽然推举铁木真为联盟的首领（汗），但并不愿意服从他的管辖，而且一直怀着争夺权位的野心。在一次亲族会宴中，双方就发生了争执，铁木真一异母弟别里古台被砍伤了右臂。

攻打塔塔儿时,铁木真征召主儿乞氏出兵助战,撒察别乞等不仅不听号令,反而乘他率军出战之机,劫掠了他的奥鲁("老小营",军队出征时留在后方的家眷和辎重)。这样,铁木真就有充分的理由来收拾对手了:第一,宴会上虐打他的人和砍伤别里古台;第二,不肯出兵"为父祖复仇";第三,抄了他的老营;第四,违背了推举可汗的盟约。于是,他从斡里札河回军后,就新胜之势立即出兵征讨主儿乞氏。主儿乞氏的营盘在怯绿连河的阔迭额阿剌勒的朵罗安字答黑(今克鲁伦河与臣赫尔河合流点之西的巴颜乌拉山南麓),铁木真大军一到,撒察别乞和泰出自然不能抵敌,只带着少数人逃跑了。以前合不勒汗挑选出来授予长子的"有胆有勇的百姓",遂全被铁木真兼并过来,成了他的"体己百姓",其中就有后来"四杰"中的两人:许兀慎氏人博尔忽、扎剌亦儿人木华黎。

不久,逃亡的撒察别乞和泰出两人也被捕获,铁木真责以背弃盟誓,将他们处死,果断地消灭了亲族中最有势力的长支贵族,使他的可汗权力大大提高,开始从贵族联盟的首领向真正君主的地位转化。这是他走向成功道路上跨出的重要一步。从此他不断地削弱旧贵族的权力和地位,迫使他们逐渐降为从属于他的一般那可儿。

❈ 东部地区的争夺

金朝在镇压塔塔儿叛乱后,又于承安三年(1198年)遣宋浩、完颜襄等出动大军剿广吉剌、合底忻、山只昆等部,使这些"桀骜不驯"的部落力量大大削弱。然而,金朝的势力此时也已逐渐衰弱,无力继续控制蒙古草原了。完颜襄等虽然得胜回师,金朝反而将临潢路的界壤边堡大大内移。这无疑于为铁木真扫清障碍,让他更方便地去夺取富饶的呼伦贝尔草原。

消灭主儿乞氏后,下一个与他争夺蒙古部众的对手就是泰赤乌氏贵族。1200年,他与王罕会于萨里川,共同发兵攻打泰赤乌氏。蔑儿乞部首领脱脱遣其子忽都等统兵来助泰赤乌。双方会战于斡难河上,泰赤乌氏失败,退至月良兀秃剌思之野(今俄罗斯赤塔南之鄂良古依河地),整军再战。经过激烈战斗后,泰赤乌氏终于被击溃,首领塔儿忽台等被杀,沉忽阿忽出等遁入八儿忽赤真隘。

泰赤乌氏被消灭后,王罕和铁木真的进取目标自然转向呼伦贝尔地区。居住在那里的合答斤、撒勒只兀惕、朵儿边、塔塔儿、弘吉剌等部联合起来,在呼伦湖附近的阿里泉举行庄严盟誓,共同与王罕、铁木真对抗。铁木真得到其岳父、弘吉剌人德薛禅的密报,即会同王罕军进至捕鱼儿海子(今贝尔湖)。合答斤等部的抵抗极其顽强,但终因力量已被金朝的征讨削弱,遭到了失败,其部众、牲畜多被王罕、铁木真兼并、掠夺而去。随后,铁木真就驻军于呼伦贝尔地区,继续收拾那里的塔塔儿等残部。

1201年,札木合搜罗了一批败散的旧贵族,包括塔塔儿、弘吉剌、合答斤、撒勒只兀惕、泰赤乌、朵儿边、豁罗剌思等各部首领,在也里古纳河与刊河(今根河)、秃律别儿河(今得尔布尔河)会流处附近的忽兰也儿吉聚会,结成了一个松散的联盟,推举札木合为"古儿罕"。札木合联盟实际上是群各怀鬼胎的乌合之众,既无共同的政治、经济基础,又无统一的军事力量,他们的目标只是要维护各自的贵族地位,因此也得不到部众的拥护。这就注定了他们必然失败的命运。

札木合联军秘密地进袭铁木真。联军中有一个叫塔海哈的人,素与铁木真的部下抄吾儿相友善。恰巧这时抄吾儿去看塔海哈。塔海哈策马与抄吾儿并驱时,伺机用马鞭戳了抄吾儿一下,随即向他使了个眼色。抄吾儿借故下马,两人落到马队之后,塔海哈急忙将札木合等人的"河上之盟"告诉了抄吾儿。于是,这个消息很快被报告到铁木真那里。铁木真立即起兵迎战,在海剌儿河的小支流帖尼火鲁罕(意为"小河"之地)击溃了札木合军。参加联盟的诸部首领顿作鸟兽散。

打败札木合后,铁木真仍把注意力放在巩固新占领的呼伦贝尔地区。1202年春,出兵征讨居住在答阑捏木儿格思(今蒙古国东方省贝尔湖南讷墨尔根河地)地区的塔塔儿人,穷追至兀勒灰河(今内蒙古东乌珠穆沁旗乌拉盖河),将塔塔儿部消灭。至此,西起鄂嫩河上游,东至兴安岭,这一片广阔而富饶的地区都落到铁木真手里了。

这次打塔塔儿人的战役之前,铁木真颁布了一道极重要的命令(札撒):"在战胜时,不许贪财,事定之后均分。若军马退动至原排阵处,再要翻回力战,若至原排阵处不战回者,斩。"这两条法令,是针对旧贵族联盟时代的掠夺战争中那种各自抢掠财物、各自指挥本支人马随意进退的弊病而立的。它实质上是规定了战利品应当由可汗统一分配,论功行赏;战斗时应当服从统一的军令。这是铁木真被推举为汗后的第一次立法,其意义在于进一步提高汗权,限制旧贵族。果然,阿勒坛、忽察儿、答里台斡赤斤等贵族不遵从法令,仍按老规矩随意抢掠,铁木真命其那可儿忽必来、哲别二人将他们抢到的牲畜、财物尽数夺来,分配给众军。

同年秋,乃蛮部的不欲鲁汗联合蔑儿乞部的脱脱和斡亦剌部的忽都合别乞,进兵东部攻打王罕和铁木真。札木合与泰赤乌、朵儿边、合答斤、撒勒只兀惕、塔塔儿等残余势力,都汇集到乃蛮不欲鲁汗旗下,一时声势颇大。王罕、铁木真从兀勒灰河退入金边墙,倚边墙为壁。乃蛮联军至,大战于阙亦坛之野(阙亦坛,意为"冷",在今哈拉哈河源头)。王罕、铁木真凭据有利地形,而乃蛮军则因地势险峻,气候寒冷,不利作战,札木合等诸部军见势不妙,都星散离去,于是不欲鲁汗只得引军退还。经过这次战役,铁木真的地位更加巩固了。

❖ 克烈部的败亡

从1189年铁木真被推举为乞颜氏首领以来,一直与王罕结盟,巧妙地凭托克烈部的势力来壮大自己。他对王罕也可说是恪守臣子之职,凡有虏获,必先贡献给这位"汗父"。当时,王罕的势力无疑是最大的,但他却没有成为完成统一的人物。他既贪婪残忍,又平庸无能。夺取汗位后,他残杀诸弟,以致克烈部贵族之间的矛盾十分尖锐;又不能安抚部众,因而有不少克烈部人在他灭亡以前就投归铁木真。当初,他支持铁木真,只是把这个年轻首领看作可供利用的附庸。

击退乃蛮后,铁木真长子术赤向亦剌合·桑昆(王罕之子)的女儿求婚,遭到无礼拒绝。骄横自大的王罕父子并不把对方当作平等的同盟者看待,但此时的铁木真已经羽翼丰满,不再是王罕驯服的海东青了。双方的矛盾终于发展到战争。

1203年春,王罕父子和投靠他们的蒙古贵族计议,伪许婚约,请铁木真赴宴,乘机杀他。阿勒坛弟也客扯连的两个奴隶巴歹和乞失里黑探知密谋,连夜驰奔铁木真报告此事。王罕谋泄,发兵来袭,铁木真仓促整军迎敌,大战于合兰真沙陀之地(今内蒙古东乌珠穆沁旗北境)。同"形势盛强"的王罕相比,铁木真当时还处于劣势,虽经苦战,稍却王罕军,但终因寡不敌众,部伍溃散,他只带着十九人落荒而逃。途经"班朱泥河"(即"沼泽"之意),荒远无所得食,射野马为粮,饮浑水止渴。后来,这件事作为成吉思汗艰苦创业的佳话载入史册,凡"同饮班朱泥河(浑)水者",均封为功臣。

合兰真沙陀之战是铁木真一生中最艰苦的战斗,他第一次单独与当时蒙古草原上最强大的贵族势力进行了较量,虽然暂时失败,但并没有被吃掉。他退却至哈拉哈河上游的建忒该山,溃军渐集。遂移营董哥译(今贝尔湖之东),一面遣使历数王罕背盟弃约诸事,并请求媾和,一面利用喘息时机,在呼伦、贝尔湖和克鲁伦河下游一带休养士马,收集部众。同年秋,他的军事力量就恢复了。

合兰真沙陀之战后,王罕和追随他的蒙古贵族就发生了分裂。札木合、阿勒坛、忽察儿、答里台等人密议:"我们可以袭击王罕,自立为王,既不附于王罕,也不附铁木真。"王罕知其谋,起兵攻之,答里台逃归铁木真,札木合等奔乃蛮。

铁木真探知王罕正搭起金帐,宴饮欢愉,毫无防备,遂用偷袭战术,秘密包围折折运都山王罕驻地,突然发起进攻。经过三天三夜激战,击溃了王罕主力。王罕狼狈西逃,进入乃蛮边界,被乃蛮守将所杀。消灭强盛的克烈部,是铁木真登台以来取得的最大胜利。至此,在漠北草原,他已三分天下有其二,"帝业"基本上奠定了。

王罕被铁木真击败时,他的部下合答黑把阿秃儿为掩护王罕逃走,拼命抵抗铁木真的军队,激战三天三夜才力竭投降。铁木真问他为什么死命抵抗,他说:"我不忍正主(指王罕)教你抓去杀了,所以激战了三昼夜,好让他逃得更远一些。如今你要我死便死,若赐我活着,我便为你出气力。"铁木真说:"不肯弃他的主人,拼命抵抗,与我厮杀,好让主人逃得远远的,是大丈夫,可以留下来与我做伴当。"铁木真命令他掌管一个百户。王罕之子桑昆的那可儿阔阔出与合答黑正相反。他盗杀了桑昆的坐骑,把桑昆丢弃在荒野里,独自去投铁木真。铁木真说:"这等人如何教他做伴当!"下令将阔阔出杀死了。铁木真经常以对待自己的主人是否忠诚为标准奖惩敌方将士,教育部属对自己绝对忠诚。

❖ 乃蛮部的灭亡

王罕的覆灭震惊了乃蛮统治者。一向被他们视为"歹气息,破衣服"的落后的蒙古人,居然把强大的克烈部王罕打垮,要争夺蒙古高原的霸权了。自恃强大的太阳罕决定出兵攻打蒙古,并遣使联络汪古部,约其夹攻。但汪古部首领阿剌兀思剔吉忽里将使者缚送铁木真,报告了乃蛮人要来进攻的消息。

此时,乃蛮国势已经衰弱。太阳罕懦弱无能,只知打猎娱乐;兄弟各据一方,不能统一;部将不满,军纪松弛。然而太阳罕仍十分骄横,夸言要将蒙古人"生得好的妇女掳来,将他们的弓箭夺来"(意味着征服)。1204年,他统兵东进,至杭海岭北的合池儿水(今哈瑞河)下营,会合蔑儿乞部首领脱脱,斡亦剌部首领忽都合别乞,以及札木合所率朵儿边、合答斤、撒勒只兀惕、泰赤乌等残部,共同进攻铁木真。

铁木真及其那可儿们本来就把"国土广大、百姓众多"的乃蛮作为下一步夺取的目标,且已了解其国势虚弱,不难征服。如今他们先来侵犯,正是攻取的最好机会。他在帖麦该川召集大会商讨对策,经商议分析敌情后,决定起兵迎战。此时各支蒙古氏族贵族已被一一消灭,簇拥在他身边的都是听命于他的那可儿,无人能与他分庭抗礼了;所有部众都是他的臣民,不再分属于各家贵族了。这使他有可能进一步健全军事组织,提高汗权。他把军马集中在合勒合河旁,下令进行整顿:第一,将所有军队按千户、百户、十户统一编组,委派了各级那颜;第二,设立扯儿必官,任命其亲信那可儿六人为扯儿必;第三,成立护卫军。设八十宿卫,七十散班;从千户、百户那颜和白身人的子弟中拣选身体好的做护卫;命阿儿孩合撒儿选一千名勇士组成战时先锋队,平时则是铁木真的护卫。同时还规定了轮番宿卫的制度。

军队的重新编组和护卫军的建立,使铁木真的军队成为一支纪律严格、高度集中的武装力量,与昔日贵族联盟时代那种每家"一圈子",各自为政的松散组织形成鲜明对照。这套制度不仅加强了铁木真的权力,而且使追随他的那可儿们得到了大小官职,从而激励他们更忠诚更勇猛地为他的"帝业"战斗。

整顿毕,铁木真率军逆怯绿连河西行,布阵于萨里川,令每人燃五堆篝火,以为疑兵。太阳罕原以为蒙古部人少马瘦,可以轻取,及得前哨报告,又惊疑畏惧,虽勉强进军,渡过斡耳寒河,然而军心已乱,札木合等又率部离去。这时铁木真军已逼近,双方激战于纳忽昆山,乃蛮军大败,太阳罕受伤被擒,不久死去。太阳罕子屈出律率残部投奔其叔不欲鲁汗。铁木真趁胜进抵按台山(今阿尔泰山)前,征服了太阳罕所属的乃蛮部众。

同年冬,铁木真北攻蔑儿乞部,尽服麦古丹、脱脱里、察浑三姓部众,脱脱等也逃奔乃蛮的不欲鲁汗。兀洼思蔑儿乞部首领带儿兀孙,先已献女迎降,既而复叛,很快就被平定了。

在克烈、乃蛮、蔑儿乞部相继败亡之后,札木合也完全丧失了部众,狼狈逃窜到倘鲁山(又译唐麓岭,今唐努山)中,被他自己的五个那可儿捕送铁木真,按惩处本部贵族的办法,赐不流血而死。

1206年春,铁木真建国后,发兵攻按台山的乃蛮不欲鲁汗,战于莎合水(今科布多河上游索果克河),将其消灭。依附不欲鲁汗的屈出律、脱脱等逃到按台山之西的也儿的石河(今额尔齐斯河)、不黑都儿麻河(今额尔齐斯河支流布赫塔尔马河)一带。斡亦剌部首领忽都合别乞,不久后向成吉思汗投降。于是,哈剌温山以西,按台山以东,全归于成吉思汗。

在统一蒙古高原各部的斗争中,铁木真是一个真正的英雄。他雄才大略,气度恢廓。他善于团结和使用自己的伴当,善于联合盟友去击败自己面临的强敌,善于在败时保存和恢复力量,在胜时迅速发展力量,善于在各种情况下维护和提高贵族的权力和尊严。在铁木真手下,造就了一支十分强大的军队。这支军队拥有一批善战的将帅和指挥官。这支军队是快速的骑兵,具有严格的组织和纪律,能够吃苦耐劳,敢于冲锋陷阵。这支军队把征战和杀掠视为英雄的行为和美德。铁木真及其统帅的这样一支军队在蒙古高原上兴起了,这是13世纪初最重大的历史事件,它对中国以及广大亚欧世界的历史进程产生了深远的影响。漠北草原的客观历史进程,终于选择了铁木真来建立一个大蒙古帝国。

第二章　成吉思汗建立大蒙古国

第一节　成吉思汗即位

铁木真自从被推举为乞颜氏贵族联盟首领,直到战胜塔塔儿、合答斤等部和札木合联盟,都是作为王罕的附庸,在这位克烈国王的旗帜下,东征西讨,发展了自己的军事力量。成吉思汗于1203年击灭克烈部,这才真正有了他自己独立的可汗地位。这时,漠南汪古部首领也遣使献降。1204年,铁木真举兵攻灭乃蛮太阳罕,又先后兼并了蔑儿乞残部和乃蛮不欲鲁汗部,完成了蒙古高原各部的统一。

1206年春天,45岁的铁木真在自他祖先以来一直居住的斡难河源头,召集诸弟、诸子、驸马、伴当和部落首领,举行了隆重的忽里台。忽里台原是部落议事会,现在,铁木真把它变为一种议决国家事务的大聚会。在这次忽里台上,铁木真建树了九斿白旗,接受了"成吉思汗"的称号,正式成立了大蒙古国。蒙古人尚九尚白,九斿白旗成了大蒙古国的标记。"成吉思汗"的意思,说法不一,或为"坚强",或为"大海",或为"天"等等。"汗(罕)"的意思,原来是部落或部落联盟的首领,现在已经演变为"君主"、"皇帝"。柔然、突厥、回鹘等北方民族,也都曾用这个词指称最高统治者。总之,"成吉思汗"是一个最尊崇的称号。

成吉思汗建立的国家,称为"也客忙豁伦兀鲁思",意为大蒙古国。在这以前,大漠南北许许多多部落都有自己的名称,蒙古部只是其中的一部。大蒙古国的建立,标志着蒙古民族共同体已经形成了。一个以蒙古为总名称的、强大的、新的民族共同体——蒙古族出现在世界历史舞台上。

第二节　成吉思汗编组千户

成吉思汗即位后,就在 1204 年整顿军马、建立千户制的基础上,将全蒙古百姓划分为九十五千户,分别授予共同建国的贵族、功臣,任命他们为千户那颜,使其世袭管领,并划定其牧地范围。千户既是军事组织单位,又是地方行政单位。成吉思汗又命大将木华黎为左手万户,统领东面直到哈剌温只敦(今大兴安岭)的各千户军队;博尔术为右手万户,统领西面直到按台山的各千户军队;纳牙阿为中军万户,万户是最高统兵官。成吉思汗将原来的护卫军扩充为一万人,包括一千宿卫,一千箭筒士,八千散班,从各千户、百户、十户那颜和白身人子弟中选身体健壮、有技能者充当。护卫军职责是保卫大汗金帐和跟随大汗出征,平时分四队轮番入值,因此总称四怯薛,由"四杰"博尔术、博尔忽、木华黎、赤老温四家子弟任四怯薛之长。大汗直接掌握这一支最强悍的军队,足以"制轻重之势",控御在外的诸王和那颜。又设立了"治政刑"的札鲁忽赤(断事官)一职,掌管民户分配和审断案件,命养弟失吉忽秃忽担任,这是大蒙古国的最高行政官。千户制、怯薛制和断事官的设置,是大蒙古国初建时最重要的三项制度。按照传统的分配财产习惯,成吉思汗将一部分蒙古民户分封给其弟、子,后来又划分了诸弟和诸子的封地。

多数千户是以不同部族的人民混合组成的。在群雄争战中,蒙古各部残存的氏族组织进一步瓦解了。原来人数众多的大部,如泰赤乌、蔑儿乞、塔塔儿、克烈、乃蛮等,在被成吉思汗征服后,其所属人民都被"分与了众伴当"。成吉思汗的将领们,在战争中也各自"收集"了不少百姓。编组千户以分管百姓时,成吉思汗准许他们即以所得百姓组成千户管辖。还有一些忠勤效力,但不曾在前敌捕掳得百姓的亲信那可儿,也许其收集"无户籍"的百姓组成千户;或命令从各那颜所属百姓中征调一部分合组为千户,授予他们管辖。

千户制度是蒙古国家统治体制中最重要的一环。千户作为统一的基本军事单位和地方行政单位,取代了旧时代的部落或氏族结构。通过编组千户,全蒙古百姓都被纳入严密的组织,由大汗委任的那颜管领着,在指定的牧地范围内居住。各千户所管百姓不许变动。成吉思汗的"札撒"里规定:"任何人不得离开其所属之千户、百户或十户而另投别一单位,亦不得匿避他处。如违此令,擅离者于队前处以极刑,接受其人者,亦严厉惩处之。"国家按千户征派赋役和签调军队,所有民户都应在本管千户内"著籍应役",负担差发,"贵贱无有一人得免者"。凡15岁至70岁的男子都要服兵役,随时根据命令,自备马匹、兵杖、粮草,由本管那颜率领出征。因此所有蒙古成年的男性牧民,同时也都是战士,"上马则准备战斗,下马则屯聚牧羊"。

大蒙古国的最高统治集团是成吉思汗的"黄金家族",全蒙古百姓都是他们的臣民。按照分配家产的体例,成吉思汗将百姓分配给诸子、诸弟。各支宗王都可以完全支配分属于自己的百姓和各级那颜,再将他们分配给自己的亲族。那颜们对大汗和诸王则处于绝对从属的地位,他们实际上是被委任管理百姓的地方军政官员,如果不称职或有不忠诚的行为,大汗可以将他们治罪,夺其职务,另授予他人。成吉思汗建国后,不允许再出现任何与他的"黄金家族"相抗衡的贵族。《元朝秘史》中说,晃豁坛氏蒙力克老翁享有崇高的地位,他的儿子阔阔出利用自己萨满巫师的影响,与成吉思汗家族争夺百姓。九种言语的人都投到他那里去了。斡赤斤去向他索取百姓,竟遭到了他的侮辱。成吉思汗的妻子孛儿帖对成吉思汗说:"你今健在,他晃豁坛人尚将你的好兄弟残害,以后你老了,如乱麻群马般的百姓如何肯服你的儿子们管!"结果,成吉思汗将阔阔出处死。建立千户制度,正是成吉思汗防止旧氏族贵族复辟的重要措施。任何一个万户那颜或千户那颜,不管地位多么尊崇,都是皇室的臣仆。

不过,那颜们却是高于蒙古牧民之上的领主。他们获得了世袭的职,在本管范围内,掌握着分配牧场,征收赋税,差派徭役和统领军队等权力。高级的那颜还可以参与选举大汗、商义国策和掌管国政。通过赏赐和战争中的掳掠,他们拥有了大量牲畜、财物和奴隶。建立了特殊功勋的那颜,还被授予种种特权。特别是对成吉思汗及其诸子有救命之恩者,则封为"答剌罕"(自由自在之意),可以免除贡纳的义务,游牧地区也可以不受限制;可以随时去见大汗,不必等待通报;九次犯罪可以不罚;宴享时享受宗王的待遇等,封号和特权都允许世袭。那颜阶级是成吉思汗"黄金家族"统治蒙古人民的支柱。

第三节　成吉思汗扩建护卫军

成吉思汗建立大蒙古国后,将原来的护卫军扩充为一万人,包括一千宿卫,一千箭筒士,八千散班,从各千户、百户、十户那颜和白身人子弟中选身体健壮、有技能者充当。护卫军的主要职责是保卫大汗的金帐和分管汗廷的各种事务,是大汗亲自统领的作战部队。成吉思汗规定了严格的护卫制度:第一,宿卫值夜班,箭筒士和散班值日班;各分为四队,轮番入值,每番值昼夜,因此总称为四"怯薛",就是番值护卫的意思,护卫之士则称为"怯薛歹",复数为怯薛丹。第二,值日班的箭筒士、散班在日落前将所司职责移交给值夜班的宿卫,出外住宿,次日早饭后再入值。第三,入夜后,不许任何人在宫帐前后行走,违者宿卫得捕之;未经允许闯门而入者,宿卫可以立即将其处死;任何人不得杂入宿卫队中,亦不准探问宿卫人数。第四,群臣奏事,都要先经过怯薛歹的通报方可入帐;奏事时值班怯薛歹亦不离开大汗左右。

成吉思汗令其最亲信的那可儿博尔忽、博尔术、木华黎、赤老温(四杰)四家世袭担任四怯薛之长,其中博尔忽家族掌第一怯薛(亦称也可怯薛),博尔术家族掌第二怯薛,木华黎家族掌第三怯薛,赤老温家族掌第四怯薛。怯薛长是大汗的亲信内臣,元朝称为"大根脚"(贵族)出身,放外任即为一品官。

诸怯薛之职分为:火儿赤,佩专矢(环卫)者;云都赤,带刀(环卫)者;昔宝赤,掌鹰隼者;札里赤,书写圣旨者;必阇赤,书记,主持文史者;博尔赤,厨子,"亲烹饪以奉上饮食者";阔端赤,掌从马者;八剌哈赤,守城门者;答剌赤,掌酒者;兀剌赤,典车马者;速古儿赤,"掌内府尚供衣服者";怯里马赤,传译者;帖麦赤,牧骆驼者;火你赤,牧羊者;忽剌罕赤,捕盗者;虎儿赤,奏乐者。

成吉思汗为其护卫之士(怯薛歹)规定了优越的地位:位于在外的千户那颜之上,如果他们与千户那颜发生争执,罪在千户那颜。怯薛歹作为大汗的侍从近臣,在大蒙古国的政务中发挥了很大作用,怯薛(百执事)之官就担任着中央政府的职能。大汗还常常派怯薛歹为使者,出去传达旨意,或处理重大事务。怯薛调任外官,多担任重要职务。因此在元朝,充当怯薛成为那颜阶级做官的最便捷途径。

护卫军的作用,关键在于"制轻重之势"(《元史·兵志》)。大汗直接掌握着这样一支最强悍的亲信军队,就足以制约任何一个在外的诸王和那颜。同时各级那颜的子弟都被征入护卫军,等于"质子",也有助于成吉思汗更牢固地联系和控制分布各地的那颜,使他们效忠于自己。在经历了长时期的氏族相互争战之后,成立这样一支强大的武装力量以维护最高的汗权,对巩固新生的统一国家,防止旧贵族的复活和重新发生内战是十分必要的。当然,护卫军也成为成吉思汗进行对外掠夺和扩张战争的有力工具。

护卫军是成吉思汗的常备军队,也就是国家机器的最主要组成部分。千户制、护卫军、总断事官及别乞,这些都是大蒙古国建立初期的国家机器。这套国家机器是成吉思汗参照蒙古社会的传统习俗,根据建国时的实际情况创制出来的。在这里,成吉思汗表现了杰出的政治才能。同时这套国家机器的创制也反映了历史的巨大变革。大蒙古国的建立,标志着蒙古高原诸部落从野蛮进入了文明,从原始社会进入了早期游牧封建社会。

第四节　成吉思汗制定札撒(法令)

蒙古人原有许多从古代流传下来的约孙(意为道理、体例),成吉思汗灭克烈部和建国以后,又相继发布了一系列札撒(蒙古语,意为法令)。1219年,成吉思汗召集大会,重新确定了札撒、约孙和他历年的训言(别里格),命用蒙古文记录成卷,名为《大札撒》。其后,每代大汗即位或处理重大问题,都必须依例诵读《大札撒》条文,以表示遵行祖制。

从1202年起,铁木真已开始制定札撒。随着大蒙古国的建立,札撒逐渐从成吉思汗的命令发展成为不可逾越的法规。据说,成吉思汗给每个场合制定一条法令,给每个情况制定一条律文,而且对每种罪行制定一条刑罚。编订成册的《大札撒》现已失传,但它的概要和片断还保存在一些著作之中。从这些概要和片断可以看出,《大札撒》是一部规模相当大的法典,大约包括国际法、公法、刑法、私法、商法、立法和司法等多方面的内容。它的主要原则是维护大汗、汗室和蒙古贵族阶级的权益。例如,札撒承认私有财产的子嗣继承权;确认父权和夫权;禁止人户转移,也不准有人收容和庇护;禁止奴隶逃亡,逃奴必须还回原主;禁止逃避服役;禁止临阵退缩;禁止盗窃、奸淫、妄语和背叛。凡是违反上述札撒的,一律处死。但是,大汗的宗室违犯札撒,仅处以监察或流放。除了札撒,成吉思汗还有许多箴言,那也是大蒙古国的臣民们必须遵循的。这些箴言同样表达了蒙古贵族的意志和愿望。

《大札撒》虽然失传,但在中外各种史籍中片段式地记载有它的一部分条款。根据这些不完全的记录,我们还可以了解成吉思汗《大札撒》的部分内容。如札撒规定:那颜们除君主外不得投托他人,违者处死;擅离职守者亦处死;构乱皇室、挑拨是非、助此反彼者处死;凡发现及收留逃奴而不交还其主者,处死;盗人马畜者,除归还原马外,另赔偿同样的马九匹,如不能赔偿,即以其子女作抵,如亦无子女,则本人将被处死;"其犯寇者,杀之,没其妻子、畜产,以入受寇之家"等等。这些条款,无疑都是有利于维护"黄金家族"的最高统治权和那颜阶级利益的。还有一些保护游牧经济和社会秩序的条款,如:"禁草生而创地者,遗火而焚草者,诛其家;拾遗者,履阈者,棰马之面目者,相与淫奔者,诛其身;说谎诈骗者,以幻术惑人者,处死"等等。

第五节　成吉思汗设大断事官

在1206年春举行的忽里台上,成吉思汗还委任他的义弟失吉忽秃忽为"古儿·札鲁忽赤"——总断事官,负责科断"盗贼诈伪的事"和"分家财的事"。"凡断了的事,写在青册上",作为不更改的成例。

据《经世大典序录·官制》记载,"国家肇基朔方,……方事征讨,重在军旅之事,故有万户、千户之目,而治政刑则有断事之官,可谓简要者矣。"断事官蒙古语称为札鲁忽赤。1202年成吉思汗灭塔塔儿后,曾命其异母弟别里古台整治外事,审断斗殴、偷盗、诈伪等案件,《元史·别里古台传》说他"尝立为国相,又长札鲁忽赤",即指此。这是蒙古设立断事官的最早记录。

1206年春,成吉思汗在建国时,宣旨道:"当我被长生天护佑着,使天下百姓入轨就范的时候,你要[我的]耳目,把毡帐、板门里的百姓分成份子,作为领民分配给母亲、我们、弟弟们和诸子侄,任何人都不得违背你的话。"又命失吉忽秃忽惩治众百姓的盗贼,察明诈伪,按体例该处死的处死,应罚的罚,委为普上断事官。又宣旨:"把一切领民的分配和断了的事宜都造青册写在上面。[凡是]失吉忽秃忽向我建议而写在青册白纸上的[规定],直到子孙万代不得更改,更改的人要治罪。"大断事官的职责主要是两项:一是掌管民户的分配;二是审断刑狱、词讼,掌握司法之权。大断事官是大蒙古国的最高行政官,相当于汉族官制的丞相。后来,窝阔台派失吉忽秃忽为中州断事官,主持清查汉地户口和征收赋税的工作,汉人就称他为"胡丞相"(忽秃忽,译胡土虎)。忽秃忽到燕京后,下令教学行和乞儿行也要出银作差发,有个教书先生写诗说:"教学行中要纳银,生徒寥落太清贫。……相将共告胡丞相,免了之时捺杀因。"捺杀因,蒙古语"很好"的意思。

从成吉思汗到忽必烈初年,大断事官一直保持着"丞相"的地位。窝阔台时任此职的是额勒只歹(又译野里知吉带、宴只吉带),窝阔台命令:"众那颜以额勒只歹为长,依着额勒只歹的言语里行者。"蒙哥即位后,以忙哥撒儿"为断事官之长,其位在三公之上,犹汉之大将军也"。中统元年(1260年)设立中书省,其长官忽鲁不花仍带"中书省都断事官"职衔。到至元二年(1265年)设大宗正府,大断事官始专主宗正府,治蒙古公事并兼理刑名,不再是全国的行政长官了。

在大断事官之下置有若干断事官,为其僚属。此外,诸王、贵戚、功臣有分地者,也各置断事官管治其本部百姓。

第六节　成吉思汗创制蒙古文字

蒙古畏兀字,创制于成吉思汗时期(1206—1227年)。蒙古族原无文字,据《蒙鞑备录》、《黑鞑事略》等书记载,习用刻木记事。成吉思汗建立大蒙古国时,以畏兀字母书写蒙古语,称为蒙古畏兀字。畏兀字即古回鹘字,源于粟特字,是一种拼音文字,创始于8世纪。原为自右向左横写,后改为自左向右竖写。自1206年以来,逐渐在蒙古族中行用。蒙元统治者用以书写诏令文书,并曾用以译写《孝经》、《资治通鉴》、《贞观政要》等汉文典籍。现存蒙古畏兀字文献,最早者为俄罗斯彼得堡所存1225年移相哥刻石(或称成吉思汗石)文字五行。中国所藏1240年紫微宫碑蒙古畏兀字三行(《元代白话碑集录》)也是较早的一种。元朝建国以后,刊有蒙古畏兀字的碑石,现有多种留存在中国各地。北京故宫图书馆藏有元代刊刻的蒙古畏兀字与汉字对译的《孝经》,是罕见的古籍。元世祖忽必烈命八思巴制作的蒙古字颁行后,蒙古畏兀字不再作为官方文字,但仍在民间行用。至元六年(1269年),忽必烈颁行新字的诏书曾明确规定,以新制的蒙古字"译写一切文字",实际上是企图以一种通用字母拼写蒙、汉、藏各民族的语言。这是中国文字史上的一次创造性的尝试,也是制作汉语拼音字的第一次尝试。但同时兼顾几个民族的语言,在表示音值和构制字体时,都不免存在各种缺陷,采用汉字方体字形拼写蒙古语,以一个方体字拼一个音缀,致使语词割裂,不易识读,不如蒙古畏兀字以词为单位构字便于读写。

蒙古文字创制出来后，成吉思汗就用它来发布命令，登记户口，记录所办的案件和编集法令。在怯薛的职务中，设有必阇赤（书记）一职，专掌文书。随着蒙古领土的扩大，文书的使用范围越来越广，又增加了掌管汉文、畏兀儿文和回回文字（波斯文）的必阇赤，担任必阇赤长的人，地位也更加重要了。

元朝以后，蒙古畏兀字经过改革，在内蒙古自治区等地沿用至今。

第三章　成吉思汗进行的征服战争

第一节　成吉思汗六征西夏

西夏是党项人建立的政权。唐朝末年,他们居住在今陕西北部和鄂尔多斯市南部。其首领拓跋思慕,因率部助唐镇压黄巢起义有功,被唐朝封为夏州定难军节度使、夏国公,并赐姓李。随着其势力逐渐扩大,1038年,党项统治者李元昊称帝,正式建国号为夏,以兴庆府(中兴府,今宁夏银川市)为国都。西夏利用辽宋及金宋长期对峙的局面,对南北双方或战或和,在夹缝中求生存、图发展。西夏的版图:"东尽黄河,西界玉门,南接萧关(今宁夏同心南),北控大漠。"西夏受汉文化的影响很深。境内濒河诸州的农业,河西走廊、河套北部的畜牧业都很发达,文化繁荣。

成吉思汗打败克烈、汪古、乃蛮之后,蒙古便在南西分别与西夏和金朝互相毗邻。富庶的中原与河西走廊,当然都是成吉思汗所企图攻掠的目标,不过他采取了先攻夏、后打金的战略。这是不难理解的。夏、金相比,金毕竟是中原上邦。长期以来,漠北诸部(包括蒙古部)一直是它的藩属。根据《史集》记载,在当时北方各族心目中,金朝的国君是"极其强大而尊严的"。因此,对于和金国开战,成吉思汗显得更慎重一些。从战略上来讲,西夏在金之西,北面与蒙古接壤,如先攻金,西夏很可能被金拉过去充当盟国。那时,如果它从西面出一偏师北进,直捣蒙古本部,将会对成吉思汗构成严重的威胁。为了全力攻金,应当首先剪除来自侧翼的犄角威胁。再从战术上分析,从漠北统一战争中锻炼出来的蒙古军队,擅长在开阔的原野山地乘马鏖战。而南下进攻人口稠密的农耕定居地区,必须攻克设防坚固的城堡壁垒。对蒙古骑兵来说,这还需要有一个重新适应的过程,所以首先挑选一个比较弱小的对手是合适的。大概正是出于上述种种考虑,尽管不断地有金朝降人如李藻、田广明等力劝成吉思汗攻金,他还是不敢轻动,而坚持先打西夏。成吉思汗先后六次征西夏。

1204年,成吉思汗在纳忽昆山灭乃蛮太阳罕部,拓境至西夏北界。次年三月,成吉思汗因乃蛮王子亦剌合经过西夏边彻勤遁逃,乃以西夏接纳仇人为由,出兵攻之。蒙古军攻拔边城力吉里寨,进而破落思城,劫掠大批人口及骆驼、羊马后,返回漠北。这次战争在很大程度上带有抢掠的性质。

1207年秋,成吉思汗因为西夏不肯纳贡称臣,第二次率兵攻打。蒙古军攻克兀剌海城。驻营其地后,纵兵四出,大肆掳掠。西夏调动左厢诸路军抵拒蒙古军队。成吉思汗并没有率军轻进,次年春季,粮尽而还。这次军事行动,前后相继五月余,史料上未曾留下强攻硬战的记载,看来很像是一次实力侦察。它必定为成吉思汗准备大规模的攻夏战争提供了不少经验。

1209年春,成吉思汗才真正对西夏大举进攻。这次,他仍然先攻边寨黑水城北的兀剌海关。夏襄宗李安全委皇子承桢为主帅,以大都督府令高逸副之,领兵五万抵拒。夏军战败,高逸被俘后不屈遇害。蒙古军攻入兀剌海城,在巷战中又俘获西夏的太傅西壁讹答,最后终于占领兀剌海,并由此得以长驱直入河西地区,进逼夏都中兴府。李安全复命嵬名令公率五万士卒拒战。嵬名令公在贺兰山险隘克夷门设防,企图在这里挫败成吉思汗。

克夷门位于贺兰山中,是中兴府的外卫。这里两山对峙,崖壁峭立,是绝不可登,只有中间通一路径,克夷门正扼其冲要。嵬名令公在这里布置重兵,志在必守。蒙古军到时,夏军居高临下,自山坂驰入敌军阵营,将他们击退。成吉思汗力战不克,双方在克夷门僵持两个月。这时候,西夏守军逐渐松弛。七月间,蒙古军设伏诱战,遣游兵将嵬名令公引入埋伏圈,擒之,遂破克夷门,进围中兴府。

蒙古军兵临城下,中兴府合城震动。李安全亲督将士守御城墙。在坚固的城防之前,蒙古军猛攻不能得手。九月,成吉思汗下令筑堤,引黄河水灌城。中兴府危急。十月,李安全遣使突围,奔金乞援。金廷臣主张出兵援救。可是,金皇帝愚蠢到连唇亡齿寒的道理也不懂,自作聪明地说:"敌人相攻,是吾国之福。有什么值得担忧的?"反而幸灾乐祸,听任不救。西夏都城日渐不支。

到十二月,河堤决裂,水势四溃。这时,中兴府城墙久经水淹,很容易倒塌,固然对西夏不利;但另一方面,蒙古军营也被决堤之水倒灌,已无法继续围城。中兴府之困,不解自救,对西夏来说是不利变成了有利。成吉思汗眼看攻城不克,派西壁讹答入城谕降。李安全竟满口答应。他登上城楼,与成吉思汗隔水相见,以纳女称臣为条件,向蒙古乞求和平。成吉思汗这才决定退兵。这时已是1210年之初了。

　　西夏经过这次打击,从联金抗蒙转而依附蒙古,进而进攻金朝。成吉思汗不但解除了攻金时的侧后威胁,而且还可以利用西夏夹击金国。这样,蒙古军队就能毫无顾忌地转来对付垂涎已久的金朝了。

　　但是,由于成吉思汗在进攻金朝和西征西辽的过程中,不断向西夏征兵,使西夏统治者感到负担十分沉重。于是对蒙古渐渐疏远。这样,又引起蒙古的不满,攻击西夏的战争又爆发了。

　　1217年,成吉思汗封大将木华黎为太师国王,率军攻打金朝。在木华黎南下进攻金朝的同时,又一次派军队攻打西夏。蒙古军长驱直入,很快包围了中兴府,夏神宗李遵顼(夏襄宗李安全于1211年让位给他)逃到西京(灵州),让太子李德旺任守城。面对强敌,李遵顼不得不再次向成吉思汗请降,蒙古军撤退了。

　　1221年十月,木华黎由东胜渡河,准备经过西夏,进攻金朝的陕西地方。李遵顼惶恐不已,急忙派大臣塔海去迎接木华黎,又派塔哥甘普领兵五万,追随木华黎进攻金朝。

　　李遵顼于1223年把王位让给次子李德旺,自称上皇隐退。李德旺即位后深感蒙古势力的可怕,想乘成吉思汗西征之机,联合漠北诸部落,组成抗击蒙古的联盟。这时木华黎已经去世,其子孛鲁听到这个消息后,急忙从华北进攻西夏。1224年九月,蒙古军攻破银州,西夏战死士兵数万,守将塔海被俘后遭到杀害,蒙古军掳掠牲口、牛羊达数十万之多。李德旺不得不再次表示臣服,换取蒙古军退走。

成吉思汗认为,经过此次打击,西夏已无力抵抗,因此只留一部分军队攻打中兴府,并派察罕入城招谕。他自己则于1227年正月率军南下,进入金朝境,攻陷临洮府和洮河、西宁、德顺等州,另遣一军攻入南宋境。四月,驻夏于六盘山。七月,成吉思汗病逝。他临终前吩咐,秘不发丧,以免被敌人获悉;待西夏国主和居民在指定时刻出城时,立即把他们消灭。蒙古军包围中兴府半年,中兴军民坚壁拒守,但因城中食尽,兵民皆病,被迫投降,西夏国灭亡。

成吉思汗率蒙古军攻打西夏,前后用了22年(1205—1227年)。

第二节　成吉思汗征服西北地区

成吉思汗在西征之前,已经巩固了对蒙古高原诸部族的控制。他曾几次发兵,征讨分布在大泽(今贝加尔湖)周围直至也儿的石河(今额尔齐斯河)流域的各部"林木中百姓"。不仅如此,由于畏兀儿(今译维吾尔)部和哈剌鲁部的先后归附,大蒙古国的势力当时业已越过按台山(今阿尔泰山)。

❖ 畏兀儿的归附

9世纪中叶,回鹘汗国灭亡后,回鹘十五部迁到了西域。西迁的回鹘"种落散处",有一部分投奔碎叶河(今楚河)一带的葛逻禄部,后来成为黑汗王朝的主要民族之一;一部分迁到了于阗(今新疆和田)一带;一部分回鹘人分布在今天山东部。早在回鹘汗国强盛时期,势力就扩展到这个地区,并有一部分回鹘人迁居到北庭(今新疆吉木萨尔)、高昌(今新疆吐鲁番高昌故城)等地。大批回鹘人西迁后,遂成为该地主要民族,其他民族的居民也逐渐与他们融合起来。他们建立的政权,在辽宋时代的汉文史料中称为高昌回鹘(还有和州回鹘、西州回鹘、阿萨兰回鹘等名称)。其领土东至伊州(哈密),西至龟兹(曲先—库车),北至今准噶尔盆地之边,与乃蛮部为邻;南至鄯阐(今罗布泊附近),与吐蕃为邻。高昌回鹘的国王称亦都护,据汉文史料,他们还有阿萨兰汗(狮子王)的称号。以高昌为都城,北庭(别失八里)则是其夏季驻地。高昌、北庭等城从汉朝以来,就是中原王朝设治的地方,当地居民早已从事农业,又处在东西交通路上,商业也很发达,因此回鹘人西迁到这里后,有很大一部分放弃游牧生活而转为从事农业和商业。汉族文化在这个地区的传播已有近千年的历史,回鹘人迁来后,也受到很深的影响。有些回鹘的知识分子能读汉文经史和文字著作,吐鲁番等地出土的高昌回鹘时期的佛经、历书也多译自汉文。回鹘人原来使用古突厥文,由于亚摩尼教师和商人在回鹘汗国政治、经济生活中的重要地位,出现了采用粟特字母书写回鹘语的文字。西迁后的回鹘,逐渐广泛使用这种文字,学者们称之为古回鹘文。用这种文字写成印刷的文书大量出土,说明高昌回鹘的文化是很发达的。北庭、高昌一带佛教极盛,许多回鹘人也改信了佛教,但原来的摩尼教还继续存在。此外,道教、景教等东西教也传入回鹘人中。与各种文化的接触和融合,使回鹘人具有了"能通晓诸国语"和善于经商的特点,因而在后来元朝的政治、经济生活中占有很重要的地位。

契丹初兴,高昌回鹘即遣使入贡。924年,耶律阿保机大举西征,尽服漠南北"阻卜"诸部,又遣兵逾流沙、拔浮图城。高昌回鹘也归附辽朝,其后时常纳贡,颇称"孝顺"。1130年耶律大石自漠北率部西迁,先致书高昌回鹘王毕勒哥,通知他要假道共同去大食。耶律大石至北庭,回鹘王"即迎至邸,大宴三日。临行,献马六百,驼百,羊三千,愿质子孙为附庸,送至境外"。西辽立国后,高昌回鹘遂为其藩属之国,西辽派少监常住高昌,监督国事。

13世纪初年,西辽派往高昌太师僧少监"骄恣用权,奢淫自奉,专断不公,凌砾亦都护及其臣僚",因此畏兀儿人上下共愤之。1208年冬,成吉思汗出兵攻打盘踞在也儿的石河的乃蛮首领屈出律和蔑儿乞首领脱脱残部,以斡亦剌部忽都合别乞为向导,从阿来岭(今赛留格木岭乌兰达巴山口)越过金山,在不黑都儿麻河(今布赫塔马河)击溃乃蛮、蔑儿乞联军。脱脱被射死,屈出律与脱脱子忽都等渡过也儿的石河南奔。乃蛮的灭亡对其南邻畏兀儿震动很大,巴而术阿忒的斤亦都护及其臣僚们见蒙古强盛,决定借助蒙古的声威,乘机摆脱西辽统治,转而投靠蒙古。1209年,他们设谋将西辽所置少监杀掉。这时,成吉思汗已先遣使至畏兀儿,巴而术派了两个官员随使者去见成吉思汗,表示臣服。

忽都等逃入畏兀儿境,巴而术杀其所遣使者,并起兵至崭河(今昌吉河),将他逐出境外,并将此事报告成吉思汗,以表忠诚。

1211年,巴而术遵照成吉思汗的命令,带着大量地方珍宝亲至蒙古朝见。成吉思汗因他主动归附,许以女也立合敦嫁之,并让他享有"第五子"的待遇,"使与诸皇子约为兄弟,宠异冠于诸国"。因此,畏兀儿具有与其他被征服国家不同的地位,亦都护是大汗——元朝皇帝的藩臣,必须履行纳质、纳贡、从征等藩属国的义务,但对自己的领地和所属人民则拥有一定的自主权。当然,对畏兀儿人民来说,他们从此要受到蒙古统治者和以亦都护为首的本族统治集团的双重压迫和剥削。在蒙古攻打中亚、西夏的战争中,巴而术征发畏兀儿军从征,就是一项极其沉重的负担。

❖ 哈剌鲁的归附

1211年,哈剌鲁的阿儿思兰汗也来大蒙古国觐见成吉思汗,献国降附。

哈剌鲁即唐代的三姓葛逻禄,原居金山之西(今额尔齐斯河和乌伦古河地区),在后突厥汗国的压迫下,逐渐南徙至北庭附近。8世纪中叶,因其强盛,不断越过金山,攻打葛逻禄。葛逻禄人于是再向西南移徙,进入今巴尔喀什湖东南伊利河和楚河一带。这个地区的突骑施部此时业已衰落,葛逻禄人遂取而代之,成为该地最强大的势力。哈剌汗朝建立后,葛逻禄成为哈剌汗朝的属部。

西辽统治时期,哈剌鲁部首领称为阿儿思兰汗,住在海押立,西辽也派一个少监常住其地进行监督。13世纪初,由于西辽统治者对其属国、属部的压迫愈来愈甚,不满情绪日益增长。于阗算端趁西辽国势衰弱之机不再服从,西辽皇帝认为阿儿思兰汗也靠不住,就征召他从讨于阗,企图乘机加害。阿儿思兰汗虽然参加了镇压于阗的战争,但最后还是被迫服毒自杀,西辽皇帝命其子继位,仍遣少监督之。少监专横暴虐,欺压哈剌鲁人民。这时,成吉思汗已消灭乃蛮残部,遣忽必来率军征哈剌鲁,阿儿思兰之子(亦称阿儿思兰汗)乘机杀掉西辽少监。

❖ 西辽(哈剌契丹)的灭亡

1124年,耶律大石退居漠北,在镇州可敦城大会十八部酋长,取得他们的支持,于是"置官吏,立排甲,具器仗",建立政权,企图借助漠北属部的力量兴复辽朝。为此,他还联合西夏,约共攻山西,并遣使取道西夏与南宋进行了联络。金朝感到耶律大石漠北政权的存在是很大的威胁,乃于1130年兴师北伐。在金朝的强大压力下,耶律大石难以在漠北立足,于是征集各部人马,倾巢而西。他先在叶速立(今新疆额敏)之地建立一座城堡,积聚力量,准备继续西进,这时所部军队已有四万帐。适逢哈剌汗朝的大可汗因无力对付境内哈剌鲁、康里等部的叛乱,遣使要求耶律大石入境帮助镇压,并表示情愿让国,于是他不费一兵一卒就入据哈剌汗朝都城八剌沙衮,又名虎思斡耳朵(今吉尔吉斯斯坦托克马克西南布拉纳古城);早先移居哈剌汗朝国境的一万帐契丹人,趁机投归耶律大石,因此兵力更足。文武百官遂奉立耶律大石为帝,上汉语尊号曰"天佑皇帝",改元"延庆"(1132年),又取突厥语"葛儿罕"的称号。同时,废去哈剌汗朝大可汗。耶律大石称帝后,即发兵征服可失哈耳(今新疆喀什)、忽炭(今新疆和田);1137年,率军西征,于忽毡(今塔吉克斯坦列宁那巴德)打败河中地区的西部哈剌汗朝马哈木汗;1141年,又在撒麻耳干之北与塞尔柱朝算端辛札儿所率的大军会战,完全击溃辛札儿军,河中地区遂被并入版图,花剌子模沙亦被迫称臣纳贡。东面的哈剌鲁、畏兀儿、乃蛮等部都先后归附于他或被征服。耶律大石以虎思斡耳朵为都城,其领土(包括属国)东至哈密力,西至花剌子模,北包括金山,南有忽炭诸地,成为中亚最强盛的国家。其国家制度基本上仍用辽朝旧制,史称西辽或后辽。西辽统治者虽崇奉佛教,但对伊斯兰教也采取宽容政策,给予尊重。

耶律大石死后不久,西辽统治集团内部就不断发生争权夺利的斗争。至13世纪初,西辽皇帝直鲁古(1167—1211年在位)昏聩荒淫,挥霍无度,帑藏空竭,国力衰微。这时,花剌子模已日益强盛,不愿再臣属西辽;撒麻耳干的斡思蛮汗也脱离西辽统治而归附于花剌子模。1210年,花剌子模大举入侵,与西辽军战于塔剌思(今俄罗斯塔拉斯河畔),西辽守将塔阳古兵败被俘,讹迹邗城(今吉尔吉斯斯坦乌支根)及以西地区均被花剌子模占去。在此前后,畏兀儿亦都护和哈剌鲁汗都叛降了蒙古。1211年,直鲁古的帝位被乃蛮屈出律所篡,西辽实际上灭亡了。

1208年,屈出律被成吉思汗打败后,仓皇渡过也儿的石河,辗转逃入西辽国境。他骗得了直鲁古的信任,娶其女为妻,又建议收集散处在叶密立、海押立和别失八里等地的乃蛮、蔑儿乞残部,来帮助西辽作战。等到这批亡命之徒被收集起来,他就利用这支力量来反对直鲁古,企图夺取帝位,并派人与花剌子模沙暗中勾结,密谋共灭西辽,瓜分其国土。1210年,趁直鲁古出兵征讨河中地区(锡尔河、阿姆河流域)时,他劫掠了讹迹邗城的国库,回攻虎思斡耳朵,结果被直鲁古的军队打败。这时西辽军在塔剌思附近被花剌子模军击败,溃军奔回虎思斡耳朵,城中人民闭门不纳,溃军围城十六日,攻入城内,大肆屠杀居民,西辽统治者与人民的矛盾更尖锐了。后直鲁古下令军队将掳掠之物归还,因此军队发生叛变。屈出律利用这个机会将叛军搜罗到自己旗下,趁直鲁古出猎时,伏兵擒之,遂篡夺了西辽皇位。但表面上仍尊直鲁古为太上皇,用西辽国号。两年后,直鲁古病死。

屈出律篡位后,继续倒行逆施。为了镇压可失哈耳的反抗,他趁收获季节,发兵攻入,纵火焚烧庄稼,经过三四年这样的蹂躏,可失哈耳被迫屈服。他竟分兵住宿民家,每户一兵,其残虐百姓的种种暴行可以想见。又进掠忽炭,强迫忽炭居民放弃伊斯兰教信仰,改信聂思脱里教或佛教,并虐杀伊斯兰教教士,因此人民对屈出律的残暴统治极其痛恨。

1216年，成吉思汗从中原回到蒙古后，即遣速不台统军讨伐流散在乃蛮界外的蔑儿乞余部。1218年，遣哲别统军征屈出律。屈出律当时正在可失哈耳，闻蒙古军来攻，不敢抵敌，慌忙逃跑。哲别军只追袭屈出律，并不侵害百姓，而且宣布允许人民保留自己的宗教信仰，诵读穆斯林经典。可失哈耳人本来对屈出律就恨之入骨，当他一逃跑，顷刻之间就将他安插在各家的兵士全部消灭。屈出律逃至马达哈伤境上的撒里桓之城，被当地居民捕获，交给蒙古军。哲别杀屈出律后班师，与成吉思汗会合。西辽境土全部归大蒙古国。

第三节　成吉思汗亲临指挥攻金国战争

成吉思汗选定金朝为第二个征服对象。他还扬起了替祖先俺巴孩等复仇的旗号,让攻金朝师出有名。成吉思汗对金朝的进攻,先后有1211年、1213年、1214年和1215年四次,曾在野狐岭(今张家口北)和居庸关(今北京西)两地歼灭金朝精锐军数十万。1215年攻占金朝中都(今北京),迫使金朝皇帝迁都汴梁(今河南开封)。

1127年,女真逼迫宋朝南迁,在中原地区立国。1189年以后,金朝国势日渐衰落。金章宗以后,金朝各种社会矛盾越来越尖锐。统治阶级内部也杀机四伏。皇室之内,权臣之间,党国伐异,争夺不已。军队的腐化尤其严重。女真族军队以猛安(三百户为一猛安)、猛克(十猛安为一猛克)制度编成。入居内地后,长期不耕不战,纪律松懈,士气低落。平时欺凌百姓,临阵未战先溃,几乎不能打仗。政治腐败,黄河不治,酿成三次河堤大决口,洪水淹没耕地,吞噬人畜,进一步加剧了社会经济的残破。金朝的民族矛盾也很尖锐。1161年,西北路契丹族人撒八、窝斡领导的起义被镇压以后,对契丹族的统治日益严厉。契丹人思复亡国之仇,蒙古强盛以后,经常有人投奔蒙古,愿勤其伐金。为金守御西北边墙的汪古人,也先后投降蒙古,对金倒戈相向。

1227年春,成吉思汗已经击溃西夏武装力量,随即将兵锋转向金国。他部署兵力围西夏都城中兴府后,亲自率军渡过黄河,经积石州(今青海循化)攻入临洮路(治所临洮,今属甘肃)。七月,蒙古军队已从凤翔攻下京兆(今西安)。但正在这个时候,成吉思汗去世了。

当时,金朝仅仅占有陕西、河南,不过军队还不少,而且黄河天险可以凭恃。对于蒙古来说,灭亡金朝要比西征困难得多。但是,成吉思汗已经规划好灭亡金朝的战略。他在临终时对左右说:"金的精兵在潼关,南有群山,北临黄河,难以遽然攻破。如果向南宋借道,南宋与金朝是世仇,必定会应允,那就可以出兵唐、邓,直指汴京。金危急,必定征召驻守潼关的军队。但是,那是一支数万人的大队伍,行军千里去救援,人马疲惫,即使赶到也不能作战了。这样,我们就一定能打败他们了。"

成吉思汗的去世,使蒙古灭金的计划推迟了两年。1229年八月,窝阔台继承汗位。他与诸王大臣们决定立即按照成吉思汗的遗言发动进攻。为了确保军需供应,他们在财政方面也作了重要的部署。

蒙古与金朝关系的最早记录是合不勒应召入朝,这大概是金太宗时(1123—1135年在位时)的事。随后由于合不勒汗杀了金朝使臣,双方关系就长期处于敌对状态。金朝多次出兵征讨,或令属部塔塔儿进攻蒙古,先后捕杀了蒙古首领俺巴孩汗、斡勒巴儿合黑、合答安把阿秃儿等。蒙古忽图剌汗也率军攻金,挫败金朝军队,并夺取了一些地方。(《史集》俄译本第一卷第二册,页四二)《蒙鞑备录》记载说,大定年间(1161—1189年),燕京及契丹地有民谣云:"鞑靼来,鞑靼去,赶得官家没去处。"金世宗闻之,"乃下令极于穷荒出兵剿之,每三岁遣兵向北剿杀,谓之'减丁'"。出征官兵多掳掠蒙古子女卖为奴婢。又蒙古每年入贡时,金朝只在塞外受之,不许入境。蒙古人因此"怨入骨髓"。"减丁"的传闻虽未必可靠,但金世宗时北方常有边患,因而屡次出兵"经略",则是事实。后来,成吉思汗起兵攻金之前,向上天祈祷,说因为金朝皇帝用酷刑杀死了俺巴孩汗等先祖,所以他此去复仇,求上天给以护助。金朝对属部同样实行民族压迫,引起他们的深刻仇恨,终于被成吉思汗利用作为鼓动部众进攻金朝的理由。

金章宗承安元年(1196年),因成吉思汗协助讨平塔塔儿部,受封"札兀惕忽里"的官号。虽有父祖之仇,金朝毕竟是中原上邦,成吉思汗对这个不大的官职仍然十分看重,喜以官号自称来抬高身份,并且保持了对金朝的臣属关系,直到他统一漠北做了大汗以后,还按例每年亲自到金朝边境上的贡场进奉。(《元史》卷一《太祖纪》)但金朝此时国势已衰,虽然压服了属部的叛乱,却不得不把边防线南移,再次役使兵民穿壕筑障,以防范蒙古等部犯境,而听任克烈、蒙古去占领边墙以外的广大地区。就在这时,有些不满金朝统治的契丹和汉族人投奔蒙古,向成吉思汗报告了金章宗"杀戮宗室,荒淫殊甚"和金朝"不治戎备,俗日侈肆"的情况;(《元朝名臣事略》卷一)往来于山东、河北各地经商的回鹘商人也向其言中原民物繁庶,鼓动他南侵。因此,成吉思汗对金朝的情况早有了解。成吉思汗建国后,他就计划攻金,但还未敢轻动,宁愿先采取攻掠西夏的战略。

成吉思汗曾到净州(今内蒙古四子王旗西北成卜子古城)进贡岁币,金章宗命卫王永济受贡。1208年章宗死,永济即位,遣使传诏蒙古,成吉思汗知道是永济,说道:"我谓中原皇帝是天上人做,此等庸懦亦为之耶?"于是更轻视金朝,不肯按照传统礼节跪拜受诏,乘马北去。永济得使者回报,乃策划成吉思汗再次入贡时杀之。1211年秋,成吉思汗亲统大军,南下攻打金朝。成吉思汗大军,由鱼儿泊(今内蒙古克什克腾旗达里湖)进入金朝境,先锋哲别攻破金朝西北路边墙上的乌沙堡,取乌月营。金军统帅独吉思忠因失于备御,被解职,由完颜承裕(胡沙)主持军事。承裕见蒙古军势盛,从抚州(今河北张北)退往宣平(今张家口西南),于是昌州(今内蒙古太仆寺旗西南)、桓州(今内蒙古正蓝旗北)、抚州三州之地尽失。成吉思汗至抚州,金朝以大军三十万守野狐岭(今河北万全县膳房堡北),成吉思汗挥师攻之,金兵大败,"死者蔽野塞川"。承裕等慌忙觅路逃跑,蒙古军跟踪追至浍河堡(今河北怀安东),将金军大部分消灭,史料记载"金人精锐尽没于此"。蒙古军前锋突入居庸关,攻中都不克,退出。

成吉思汗长子术赤、次子察合台、三子窝阔台率领另一路军队,由西南路进入边墙,汪古部首领阿剌兀思剔吉忽里献关,并且为向导,蒙古军攻下净、丰(今呼和浩特白塔镇)、云内(托克托县东北古城)、东胜(今托克托县)、武(今山西五寨县北)、朔(今山西朔县)等州,抄掠后退去。金西京(今山西大同)留守纥石烈执中(胡沙虎)弃城逃回中都。

1212年,蒙古军乘胜攻陷宣德州(今河北宣化),至德兴府(今河北涿鹿),先为金守军所败,拖雷等奋勇攻城,拔之,抄掠境内诸城村后退出。成吉思汗继续攻取山后诸州县,威宁(今内蒙古兴和县北)防城千户刘伯林降;进兵攻西京,歼灭奥屯襄所率来援金军,遂围西京,为流矢所中,撤回。同年,遣先锋哲别往攻东京(今辽宁辽阳),东京军民坚守,哲别伪退五百里,守者以为敌退,不为备,哲别连夜轻骑驰回,攻入城中,大掠而还。

1213年,成吉思汗集大军,再入野狐岭,连下宣德、德兴诸城,进至怀来(今河北怀来东),击溃金军,追至居庸关北口。这是蒙古军攻金的第二次大胜利。因居庸关防守坚固,成吉思汗采取迂回包抄战术,留怯台等攻居庸关,自率主力驰向西南,取紫荆口(今河北易县西)入关。金朝发觉蒙古军意图,急遣兵赴援,但已经迟了,遂破金军。哲别奉命率精骑驰攻南口,出其不意,破之,进至北口,与怯台军里外夹攻,取居庸关,逼临中都。成吉思汗攻下涿、易(今河北涿县、易县)二州,命怯台等率一部分军队围中都,其余分兵三路:术赤、察合台、窝阔台率右军,循太行山东麓而南,直抵黄河北岸卫(今河南汲县)、孟(今河南孟县)诸州,再沿太行西麓向北,掠河东、北路诸府州而还;哈撒儿、斡赤斤等率左军向东,掠蓟(今河北蓟县)、平(今河北卢龙)、滦(今河北滦县)诸州而还;成吉思汗与拖雷率中军南下,掠河北东路、大名和山东东、西路诸府州而还;另木华黎一军攻陷密州(今山东诸城),屠之。

1214年春,三路军会合于中都附近,成吉思汗驻中都北郊黄旬,向金朝要索贡献。金宣宗献卫绍王女歧同公主(因她是金朝皇帝的女儿,出身高贵,在成吉思汗诸妻中位居第四,称"公主合敦")及金帛、童男童女等求和,成吉思汗引军退出居庸关,驻夏于鱼儿泊,并遣木华黎、宇秃攻取辽西、辽东诸州郡。

五月,金宣宗南迁。六月,驻守中都之南的乣军哗变,杀其详稳,投降蒙古,成吉思汗遂遣三模合拔都领契丹人石抹明安(野狐岭战役中降蒙)、汉人王楫(金涿鹿守将,成吉思汗进兵紫荆口时投降)为向导,引蒙古军南下与乣军会合,围攻中都。中都附近州县守将和官员纷纷投降,前来救援的金军均被击溃,留守中都的主帅平章政事抹然尽忠弃城遁,于是1215年五月,蒙古军进占中都。成吉思汗当时驻在桓州,得到报告,即派失吉忽秃忽等籍中都帑藏,尽数运走。留札八儿火者、石抹明安镇守中都。

同时,木华黎军取临潢府(今内蒙古巴林左旗)、北京路(今内蒙古宁城县大明城)诸州县,大败金军于花道(今内蒙古赤峰市东南),进克辽西重镇北京,遣人招降兴中府(今辽宁朝阳)。兴中土豪石天应等杀府官降蒙,义州(今辽宁义县)契丹土豪王恂及附近地区地主、土豪多率所部黑军乡党投降。锦州张鲸先是反金自立,后降蒙古,1215年初夏,被派随蒙古军攻打河北、山东地区,因企图叛逃被杀。其弟张致遂据锦州反蒙,攻下辽西许多州县,并占领兴中府,声势很大,坚持到1216年秋才失败。

成吉思汗取中都后,又派脱栾扯儿必统蒙古军及投降的契丹、汉军抄掠河北、山东各地,遣三模合拔都由西夏趋关中,出潼关,大掠河南而还。他自己则于1216年春回到克鲁伦河的斡耳朵。

这个阶段战争的特点,是蒙古军以掳掠、烧杀为目的。1213年秋至1214年春,数月之间,"凡破九十余郡,所过无不残灭。河北、河南、山东,数千里,人民杀戮几尽,金帛、子女、牛羊马畜皆席卷而去,屋庐焚毁,城郭丘墟矣"。(《建炎以来朝野杂记》,卷一九)蒙古军攻下保州(今河北保定)时,尽驱居民出城,先下令杀老者,"卒闻命,以杀为嬉;后二日,命再下令,无老幼尽杀","尸积数十万,磔首于城,迨与城等"。永清地主史秉直降蒙,命管领所掠降人十余万家,迁之漠北,路上冻饿而死者甚多。兵后田野荒芜,王楫建议留些牛让老百姓种地,派人在卢沟桥索北返军士所驱,十取其一,得数千头,可见所掠牛仅经过卢沟桥者就达数万头。截至1215年,被蒙古军攻破的城邑就有862处,几乎黄河以北所有土地都遭到蒙古铁骑的蹂躏。但在大部分州县,蒙古军都是杀掠后即离去,金朝又重新派官镇守,而其中一部分则落入当地土豪地主武装的控制中。

第四节　窝阔台与拖雷分兵征伐金国

1230年秋,窝阔台与拖雷率军南下,攻击南宋,破天成堡,进入山西,渡过黄河,与陕西蒙古军会合,攻取凤翔。金哀宗命完颜合达、移剌蒲阿从闅乡(今山西灵石西)提兵出关救援,合达等兵至渭北,见蒙古军势盛,慌忙收兵入关。次年春,蒙古军攻破凤翔,金弃京兆,迁民于河南,潼关以西尽为蒙古军所占。

1231年窝阔台避暑于官山九十九泉(今内蒙古卓资北灰腾梁),大会诸侯王,商议攻金之策。武仙一军屯于黄河北岸卫州,史天泽曾率军攻之,不克。蒙古军进军缓慢。窝阔台采纳拖雷的意见,决定分兵三道进征:窝阔台自统中军,渡黄河,由洛阳进;斡赤斤以左军,由济南进;拖雷总右军,由宝鸡南下,通过南宋境,沿汉水达唐、邓,以成包抄之势,期于次年正月会师汴京。据说打下凤翔时,有降人孛昌国曾向拖雷建议:"金主迁汴,所恃者黄河、潼关之险尔。若出宝鸡,入汉中,不一月可达唐、邓。金人闻之,宁不谓我师从天而下乎!"拖雷十分赞成,就把这个建议向窝阔台提出,并自领这最关键的一路。

这年秋天,窝阔台军围攻河中府城(在今山西永济),金兵拼命抵抗,打了两个月,才将城攻破。遂由白坡渡河,进屯郑州。金卫州节度使弃城逃到汴京,黄河一线的防御瓦解了。

拖雷出宝鸡,遣搠不罕使南宋请借道,被边将所杀。于是,拖雷提兵破大散关,攻入汉中,破凤州、西和(今甘肃西和)、沔州(今陕西略阳)、阶州(今甘肃武都)、兴元(今四川汉中);前锋还南渡嘉陵江,陷阆州(今四川阆中),大掠而回。蒙古军进而从金州(今陕西安康)东下,取房州、均州,渡过汉水,进入邓州境。前一个月,金朝已经得到蒙古军由金州东下的报告,急忙调完颜合达、移剌蒲阿军自阌乡驰守邓州。合达等以二十万大军据险设伏于邓州西禹山,小劫蒙古军,即以大捷奏报。拖雷兵不满四万,遂避开金军主力,以轻骑"散漫而北",径趋汴京。合达发现后,即从邓州率军尾追,路上与杨沃衍、武仙军会合,继续北进,入援汴京。拖雷使骑兵沿途袭击,使金军疲惫不堪。1232年春,金军进至钧州(今河南禹县)南三峰山,拖雷集精兵阻截。时值大雪,金"军士被甲胄僵立雪中,枪槊结冻如椽。军士有不食至三日者"。蒙古军乘其困惫,发起猛攻,金军大溃,武仙遁走,移剌蒲阿被俘,完颜合达、杨沃衍走入钧州。蒙古军攻钧州,杨沃衍自杀,合达在破城时被杀。

三峰山一战,金朝的精锐丧失几尽,潼关守将也献关投降,河南十余州均被蒙古军攻陷。不久,窝阔台、拖雷北还,留速不台攻汴京。金哀宗及其军政大臣惊恐万状,向蒙古军求和,而汴京军民则奋勇抗战,用震雷、飞火枪等火药武器打击攻城的蒙古军,蒙古军中炮死者极多,速不台引军暂退。这里,周围州县俱遭蒙古军抄掠,难民纷纷逃入汴京,城中人口激增,入夏后瘟疫流行,死者达九十余万人以上。秋,蒙古军遣唐庆等入城迫使金朝投降,被金将士所杀,于是不再议和。蒙古军于中牟击溃入援的金军,汴京于是粮尽援绝,居民至人相食。1233年初,金哀宗带着一部分臣僚和军队出奔,辗转逃至归德(今河南商丘),撒吉思卜华率蒙古军追围之,攻四月不下。金将官奴夜袭蒙古军营,撒吉思卜华军全被消灭。金哀宗出逃不久,速不台进围汴京,金朝西面元帅崔立杀留守完颜奴申等,献城投降。

当时,金朝虽然大势已去,但河南许多州县还在坚守,蒙古军攻中京(洛阳)、归德等城俱不能克。武仙自三峰山败后,又收集溃军得十万人,屯唐、邓山中。蒙古军经长久作战,军力减弱,将卒病者又颇多;在战争中,河南农业生产遭到破坏,得粮也很困难。蒙古统治者看到,单凭自己的力量,要最后消灭金朝,并不是很容易的。因此,于1232年底派王楫使宋,建议联合灭金。

1233年夏,金哀宗从归德迁到蔡州(今河南汝南),都元帅塔察儿率蒙古军及史天泽所部汉军围之,再遣王楫请南宋出兵会攻蔡州。八月,孟珙自襄阳提兵北上,攻下唐州。金哀宗派使臣到南宋乞粮,并希望与宋联合,被南宋拒绝。十一月,孟珙率宋军二万、粮三十万石至蔡州,遂与蒙古军一起攻城。1234年春,宋军攻破南城,蒙古军攻破西城,金哀宗自杀,金朝灭亡。

第五节　成吉思汗命木华黎经略中原

1217年秋,成吉思汗封木华黎以中原官号"太师国王",赐九尾白旗,使承制行事,命统札剌亦儿、弘吉剌、亦乞列思、兀鲁、忙兀、汪古诸部军以及归降的契丹、女真、乣、汉诸军,专征金朝。成吉思汗对木华黎说:"太行以北,朕自经略;太行以南,卿其勉之。"授予他攻取中原的全权。1223年,木华黎死后,由其子孛鲁继承他的职务。

这时,蒙金战争的特点是:(1)蒙古更注重利用汉族地主武装,金朝也用高爵招徕各地土豪,往往是两方面地主武装之间展开了争夺地盘的激烈战争。(2)蒙古方面除继续进行杀掠外,同时也开始注意占领城邑,安集百姓,为经久之计。1222年,有人向金宣宗上奏说:"河朔受兵有年矣,向皆秋来春去,今已盛暑,不回,且不嗜杀,恣民耕稼,此时不可测也。"(3)战争的进展呈现拉锯形势。

在成吉思汗攻金时期,就有不少契丹族和汉族官僚地主武装投降蒙古,对蒙古攻金起了很大作用。石抹明安和王楫奉命随三模合拔都攻中都。河北诸郡民间组织"清乐社"的头目、永清地主史秉直投靠蒙古(1213年),其子史天倪选清乐社壮勇万人组成清乐军,随蒙古军攻城掠地,大得其力。义州契丹王珣以"保亲族"为名,招集乡人至十余万,向木华黎投降(1215年)。兴中府土豪石天应杀府官献城于木华黎(1215年),他善造战攻之具,统所部黑军从木华黎,屡立战功。石抹也先招募精锐之士一万二千,亦号黑军,为蒙古攻略辽西诸地,也是一支很大的力量。成吉思汗看到了这些地主武装的作用,命木华黎多多"招集豪杰,勘定未下城邑"。凡率部或纳土归降者,都授以统军管民的各种职务,许其世袭,并听其自辟僚属。

木华黎受命专征后,继续奉行这一政策,他手下的契丹、女真、汉族地主武装成为攻金的重要力量。

1217年,木华黎军攻河北、山东诸州,刘伯林、石抹也先等所部汉军从行,陷蠡州(今河北蠡县)、大名府、益都、密州等城。易州人张柔聚宗族数千家,选壮士组织队伍,结寨自保,金朝授以经略使职。1218年,兵败降蒙,木华黎命他仍用旧职,统领本部兵马。于是,张柔招集部属,攻下雄、易、安(今河北新安西南)、保等州,军于满城(今河北满城县西)。当时,河北地区兵力最强的地主武装是据有真定(今河北正定)的武仙,武仙归附金朝,屡次发兵攻张柔,张柔也攻入武仙控制的地区。1219年,先已降蒙的藁城土豪董俊攻入真定,逐走武仙。1220年,金朝封武仙为恒山公,武仙得金援兵,打败董俊,复据真定。

1218年,木华黎统兵攻入山西,史天倪、史天祥兄弟等所部汉军从行,打下太原、平阳、绛州等八十余城。1219年,金朝郭文振、张开军收复太原,胡天作收复平阳。次年,金朝封郭文振为晋阳公,张开为上党公,胡天作为平阳公,让他们分疆守土,与蒙古军作战。

木华黎主力攻山西时,河北有几支地主武装夺据了许多地方,与降蒙派地主武装相互攻战,金朝也封他们为公。1220年,木华黎将攻略的重点转到河北,亲驻满城,遣史天祥攻真定。史天祥劝降武仙,于是真定复归蒙古,邢(今河北邢台)、相(今河南安阳)、卫、怀(今河南沁阳)、孟等州相继被蒙古军攻下。

山东是红袄军的活动地区。1218年,红袄军领袖李全归附南宋,宋授以京东路兵马副都总管之职,遂用宋朝名义招集义军,收复山东南部诸州。益都张林、济南严实都相继归宋,一时山东全境均为宋有。但南宋对李全一直不信任,支持不力,而山东各支武装力量名义上虽附宋,实际上则各据地盘,为自己的利益打算,首鼠两端,游移于金、宋、蒙古之间。1220年秋,木华黎军入济南境,严实见蒙古强大而"宋不足恃",遂以所控制的彰德、大名、磁、洺(今河北永年东南)、恩(今山东武城旧城)、博(今山东聊城)、滑(今河南滑县东)、浚等州三十万户降蒙,木华黎承制授以山东西路行尚书省事,使总管本部军民。当时,严实"据上流之便,握劲锋之选,威望之重,隐若敌国。人心之所以为楚为汉者,皆倚之以为重"。他的投降,使蒙古不战而取得大片土地,攻略山东的力量大大加强了。严实助蒙古军攻下曹(今山东荷泽)、濮(今山东鄄城北)、单三州;1221年入据东平,遂于此立行台。同年,益都张林、红袄军石珪等也相继投降了蒙古。

1221年秋,木华黎率蒙古主力及石天应、史天祥等汉军攻山西、陕西。由东胜渡河,征召西夏兵五万从战,取葭州,使石天应守之;攻延安不克,破绥德、鄜(今陕西富县)、坊(今陕西黄陵)等州,从丹州(今陕西宜川)东渡黄河,取隰州。1222年,蒙古军复取太原、平阳,皆设官置守。冬,木华黎率大军渡河而西,攻下同州(今陕西大荔)、蒲城,径趋长安。金京兆行省完颜合达固守,蒙古军久攻不下,遂西攻凤翔,再召西夏兵助战。凤翔军民英勇抵抗,木华黎围攻了一个多月,仍不能克,西夏军帅又率师离去,只得引兵退还,于1223年三月死于闻喜。

武仙投降蒙古后,木华黎命史天倪为河北西路都元帅,治真定,以武仙副之。但两人势力不相上下,武仙对史天倪不服,常闹矛盾。1225年,史天倪攻取武仙部下所据山寨,武仙怕他进一步来收拾自己,就设谋请史天倪赴宴,将他杀掉,以真定地投归金朝。一时河北震动,许多州县都随其叛蒙附金。孛鲁命史天泽袭其兄职,招集史氏部属攻武仙,并遣肖乃台率蒙古军助之,藁城董俊出兵会攻,武仙败走汴京,真定及河北诸州又为蒙古占领。

当木华黎率主力进攻山西、陕西时,原红袄军首领彭义斌(南宋授为大名路总管)于1222年出兵取山东州县,严实的兵卒和所控制的地区多被他所得。彭义斌又攻败李全,得其降卒,兵势大振,遂于1225年围攻东平,严实被迫与他约和。彭义斌提兵西进,并与武仙联合,取真定。孛里海所统蒙古军至,严实率部投归孛里海,合兵攻彭义斌,战于内黄,彭义斌战败被俘,不屈而死。严实与蒙古军复取所失州县。1226年,济南土豪张荣降蒙。当时,山东东路大部分地区在李全控制下,李全捕张林送于南宋,进占益都。带孙(木华黎弟)统蒙古军和严实汉军攻益都,孛鲁亦领兵入山东援助。李全抵抗到1227年初夏,力尽出降,于是山东全境尽为蒙古所有。孛鲁以李全为山东淮南楚州行省。

至此,金朝在河北、山东的地盘丧失殆尽,虽然在山西打了几次胜仗,收复了平阳、太原等地(1227年),但已难挽回整个败局了。就在这时,成吉思汗亲自率领的大军在击溃西夏主力后,挥师入金,攻陷了临洮等府州。金哀宗赶紧派使臣带了大量珠宝向成吉思汗求和。不久,成吉思汗在清水县附近去世。1234年,金朝灭亡。

第六节　成吉思汗西征花剌子模国

花剌子模是中亚古国之一,位于阿姆河下游,都城玉龙杰赤,其王号"花剌子模沙"(波斯语,意为王)。8世纪以来,花剌子模相继受阿拉伯帝国、萨曼王朝的统治,11世纪中期,又被塞尔柱帝国征服。1097年,花剌子模沙被叛乱官员所杀,塞尔柱帝国委任护都不丁摩诃末为花剌子模长官,并让他袭用"花剌子模沙"的称号。

战胜西辽使摩诃末在穆斯林世界获得了很高声誉,他袭用"算端辛札儿"(1116—1157年)之号,自称是伊斯兰世界的真正统治者。

后来,摩诃末计划向东扩张,征服中国,创建一个世界帝国。这时,成吉思汗在东方兴起,而且势力扩展到了他的门前。

成吉思汗攻入金国的消息传到中亚,摩诃末为了证实这个消息并探听成吉思汗的实际兵力,派出一个使团来东方。约在1215年底,以巴哈丁·剌只为首的花剌子模使团到达中都(今北京),成吉思汗在驻营地接待了使者,表示愿与花剌子模沙友好,允许双方商人自由往来。当时,成吉思汗并无征服西方的计划,只是有意于通过贸易获得异国物品。他曾颁布一道法令(札撒):凡商人至其境者,将保证其安全营业;凡有贵重商品,需先送到他那里由他选购。穆斯林商人则更热衷于从事东西贩运贸易,特别是从与游牧民族的贸易中获取巨大利益。可能是巴哈丁使团到来的同时,三个花剌子模富商率领商队,携带金锦、布匹到蒙古,其中一人索价每匹三锭,而其原值则不过十到二十底那儿,成吉思汗很生气,命将库内所藏金锦缎匹拿给他看,表示此类物品对蒙古人并不新奇,并下令将其货物没收。其他商人见此情形,不敢再要价,只称他们带来的东西都是送给大汗的礼物,成吉思汗很高兴,命每匹金锦给值一金锭,每两匹布给值一银锭,对前一个商人也付给同样价钱。

成吉思汗也派出使团,携带大量贵重礼品去花剌子模回访,使团首领为花剌子模人马哈木、不花剌人阿里·火者和讹答剌人玉素甫·截哈。1218年春,使团到达河中,转达了成吉思汗愿与花剌子模算端缔结和约、建立贸易关系的旨意。摩诃末于夜间单独召见马哈木,询问成吉思汗的虚实,马哈木见他自恃强大,并对成吉思汗称他为子十分恼怒,就谎称成吉思汗军队的数量实不能与花剌子模沙的军队相比。这样的回答很符合摩诃末狂妄自大的心理,他表示满意,答应与成吉思汗缔结和约。

成吉思汗在派遣使团的同时,命诸王、大臣各派侍从二三人,给以资金,组成商队,去花剌子模贸易。当时,来东方各地经商的回回人(穆斯林)很多,蒙古贵族不会做生意,都把掠来的金银交给他们去贸易生利。因此,这次组成的商队共四百五十人,全部是回回人。他们用五百头骆驼驮载金、银、丝绸、蒙古毛皮等物,与使团同时出发。大约在蒙古使臣离开花剌子模之后不久(1218年春),商队就到达花剌子模边境城市讹答剌。讹答剌长官亦难出贪图商队财务,竟诬指他们为间谍,将他们扣押起来,然后写信报告摩诃末。摩诃末命令将商人全部杀掉,货物没收。仅有一名商队的骆驼夫幸免于难,逃回蒙古。成吉思汗得到讹答剌惨案的报告,愤怒至极,决意兴兵复仇。他先派出三个使臣到花剌子模,指责摩诃末背信弃义的行为,要求交出凶手亦难出。摩诃末不但拒绝了这个要求,而且下令杀死为首的使臣,将其余二人剃去胡须,逐出境外。这样,大蒙古国与花剌子模国之间的战争就开始了。

成吉思汗军队占领了河中地区。在此之前,成吉思汗从回回商人提供的报告中,对花剌子模的强大兵力,以及国内情况有充分了解,因此对这次出征作了认真的准备。他派遣先锋哲别率领一支军队去消灭盘踞西辽的屈出律,以扫除进军路上的障碍。同时,他派去追剿蔑儿乞残部的大将速不台等也胜利班师,并报告与花剌子模军队初次接触的情况。原来速不台在畏兀儿北境的詹河击溃蔑儿乞残部后,其余众向钦察逃去,速不台尾追敌人,在威海之北的草原上将他们消灭。花剌子模沙闻讯,发兵从毡的(今哈萨克斯坦国境内)北进,与蒙古军相遇。蒙古军帅声明:"未奉成吉思汗之命与花剌子模沙作战,此行系为他事。"但摩诃末不顾蒙古人的声明,仍向他们进攻,于是蒙古军被迫应战,一部蒙古军直捣花剌子模中军,摩诃末几乎被擒,幸得其子扎兰丁救援才挽回了败局。至此,花剌子模与蒙古之间的所有缓冲地区都被成吉思汗征服,双方势力直接接触了。1219年春,成吉思汗统领大军出发亲征花剌子模,除木华黎率领一部分军队继续攻金外,诸子、诸那颜和大部分蒙古军都参加西征,其规模和1211年南征金国差不多一样。此外,还有金国、西夏新归附的契丹军、汉军、河西军以及大批能工巧匠,畏兀儿、哈剌鲁两部首领也奉命率军从征。成吉思汗西征军总数达二十余万人。当时,花剌子模军三十余万人,经济力量雄厚,然而,统治集团的腐败却把这个国家推向了毁灭之路。摩诃末狂妄自大,看不见大蒙古国的强大,残害商队,杀辱使臣。蒙古军压境时,惊慌逃跑。这就使蒙古军不必经过激烈的战争,立即包围和攻取各个孤立的城堡。

成吉思汗在1219年夏驻营也儿的石河旁,秋统全军向花剌子模进发,抵其边城讹答剌。分兵四路:一路由察合台、窝阔台指挥留攻该城;一路由术赤指挥沿忽章河而下取毡的;另一路由阿剌黑那颜率领,南下取别纳客忒(今乌兹别克锡尔河北岸)、忽毡(今俄罗斯列宁纳巴德)等地;成吉思汗和拖雷统主力,越过沙漠,直趋不花剌。讹答剌城经过五个月的英勇抵抗,最终被攻破,守将亦难出自知有杀害商队之仇,断难幸免,乃率余部退守内城,继续拼死抵抗了一个月,只剩下他一人,才被蒙古军捕获。蒙古军将亦难出押送到正在撒麻耳干的成吉思汗面前处死。术赤一军攻下昔格纳黑(今哈萨克斯坦契伊早东南)、八儿真(即《元史·地理志》之巴耳赤邗,在昔格纳黑西北),逼临毡的,守将弃城逃跑,城民自动组织抵抗,很快被蒙古军攻破。术赤命阿里火者为毡的长官,镇抚降民,另遣一将分兵西进,攻取养吉干(今哈萨克斯坦卡札林斯克南),于是锡尔河下游诸城尽被蒙古军占领。术赤率部驻于忽章河下游以北的哈剌忽木之地。

阿剌黑那颜等率领的蒙古军,攻取别纳客忒等城,但进至忽毡时,却遇到顽强抵抗。守将帖木儿灭里率领精锐,退到忽章河中一个岛上的城堡中,屡屡杀伤蒙古军。直到成吉思汗攻下撒麻耳干,派兵增援,并驱迫讹答剌、不花剌、撒耳等城降民中的丁壮前来参加攻打,帖木儿灭里才因寡不敌众,率部弃岛登舟,向忽章河下游退却;沿途又遭到两岸蒙古军的追击阻截,乃弃舟登岸,与蒙古军接战,部卒散亡殆尽,单骑逃入玉龙杰赤。蒙古军取忽毡后,即移军攻占今费尔干纳地区。

成吉思汗与拖雷率领人数最多的中军,渡忽章河后,攻克讹儿等城,于1220年二月抵不花剌,守将率领一部分军队逃跑,蒙古军一部尾追至阿姆河,把他们消灭。不花剌城的教长、绅士们献城投降。成吉思汗入城后,乘马直入回回礼拜寺,在那里设宴庆功,召城中歌妓舞唱佐饮,又纵使蒙古军用藏经箱当马槽,将古兰经抛掷满地,任马蹄践踏。他还召集城民训话,宣布花剌子模沙背信弃义诸事,声称自己是"上帝之鞭",降罚于此国之人。当时,还有一部分军民据守内城不降,蒙古军在劫掠、勒索之后,纵火焚烧居民房屋,以孤立内城守军,并用火攻破内城,抵抗者三万多人,全部被害。三月,成吉思汗从不花剌进围河中首府撒麻耳干(摩诃末在灭斡思蛮后以此为都城),察合台与窝阔台率领的一路军队攻陷讹答剌后也来此会合,各驱降民随军攻城。摩诃末曾下令预征三年赋税来支持战争,拟建长城环绕撒麻耳干及其郊区以为守御计,但筑城开壕之役旋即停罢。听到蒙古军过忽章河的消息,摩诃末离开撒麻耳干,退到阿姆河之南。该城防守坚固,兵力充足。成吉思汗企图通过上述军事布置,四面收缩,集合大军合围这座河中重镇,切断摩诃末退回花剌子模本部或呼罗珊的道路,一举擒获摩诃末"算端"。在几个方向上同时出击,然后又在决战阶段迅速合拢诸军,形成重点包围,对敌军主力进行密集攻击,这是成吉思汗经常使用的战术。

1220年春,成吉思汗兵临不花剌,守将率军出奔,企图突破蒙古军防线,渡阿姆河西遁,但被全部击灭。翌日,城民献关出降。

不花剌城的名称,意为"学问的中心"。这里是回教世界的东部学者集中的地方,如今遭到了惨重的洗劫。

1220年三月,成吉思汗从不花剌东趋撒麻耳干。不花剌城的成年男子被全数征发,从军作战。远离本土的蒙古军队不断地从被征服的当地居民中征发士兵,主要用于两个方面:一是担任运输、造作等辅助任务;二是在攻城时把他们布列在最前面,强迫他们去抵挡来自其同胞防御工事中的兵刃锋镝,以减少本族军队的损失。守城士卒经常在攻坚的蒙古军队最前列看见被刀枪胁迫着缓缓前进的活的枪盾。

在撒麻耳干前线,成吉思汗得到捷报,术赤已经攻下毡的和锡尔河下游诸地区。察合台和窝阔台经过五个月的围攻,终于也攻克了讹答剌城,并带领部队渡锡尔河,赶到撒麻耳干,与成吉思汗会合。

蒙古军渡锡尔河的消息传来,摩诃末逃离撒麻耳干,退至阿姆河南岸。他在那里布置了第二道防线,而把撒麻耳干留给部下守卫。

围城最初两天,成吉思汗下令休战。他亲自沿外城墙环绕全城,实地勘察城墙防护、外围攻事以及城门的虚实,反复选择适当的突破口。战斗从第三日开始,攻城二日,守军投降。蒙古军开始进城,将城防构筑全行拆毁,驱居民出城。当天晚上,缴械投降的三万城里军队,被成吉思汗下令屠杀。他从居民中签括了三万工匠,分赐给诸子和亲属,又征发了三万壮丁随军做役夫,其余的人均缴纳赎金,方许回城。

成吉思汗从撒麻耳干遣哲别和速不台渡阿姆河追寻摩诃末,令其紧追不舍,志在必得。以后,又因为术赤一军在花剌子模旧都玉龙杰赤久围不能下,他派察合台和窝阔台领兵北去,与术赤合力攻玉龙杰赤。他自己就在阿姆河北岸驻扎。秋天,他溯阿姆河而上,克忒耳速城。城破之日,全体居民都被赶到城外的开阔地段,按照蒙古军队的习俗,把他们分配给每个士兵,责令其屠杀无遗。

成吉思汗在1221年开春以后,率军渡阿姆河,进围巴里黑城(今阿富汗马扎里沙里夫西)。巴里黑遣使奉重币求降。由于当时摩诃末之子扎兰丁正在南面的哥疾宁集结重兵,准备抵抗蒙古军,成吉思汗对巴里黑降人不敢放心。他以签括人口为名,将居民驱出城外,不分男女老幼,尽数屠戮。从巴里黑出发,成吉思汗又攻下它西面的塔里寒寨,然后在塔里寒高原避暑。就在这一年,花剌子模军队在摩诃末之子扎兰丁统领下,总算组织了一次主动的出击战。扎兰丁在哥疾宁整顿军队后,北上进屯八鲁湾(今阿富汗喀布尔北),与蒙古军遭遇,获小胜。不久,失吉忽秃忽率领数万大军来迎,竟又被扎兰丁打败。

成吉思汗接到败讯,并没有责备失吉忽秃忽。他沉着地说:"过去你打仗是得胜,所以有些不在乎了。现在尝到了吃败仗的滋味,今后应引以为训。"待他引军南下经过八鲁湾战场时,向失吉忽秃忽详细询问当时双方的布阵形势,批评失吉忽秃忽不懂得如何正确地利用地势。他在失利时的镇定和引导部下总结教训的做法,使众将心服。

蒙古军队这次南攻哥疾宁,队伍是十分浩大的。拖雷在扫荡呼罗珊后东返,与成吉思汗会合。与此同时,窝阔台和察合台所部也在引阿姆河水灌玉龙杰赤城,将这千年古都夷为平川之后,直趋阿姆河南,与成吉思汗率领的中军会师。

成吉思汗看到察合台的到来,心情十分沉重。原来,察合台出发去攻取玉龙杰赤之后,成吉思汗最喜欢的孙子蔑忒干在跟随他围攻巴米安山堡时中流矢身死。成吉思汗一向很喜欢蔑忒干,闻讯非常悲伤。巴米安山堡攻下后,成吉思汗下令尽屠城中的一切生物,称之为"卯忽尔罕",意即"坏城堡"。如今察合台回来了,成吉思汗命令部下不准向他透露蔑忒干战死的消息。一连好几天,成吉思汗总是对察合台说,他的爱子被别遣他往了。有一次,他借故和他的儿子们争执起来,装出发怒的样子问:"你们都不听我的话么?"察合台震惊地跪到地上说:"我们一定遵命而行,不然请罚我们以死!"成吉思汗接连几次问道:"你们真的照我的话做吗?"直至察合台郑重其事地再三保证后,成吉思汗才吐露了蔑忒干战死的真情,随即下令不许察合台哭泣悲伤。察合台在父亲面前强忍泪水,过了一会儿,他找借口跑出营帐,偷偷地躲到角落痛哭了一场,然后擦干泪水,才敢重新回到成吉思汗跟前。能征惯战的蒙古贵族在残酷的战争面前,就是这样来克服自己丧失亲人的悲哀的。

　　扎兰丁得到蒙古军队来攻的情报,不敢恋战,弃哥疾宁撤到申河(今印度河)。成吉思汗追至申河,双方在河边展开了恶战。成吉思汗企图生擒扎兰丁,所以禁止士卒对陷入重重围困的扎兰丁发矢。扎兰丁左冲右突,无法突围。最后,他返身跃马跳进申河,泅水而去。成吉思汗对这位表现勇敢的敌人很敬佩,阻止部下向他射箭,让他带领追随他过河的军将们逃入印度去了。

　　三年多的烽火,把花剌子模烧得满目疮痍。锡尔河和阿姆河亲眼目睹了成吉思汗的狂飙袭来,呼罗珊记录了拖雷的足迹,再向西、向北，越过高加索山脉，在广袤的南俄草原上留下的是哲别和速不台的踪迹。不过，当时的蒙古人全部得而不守。在他们的身后留下的，除了破坏，差不多没有任何属于他们自己的行政或军事设施。因此，几年以后，扎兰丁才能从印度返回波斯本部，在那里发起了一个短暂的复国运动。成吉思汗破败了花剌子模，但他还没有完全地征服它。给予花剌子模以最后一击的任务，是在他的继承者窝阔台大汗的时代才得以完成的。

1225年，从撒麻耳干与成吉思汗分道，去追击摩诃末的哲别和速不台所部也东归与大军会合了。

这一支蒙古军始终紧紧尾随花剌子模算端摩诃末，一直把他逼到里海的一个岛屿上。摩诃末后来就死在那里。蒙古军转而抄掠波斯各地，绕里海西岸，逾太和岭（今高加索山脉）北进。里海和里海北面的广阔原野，当时是钦察各部的居住地。被蒙古军击败以后，钦察的一些部众西逃，向斡罗思（今译俄罗斯）人求援。斡罗思诸公国与钦察联兵西逆，结果在黑海西岸的伽勒伽河被蒙古军各个击破，惨遭大败。蒙古军队由此乘胜长驱，进入斡罗思南部，又沿今第聂伯河至黑海北岸，取道钦察草原东返，与成吉思汗会师。1225年春，成吉思汗回到了他在大蒙古国本部斡难河头的大斡耳朵。

第七节　元太祖成吉思汗的历史功绩

历史上任何杰出人物的出现，都不是偶然的，而是一定历史条件下的产物。要正确地评价成吉思汗的历史地位及其功绩，就必须把握住成吉思汗所处时代的特点，而这一特点，又必须置于整个封建社会发展的过程中去考察。

元太祖成吉思汗在世六十六年，做了二十二年（1206—1227年）的大蒙古国大汗（皇帝）。如从他28岁时被推举为乞颜氏贵族联盟可汗算起，他整整经历了三十八年的军事、政治生涯。他的一生历史功绩，可以简要地概括成统一蒙古各部，建立大蒙古国，为元朝的建立奠定了坚实的基础。

公元13世纪，是一个天翻地覆的世纪，是一个战火纷飞的世纪，是分裂了四百余年的中国完成第四次统一的世纪，也是中国打破闭塞状态，真正走上世界历史舞台的世纪。而所有这一切，都与成吉思汗联系在一起。成吉思汗是闻名中外的蒙古族及中华民族的英雄。

在13世纪初叶，成吉思汗以血族复仇的名义，率领十万蒙古铁骑直指金朝的中都（今北京），能征惯战的女真军不堪一击，中都很快就被蒙古军占领；强悍的西夏人，与宋、辽、金三国周旋了近二百年，但却对付不了蒙古铁骑，不久也被迫投降了；偏安江南的南宋，依靠爱国军民的英勇抵抗，苟延残喘了近五十年，到成吉思汗的孙子元世祖忽必烈时，也终于被推翻了。中国出现了第四次大统一。不仅如此，成吉思汗及其子孙还进行了三次西征，建立了钦察、察合台、窝阔台、伊利等四大汗国。蒙古铁骑兵锋所指,多少支军队被打得人仰马翻,多少个王公贵族人头落地;不可一世的花剌子模国被消灭了,钦察骑兵和斡罗思诸公国也一败涂地,古印度河、埃及河边以及今波兰、匈牙利一带,变成了激烈争夺的战场。成吉思汗的将士们以自己的赫赫战绩,震撼了当时的欧洲、亚洲大陆。

这一切究竟是如何发生的呢?为什么只有一百多万人口、十余万军队的大蒙古国,能够战胜拥有几千万人口、几十万乃至上百万军队的金朝、花剌子模国与南宋呢?为什么经济文化落后的小国,能够战胜经济文化先进的大国呢?难道成吉思汗真有什么与众不同的神力吗?

成吉思汗既是一个古今中外闻名的历史人物,又是一个褒贬不一的有争议的人物。对于如何评价成吉思汗,国内外学者和不同国家的民众大致上持有两种不同的意见:一种意见认为,成吉思汗乃"世界征服者","侵略者","历来蔑视人类之人,无逾此侵略家者",甚至说他是"黄祸制造者"。另一种意见则认为,成吉思汗乃"中华民族少有的英雄人物之一,他所做的一切,都无可厚非。他深沉有大略,用兵如神……其奇勋伟绩甚众"。不同国家、不同民族、不同阶级的人们,各持己见,莫衷一是,始终未能形成一个统一的看法。

国内外多数史学家认为,成吉思汗一生中主要做了三件事:一是统一蒙古各部,建立了大蒙古国;二是进行南征,占领了中原地区和金朝中都(今北京);三是进行西征,灭亡了花剌子模国。成吉思汗的一生,主要是在马背上度过的。因此,史书上称他为"马背皇帝";他建立的大蒙古国和四大汗国,乃至以后建立的元朝,基本上都是通过征服战争完成的,于是,有的史学家将他建立的国家称为"征服王朝"。我们要想正确评价成吉思汗,关键在于必须正确对待他所进行的征服战争。要做到这一点,就不能简单地描写战争过程,也不能一味揭露战争的残暴,而应采取历史唯物主义的态度,认真分析产生战争的历史背景和主观因素,分析征服者胜利和被征服者失败的种种原因。比如,成吉思汗南下伐金朝,这场战争的原因,可以归纳为三条:一是蒙古各部反抗金朝的民族压迫;二是蒙古贵族要求对中原地区进行经济掠夺;三是成吉思汗君臣希望入主中原,与其他民族统治者争夺对中原地区的统治权。综合考察蒙古统治者征伐金朝的具体起因、借口、过程和实质,可以将这场战争归结为反对民族压迫的复仇战争,进行经济掠夺的掠夺战争,争夺最高统治权的征服战争和统一战争。这场战争既有其合理的、正义的因素,又有其不合理的、非正义的因素,它是当时的社会、阶级、民族矛盾以及政治、经济发展的结果,并不是少数战争狂人随心所欲的举动。对于成吉思汗统一蒙古高原各部和灭夏战争等,也应进行具体分析:在成吉思汗生活的那个年代,蒙古高原及中国内地几乎是政权林立,割据和混战给各族人民带来了无穷的灾难。各民族、各地区的统治者之间,虽然也有过相对的和平,也进行过一些议和活动,但在当时的历史条件下,还不可能通过和平谈判实现各民族的平等联合。要完成蒙古高原和中国内地的统一,唯一可行的办法就是采取暴力,进行民族征服战争。正是这种暴力,摧毁了各个民族、各个地区的割据政权,使分裂了几百年的中国重新出现了大统一的局面,从而为元、明、清三个朝代的统一打下了一个良好的基础。成吉思汗祖孙三代人,为中国统一所作的努力,对中华民族的生存与发展有着深远的影响,我们决不能低估成吉思汗进行的统一战争的重大历史意义。因此,充分肯定成吉思汗所做的前两件事,即肯定他统一蒙古、统一中国北方的历史作用是有道理的,是符合历史事实的。

如何对待成吉思汗西征,这是一个十分棘手的问题。目前,我国的史学家,一般都肯定成吉思汗统一蒙古、统一中国北方的历史功绩,但是,一提到成吉思汗西征,基本上予以否定。而西方一些史学家和政治家,干脆将成吉思汗西征看作是一场天灾、一场浩劫、一场来自东方的黄祸,除了切齿痛恨与口诛笔伐之外,根本不允许别人谈出一点不同见解。对此抱有不同看法的国内一些历史学家,由于害怕别人说自己鼓吹侵略,鼓吹民族征服,也不愿意涉足这一课题。实际上,这并不是一种历史唯物主义的态度。西征,并不是成吉思汗挑起的,花剌子模国边将杀死了大蒙古国的商队和使者,直接导致了成吉思汗西征,这是一个不容否认的历史事实。当然,同样不容否认的是,企图占领更多的领土,对其他地区进行经济掠夺,的确是成吉思汗进行西征的终极原因。但是,也不能因此而对成吉思汗的西征予以彻底否定。

另外,西征也不是什么黄种人或中国人造成的,它并不能说明所谓黄种人好战,而只是反映了剥削阶级的战争本性。在成吉思汗前后,欧洲的十字军进行了长时期的东征,也曾造成了极大的破坏。在近代和现代,又有法国的拿破仑、德国的希特勒,以及老沙皇进行过世界性的侵略,对各国人民进行了血腥的屠杀。如果说成吉思汗的西征是什么"黄祸"的话,那么这些欧洲人所进行的征服和侵略,就应该叫做"白祸",而这种"白祸"对社会、对各国人民造成的灾难,丝毫不亚于成吉思汗的"黄祸"。这说明,所谓文明的、资产阶级的白种人的本性,也并不比奴隶主阶级的黄种人高明多少。实际上,所有这些既不是由黄种人的本性造成的,也不是由白种人的本性造成的。黄种人和白种人的广大劳动人民,当时都处于无权的、受剥削受压迫的地位,他们不能够影响统治者的政策,也都无力阻止统治者所进行的征服或侵略战争。再者,从时间上看,成吉思汗及其子孙也是先征服中亚和斡罗思,然后才征服金国和南宋。成吉思汗西征,开始于1219年,结束于1225年;"长子西征",开始于1252年,结束于1260年;而蒙古灭金是在1234年,灭南宋却是在1279年。在进攻南宋时,蒙古的军队中就有斡罗思一带各民族的军队。他们在元朝被称为色目人,享受到比汉族人还要好的待遇。因此,用"黄祸"论来解释成吉思汗及其子孙所进行的征服战争,并以此来说明中国人好战,既违背了阶级分析的方法,又违背了当时的基本历史事实,是根本站不住脚的。

正确地总结历史经验,实事求是地评价历史人物,是史学工作者不可推卸的历史责任。在中华上下五千年文明史上,有争议的人物,有争议的问题,何止千万,我们应该努力培养一种实事求是地、勇敢地研究历史人物的精神,去研究震撼世界的历史名人成吉思汗。据史书记载,全世界有六十多个国家和地区组织专人专题研究成吉思汗。可以说,成吉思汗这位蒙古族巨人已经超越历史时空,冲破民族和国家的界限,成为世界性热门话题。值得注意的是,当上一个千年临近结束之际,成吉思汗又一次成为全世界关注的新闻人物,各国新闻媒体争先恐后地报道,出现了世界性的成吉思汗现象。国外一些报刊书籍推出世界名人排行榜,把成吉思汗列在亚历山大、拿破仑、彼得大帝之前。美国媒体《华盛顿邮报》和《纽约时报》分别评成吉思汗为"千年风云第一人"、"千年伟人"。七八百年过去了,为什么至今世界上还是这样强烈地关注成吉思汗呢? 据历史学者们分析,首先在于成吉思汗本身。他是世界上最具有吸引力的人物,犹如日本学者某本舍三说的那样:"他的魔术般的突然出现,惊倒了许多历史学家。"古今中外的名人、学者,尽管对成吉思汗毁誉不一,评判各异,但在两点上基本一致:都认为成吉思汗是最伟大的成功者和对人类历史产生过最大影响的人物。《华盛顿邮报》在《为什么评成吉思汗为千年风云人物》一文中说:"成吉思汗才智超群,名震四海,直到1227年去世为止,没有一个人能与他相比。"

世界上的成吉思汗现象,从客观上反映了各国名人、学者的兴趣和出发点。一方面,由于成吉思汗及其子孙对外征战和统治,使亚欧两洲的很多国家都存在过一段"蒙古统治时期"的历史,都有一段和蒙古人打交道的历史。自13世纪起,亚洲和欧洲各国的许多史学家,无论研究中国历史的还是研究世界历史的,都不能不研究蒙古统治时期的历史,都不能不研究蒙古史以及他们自己的国家、民族和蒙古人的关系史。另一方面,在世界名人、学者眼中,成吉思汗是成功的典范,他的成功是永远解不完的谜,这也是吸引许多国家的政治家、军事家和学者的重要原因。这就是说,成吉思汗的名字与"成功"联系在一起,在一定意义上讲,中外名人、学者解读成吉思汗就是解读成吉思汗成功之谜。

浩瀚的历史,犹如一面光可鉴人的镜子,它的发展变迁,同黄河、长江一样,源远流长。面对五千年中华文明史,面对"千年伟人"成吉思汗,我们每个炎黄子孙,都不能不为之动容,不能不为之骄傲。

附录 元太祖成吉思汗大事记

1162 年,1 岁

诞生于漠北斡难河畔。父也速该击败塔塔儿部凯旋,以被俘首领之名命名为铁木真。

1170 年,9 岁

随父也速该到德薛禅家与孛儿帖定亲,也速该在回家途中被塔塔儿人毒死。蒙古乞颜部衰落,铁木真随母亲诃额仑夫人艰难度日。诃额仑夫人时常讲述祖先艰苦创业事迹及遗训。

1172 年,11 岁

与札答阑部人(后为部落首领)札木合结为安答。

1175 年前后,14 岁左右

屡遭艰难乃至被捕,逃出虎口。

1178 年,17 岁

与孛儿帖成婚。拜克烈部首领王罕为义父。依附王罕,收集亡父旧部,发展势力。

1179—1186 年,18～25 岁

联合王罕、札木合,以五万兵出战,大败蔑儿乞部。与札木合在一起,生活一两年后,分道扬镳,铁木真独自建营。

1189 年,28 岁

召集乞颜氏贵族联盟会议,被推为可汗。初建护卫部队。

1191 年前后,30 岁左右

与札木合爆发"十三翼之战",铁木真兵败。札木合因虐杀俘虏,部众投归铁木真。

1196 年,35 岁

斡里札河之战,与王罕协助金军夹击塔塔儿部获胜。金封铁木真"札兀惕忽里"(官名)称号。王罕由此封王。次年追灭主儿乞氏族,木华黎随父祖来投,后升大将,为"四杰"之一。

1200 年,39 岁

与王罕击败泰赤乌部,杀其首领塔儿忽台。

1202 年,41 岁

阔赤田之战,与王罕联兵,大败乃蛮联军,进灭塔塔儿等。在追灭泰赤乌部作战中,铁木真中箭负伤。收哲别,后升大将,为"四狗"(四先锋)之一。王罕收降札木合,却逐渐恶化了与铁木真的关系。

1203 年,42 岁

春,王罕与其子桑昆受札木合挑唆,阴谋杀害铁木真,事泄未果。合兰真沙陀之战,王罕大败铁木真。铁木真与余部同饮班朱尼河水,收集部众,逐步恢复元气。秋,乘王罕不备,发动突袭,大溃其众。王罕父子出逃,先后被杀,克烈部亡。

1204 年,43 岁

汪古部长向铁木真密告乃蛮部首领太阳罕企图来攻。铁木真整顿军马,按千户、百户、十户制编组军队,建立怯薛(护卫)军。四月,纳忽昆山之战,铁木真擒杀太阳罕,乃蛮部亡。太阳罕之子屈出律逃出重围,辗转奔西辽,后与花剌子模勾结篡权,统治西辽。俘获塔塔统阿,创制蒙古畏兀儿字。处死札木合。

1205 年,44 岁

第一次攻西夏。

1206 年,45 岁

完成统一蒙古大业。在斡难河畔召开忽里台(贵族大会),宣告建立大蒙古国,被尊为成吉思汗。扩充怯薛军为一万人,在全蒙古推行千户制。

1207 年,46 岁

第二次攻西夏。

1209 年,48 岁

第三次攻西夏。畏兀儿归附大蒙古国。

1210 年,49 岁

遣哲别率轻骑侦察金国界壕边堡。通过各种渠道收集金国军事、政治、经济及地理等情报,做大举攻金战争准备。

1211 年,50 岁

春,率军南下攻金,蒙金战争爆发。秋,乌沙堡之战,攻克昌、桓、抚州。秋,野狐岭—浍河堡之战,歼灭金军精锐三十万人。遣子术赤、察合台、窝阔台率军攻掠云内、东胜、武川、朔州等地。

1212 年,51 岁

秋,再次南下攻金。西京之战,歼灭金援军于密谷口,攻城时成吉思汗中流矢,撤军。冬,哲别巧袭东京,俘虏十万余人。耶律留哥自称都元帅,反金,成吉思汗派人与之结好,共同击败金进攻。

1213 年,52 岁

春,耶律留哥称辽王,成吉思汗派兵助战,多次击败金军进攻。秋,成吉思汗第三次率军南下攻金。怀来—缙山之战,歼灭金军主力二十万人。巧取居庸关,袭克紫荆关,兵临中都(今北京)城下,分兵三路深入金国腹地扫荡。金廷发生叛乱,金帝完颜永济被杀。

1214 年,53 岁

春,召三路大军回师中都城下,迫金廷献岐国公主及金帛等,建立蒙古炮军。五月,金迁都南京(今开封),成吉思汗乘机发兵再次攻金,对中都进行长期围困。

1215 年,54 岁

五月,蒙古军进占中都。接见耶律留哥及降蒙古的汉、契丹等族将领。派兵助耶律留哥平叛,战四年,收复辽东。

1216 年,55 岁

遣三模合拔都率万骑远程奔袭南京,探明金军实力。成吉思汗退回漠北,筹措征西辽事宜。

1217 年,56 岁

委任木华黎为太师国王,授予攻金的全权。派哲别、速不台、术赤分兵三路攻西辽。第四次发兵攻西夏。

1218 年,57 岁

花剌子模国杀蒙古商队与使者,成为大蒙古国大举西征的导火线。哲别等追杀屈出律,西辽国亡。

1219 年,58 岁

驻夏于也儿的石河畔,召集诸王、臣开会商讨西征事宜。秋亲率大军十五万,兵分四路进攻花剌子模国,形成对其新都撒麻耳干的合围态势。

1220 年,59 岁

攻克不花剌、撒麻耳干等城。各路军就地驻夏休整。命哲别、速不台追击花剌子模国王摩诃末,年底摩诃末死于里海岛中。命术赤、察合台、窝阔台围攻花剌子模旧都玉龙杰赤。秋,自率一军攻取忒耳速等城。

1221 年,60 岁

拖雷攻掠呼罗珊,破马鲁、你沙不耳等地。改命窝阔台为主帅,领术赤、察合台等攻占玉龙杰赤城。扎兰丁败蒙古军于八鲁湾。成吉思汗亲率主力追击扎兰丁,战于印度河,扎兰丁兵败只身逃往印度。在西域铁门关,接见南宋使者苟梦玉。

1222 年,61 岁

驻夏于大雪山,向长春真人问计。在撒麻耳干驻冬,设达鲁花赤,监守西域诸城,自班师东归。

1223 年,62 岁

三月,木华黎卒,以其子孛鲁继续指挥攻金。夏,成吉思汗避暑八鲁湾,各路大军报捷。再次见南宋使者苟梦玉。速不台、哲别击败斡罗思、钦察联军,深入克里米亚。冬,成吉思汗东归途中遇怪兽角端,加速班师。

1224 年,63 岁

驻夏于也儿的石河。九月,第五次发兵攻西夏。

1225 年,64 岁

春,西征结束,返回蒙古。

1226 年,65 岁

春,率军十万,第六次攻西夏,深入腹地,告捷。冬,战于黄河水上,歼灭夏军主力,围攻夏都中兴府。

1227 年,66 岁

春,自率主力南下入金境,筹划灭金事宜。特遣游骑入南宋境探路。驻夏六盘山,灭金战略逐步酝酿成熟。六月,成吉思汗从六盘山移营清水县患病。七月己丑(公历 8 月 25 日),成吉思汗在清水县西江病逝。

下篇 忽必烈汗建立元朝

忽必烈,成吉思汗之孙,父拖雷,拖雷正妻唆鲁禾帖尼第二子。公元1260年春,忽必烈在开平城继位为大蒙古国第五任大汗。公元1271年11月,忽必烈改"大蒙古"国号为"大元",成为元朝开国皇帝。在位三十五年(1260—1294年),享年80岁(1215—1294年)。谥号"圣德神功文武皇帝",庙号"世祖"。

忽必烈

据《元史·地理志》记载,元朝的地域"北逾阴山,西及流沙,东尽辽东,南越海表"。尤其是西北方面,伸展到了难以计算里数的地方。

忽必烈的最大历史功绩是建立元朝,统一中国,统一的范围规模超过汉唐盛世,对中华民族的历史发展影响深远。忽必烈拓展了统一的多民族国家的疆域。元朝继隋唐之后,将一些边疆地区纳入中央王朝的直接统治区域,实施有效的行政管理。台湾、云南、吐蕃成为中国不可分割的一部分,加强了全国各民族之间的联系,促进了中外经济文化交流。

忽必烈是中国历史上一位著名的少数民族政治家和军事家,他结束了中国数百年来南北对峙的政治局面,建立起一个统一的多民族的大元帝国,奠定了元、明、清三代六百多年国家长期统一的基础。他建立元朝,统一中国的历史功绩,彪炳史册,与成吉思汗一样,永远载入中国和世界史册,万古流芳。

第一章　蒙哥继位为大蒙古国第四任大汗

第一节　拖雷与唆鲁禾帖尼

❖ 拖雷

成吉思汗与正妻孛儿帖,一共生有四个儿子,长子术赤,次子察合台,三子窝阔台,幼子拖雷。拖雷是忽必烈皇帝之父。

按照蒙古人习俗,幼子称为"斡赤斤"(灶王),可继承父母的财产而守帐。所以,拖雷号称"也可那颜"(大官人),得以掌握成吉思汗的宫帐、牧地、怯薛护卫和大部分千户,还被成吉思汗亲昵地呼为"那可儿"(伴当、同伴)。这里所说的幼子,只是指正妻所生而言。当时,蒙古人中流行一夫多妻制,"每一个男人,能供养多少妻子,就可以娶多少妻子"。(《出使蒙古记》第8页)但其中只有一个居正妻子的地位。成吉思汗的妻子很多,分处于四大斡耳朵(宫帐),正妻是管领大斡耳朵的孛儿帖。"当时,按照蒙古人的风俗,同父诸子的地位与他们生母的地位相一致,因此长妻所生的子女,享有较大的优待和特权"。

(《世界征服者史》上册44页)而在正妻的诸子中,"按照札撒(法律)与习惯(约孙),父亲之位置传于幼子"。(《出使蒙古记》第202页)这就是说,拖雷作为成吉思汗正妻孛儿帖生的幼子,在继承上是处于特殊的优越地位。

成吉思汗难作决断的是大蒙古国大汗的位置究竟应由哪一个儿子来继承更好些。把大汗位传给拖雷,自然是顺理成章的事,但他担心拖雷所承继的土地、军队已够他操心,而他的事务又过于纷繁,不是他一个人的能力所能胜任。术赤与察合台之间,关系很不好。西征前夕,在议及大汗位继承人时,察合台当着成吉思汗与诸大臣的面,辱骂术赤是出身蔑儿乞部血统的杂种。(注:成吉思汗的妻子孛儿帖曾被蔑儿乞部人俘虏,配与部人为妻,在营救归来的路上,生下术赤)他们两人不相上下,选择其中的任何一个都不利于维护团结。因此,最后他征得诸子的同意,决定以窝阔台为大汗位继承人。同时也明确宣布:"至若我之禹儿惕(牧地)与营帐,我所集的财货、军队诸项,则全属之拖雷。"(《成吉思汗的继承者》第二卷英汉本,第17~18页)

成吉思汗尽管有这一决定,但是依照蒙古的习俗,被前任的汗所指定的继位者(往往可以有两名),只有在贵族们参加的忽里台(聚会)上经过选举之后,才能正式即位。因此,在成吉思汗去世后,由拖雷担任监国,负责筹备选举新大汗的忽里台。1229年,忽里台依例在成吉思汗始兴的斡难河、克鲁伦河地域召开,在拖雷的诚心推戴和察合台的支持下(术赤已去世),窝阔台即大蒙古国大汗位。

拖雷是在成吉思汗亲自熏陶下成长起来的、勇猛善战的军事统帅。从征伐金国开始,他就追随成吉思汗,亲历戎行。1221年西征中,他单独率师进掠马鲁(前苏联土库曼斯坦共和国马里)、阿沙不儿(今伊朗尼沙普尔)和也里(今阿富汗赫拉特)等地,均获全胜,表明他在军事指挥上已趋于成熟。

1231年,拖雷随同窝阔台南下征伐金国时,他又率四万铁骑从西面迂回包抄,由宝鸡出大散关,沿汉水东下。因取道南宋境,军粮缺乏,陷入十分困难的境地。拖雷所率军队至钧州(今河南禹县)三峰山,与金国军主力决战。当时,金国完颜合达、移刺蒲阿在邓州以西的险隘处设伏兵二十万,又在地上挖掘战壕驻扎兵士,以包围拖雷军。拖雷在军中烧胛骨,祈求降雪,夜晚果然下起大雪,雪厚三尺。金国军将士在战壕中多被冻僵,无法举动刀枪。拖雷率军乘势向金国军发动攻击,全歼金国军主力于三峰山,取得了灭亡金国战争的决定性胜利。史料记载,拖雷军追击金国军"追奔十里,流血道","金之精锐尽于此矣"。

1232年,拖雷在返回漠北途中,病逝于河南。关于拖雷的死因,《元史·睿宗传》及《元朝秘史》、《史集》说,拖雷是替窝阔台大汗饮"巫觋拨除器涤之水",而后遇疾身亡的。有人甚至推测窝阔台大汗在巫水内下毒而导致拖雷死亡,这种推测不无道理。拖雷死亡前后,窝阔台大汗与拖雷系的关系确实有些蹊跷。波斯史学家拉施特说,一次,唆鲁禾帖尼哭道:"我的心爱的人为谁作了牺牲?他替谁死了?"窝阔台听到后,立即满足了唆鲁禾帖尼的要求,并表达歉意。显然,窝阔台大汗在拖雷死亡一事上是愧对唆鲁禾帖尼的。

拖雷生于1197年(丁未),监国二年,至1229年八月窝阔台大汗即位;1232年七月,病逝于河南军营中,终年46岁,元朝追谥号"睿宗"。

成吉思汗陵东殿内供奉着元世祖忽必烈的父母拖雷、唆鲁禾帖尼。

❖ 唆鲁禾帖尼

唆鲁禾帖尼是拖雷的正妻。她是克烈部首领王罕的兄弟扎合敢不的女儿。扎合敢不有三个女儿。成吉思汗在击败克烈部后,把他的大女儿阿必合娶作自己的妻子,而把二女儿必里秃惕迷失给了术赤,三女儿唆鲁禾帖尼给了拖雷。唆鲁禾帖尼生下四个儿子,长子蒙哥,次子忽必烈,三子旭烈兀,幼子阿里不哥。

唆鲁禾帖尼是一位智勇双全而又善于教育子女的母亲,在她所生的四个儿子中,有三位后来成了大蒙古国大汗和伊利汗国的大汗,幼子阿里不哥留守大蒙古国国都——哈剌和林。仅就这一点,唆鲁禾帖尼也可算是世界历史上独一无二的母亲了。

唆鲁禾帖尼是一位十分能干的杰出女性。拖雷在河南行军中去世后,唆鲁禾帖尼独力承担了统御部众、裁决庶务、育养孤幼的繁重任务,赢得了上下人众的普遍尊敬。窝阔台大汗曾遣人劝诱她改嫁给他的长子贵由为妻,遭到她有礼貌的拒绝。又一次,窝阔台大汗径自下诏,将本属于拖雷的速勒都思部属二千户军士赐给了自己的儿子阔端。拖雷部首领们愤愤不平,群聚而诉之于唆鲁禾帖尼说:"这二千速勒都思部军队,遵依成吉思汗的旨意,是属我们所有的。现在却分给了阔端,我们怎么能够容忍这种违背成吉思汗指令的事呢?

我们要去向合罕申诉。"唆鲁禾帖尼安抚他们说："我们无所短缺。军队和我等本人,都是属于合罕的。他应当知道自己做出了什么事。他作为合罕,职责是发布命令,而我们则唯有服从。"诸首领始默然作罢。(《成吉思汗的继承者》第169页)她这样做,既维护了合罕的权威,又保护了宗亲的团结,因而更受到人们尊敬。阔端尤为感激。在脱列哥那任监国的三年中,诸王贵族都违法横行,弄得朝野上下法度不一,内外离心。唯有唆鲁禾帖尼和他的诸子始终遵行成吉思汗的札撒,严正自持。

贵由即位之后,对满朝诸王普遍违犯札撒的行为进行了公开的批评和训责;而对唆鲁禾帖尼,却奉为守法的榜样,大加褒奖。

一波未平,又起一波。不久,窝阔台大汗派使者送来了欲令唆鲁禾帖尼再嫁皇子贵由的诏旨,目的是想让皇子贵由藉收继孀居之婶娘,全面接管拖雷系的军队和部众。

这次,唆鲁禾帖尼没有丝毫的让步。她虽然首先声称："怎么能违背诏令呢?"接着又以"我有一个愿望:要抚养这些孩子,把他们带到成年和自立之时"为词,婉言谢绝,致使窝阔台大汗的图谋未能得逞。

唆鲁禾帖尼对子女的教育十分精心。她恪尽做母亲的责任,教儿子们懂得德行和礼貌,不允许他们之间为小事发生任何争吵,不允许他们违反或变动律令和札撒。

在贵由大汗逝世后,诸王纷纷滥发牌符征敛财物,她和她的儿子们却严守札撒,没有那样做。她还特意为幼子阿里不哥请来真定汉族名人李架,担任"讲读"。

后来，唆鲁禾帖尼的四个儿子蒙哥、忽必烈、旭烈兀、阿里不哥相继做了第四、五任大蒙古国大汗和伊利汗国大汗，这与唆鲁禾帖尼的严格教育是分不开的。

窝阔台大汗逝世后，大汗位继承再次发生争执。窝阔台大汗曾遗言以皇孙失烈门为继承人。另一名皇子阔端也志在必得。临朝称制的脱列哥那皇后，则力主亲生子贵由继承大汗位。机智的唆鲁禾帖尼觉得，贵由继承大汗位不可逆转，遂积极赞和脱列哥那皇后的意见，以保持拖雷系在贵由大汗即位后的权益和有利地位。

唆鲁禾帖尼注意爱护和赏赐属下部民，对诸王贵戚也多有馈赠恩惠，故受到多方面的赞誉和拥戴。当贵由大汗秘密西去征讨术赤之子拔都时，唆鲁禾帖尼立即派人暗中通知拔都有所防备。她或许感到：在察合台系和窝阔台系，因拥戴窝阔台而友情甚笃的情况下，结好术赤系宗王，对拖雷系是有百利而无一害的。

唆鲁禾帖尼除了在为人处事方面对忽必烈有直接重大的影响外，为把大蒙古国大汗位从窝阔台系转入拖雷系的手中更是立下了汗马功劳，为以后忽必烈继承大蒙古国大汗位奠定了基础。

第二节　蒙哥大汗即位

蒙哥大汗是拖雷的嫡长子,是成吉思汗之孙,忽必烈之兄。幼年被伯父窝阔台代养抚育,窝阔台还为他迎娶妻室,分配部民。直到拖雷去世后,蒙哥才回到母亲身边。窝阔台大汗对蒙哥十分钟爱和器重,认为他才堪大用。多年后,蒙哥果然成为成吉思汗之后大蒙古国第四任大汗,是一位杰出的大汗。

贵由汗病逝后,唆鲁禾帖尼认为,拖雷系问鼎大蒙古国的机会来临了。她主动让长子蒙哥以探病的名义赶赴拔都所住的钦察草原营地。

拔都是术赤之子,也是术赤兀鲁思的继承人。他曾因长子西征时与贵由争吵而与其结怨很深。推选贵由汗的忽里台(贵族会议)举行之际,他又以脚疾为由拒不出席,导致贵由汗的兴师问罪。此时,拔都公开反对窝阔台后裔继承汗位,而属意于蒙哥。

拔都在自己的营地举行了一次小型忽里台。参加这次忽里台的窝阔台系、察合台系宗王较少,他们或者只派出自己的代表,或者借口萨满巫而不允许久留,旋而离去。

当拔都亲自提议,应推选蒙哥为新的大汗时,贵由妻海迷失的使者八剌出来发难说:"昔太宗命以皇孙失烈门为嗣,诸王百官皆为闻之。今失烈门故在,而议欲他属,将置之何地耶?"因窝阔台和贵由即汗位时,都曾让出席忽里台的宗王贵族立下日后汗位必须在窝阔台后裔内传承的誓言,八剌的这番言语是颇有分量的。蒙哥庶弟末哥当场反驳道:"太宗有命,谁敢违之。然前议立定宗贵由,由皇后脱列哥那与汝辈为之,是违太宗之命者,汝等也,今尚谁咎耶?"八剌被驳得无言以对。与会者遂议定:来年在克鲁伦河的蒙古本土召开全体宗王参加的忽里台,正式拥戴蒙哥登大蒙古国大汗位。

会议后,拔都又特意命令其弟别儿哥带领一支大军护送蒙哥返回蒙古本土。

由于窝阔台后王的抵制,新的忽里台两年后才在蒙古本土阔帖兀阿阑之地举行。这次忽里台,正式推选和拥戴蒙哥为大蒙古国第四任大汗。蒙哥的三位弟弟分别担当了维持忽里台秩序的任务,忽必烈负责指挥全体与会宗王贵族的行动;末哥负责守卫帐殿门户,阻拦宗王那颜们的出入;旭烈兀则站在司膳和卫士们前面,禁止与会人员喧哗和交头接耳。

蒙哥凭借拖雷系强大的军事实力,凭借唆鲁禾帖尼母子的机智干练和拔都大王的全力支持,登上了大蒙古国第四任大汗的宝座。从此,大汗位转移到了拖雷家族。实现这个转移的代价十分沉重,那就是大蒙古国内部出现了裂痕,成吉思汗子孙间开始了内讧和杀戮。

蒙哥继承大汗位后,对如何处理这些政敌,一时拿不定主意。他反复征求文武大臣们的意见。来自西域的谋臣牙剌瓦赤给他讲了一个亚历山大处理同类问题的故事:马其顿王亚历山大征服各地后,功臣们纷纷要求独立称王,不愿再听从他的调遣。亚历山大不知如何是好,派一个信使向他的老师——当时的著名学者亚里士多德请教。亚里士多德一言未发,领那位学者来到花园,吩咐人们把花园里的大树挖掉,然后种上一批小树。亚历山大受到启发,处死了那些不服从调遣的将领,而将他们的儿子安排到他们的位置上。蒙哥听后有了主意,任命忙哥撒儿为大蒙古国大断事官,负责处理政变事件。忙哥撒儿根据蒙哥大汗指示及《大札撒》的规定,下令处死了三王的亲信七十七人,杀死了贵由的大将野里只吉父子;失烈门等三王,因是近亲贵族,未被处死,但被终身监禁。忽必烈欣赏失烈门的才干,向蒙哥大汗和忙哥撒儿提出要求,希望将失烈门放在自己帐下,令其戴罪立功。蒙哥大汗同意了忽必烈的请求,但告诫他不可大意。窝阔台汗国被划分为六个小王国,由其六子合丹、嫡孙海都等分别治理。其二子阔端因与蒙哥兄弟关系良好,又未参与政变阴谋,未被处罚。不久,蒙哥大汗下令处死了察合台汗国的可汗也速蒙哥,而由旭烈兀出任察合台汗国的可汗。

对于如何处理贵由的重臣镇海丞相,蒙哥、阿里不哥与忽必烈发生了严重分歧。蒙哥、阿里不哥提出,镇海作为贵由的丞相,参与了海迷失后及其诸子的夺权阴谋,应该像野里只吉父子一样处以极刑。忽必烈认为,观镇海一生,他还是功大于过,不应将他处死,而应留用,发挥他的才能。阿里不哥坚决反对,别儿哥也支持蒙哥的意见,忽必烈的意见最后被否定,镇海终于被处死。

贵由后海迷失不肯认输,迟迟不向新任的大汗低头。蒙哥下令将她逮捕,双手缝在革囊中押到唆鲁禾帖尼王后的斡耳朵去审讯,失烈门的夫人也一起受审。唆鲁禾帖尼王后命令,用处置贵族的不流血的办法,将她包在一个革囊中投入河中淹死了。失烈门的夫人也参加了政变阴谋,也被这样处死。周良霄先生在《元代史》中说:"蒙哥大汗即位,在大蒙古国历史上是一次划时代的转折。它是大汗位从窝阔台系转入拖雷系的开始。黄金家族内部,第一次为争夺汗位而互相残杀。"

蒙哥大汗在位九年(1251—1259年),他的政绩为后人铭记。

窝阔台大汗当政时,对臣民一味宽厚放纵,"委任大臣"和"政归台阁"的后果就是"群臣擅权,政出多门"。而对宗王贵族和境内外商人的慷慨赏赐,又直接导致宫廷欠债和财政收支失衡。贵由汗在位时间较短,体弱多病,类似的朝政紊乱,仍在继续。

蒙哥大汗生性"刚明雄毅",不喜宽纵,很快恢复了成吉思汗"札撒"所规定的秩序。他"御群臣甚严",曾经谕旨训诫身旁的大臣:"尔辈若得朕奖谕之言,即志气骄逸,而灾祸有不随至者乎?尔辈其戒之!"

蒙哥大汗不但紧紧掌握了朝廷大权,还亲自过问诏旨草拟。"凡有诏旨,必亲起草,更易数四,然后行之。"这在蒙元诸帝中,算是绝无仅有的。与秦始皇的躬决大政相比,也是有过之而无不及。

蒙哥大汗本人"不乐燕饮,不好侈靡,还严格限制后妃们的衣食消费,不许肆意挥霍"。

蒙哥大汗下令偿还了贵由汗以来宫廷购买珍宝所欠的五十万银巴里失巨款,说明他是一个厉行平衡财政收支和负责任的统治者。1253年,拔都大王遣使者脱必察奏请降赐购买珠宝银一万锭。蒙哥大汗没有完全满足拔都的请求,仅赐白银一千锭。还诏谕拔都大王说:"太祖、太宗之时,若此费用,何以给诸王之赐,王宜详审之。此银就充今后岁赐之数。"蒙哥大汗连鼎力支持自己夺得大汗位的拔都大王的赏赐奏请也要大打折扣和训诫劝谕,可见,他对窝阔台以来蒙古汗廷的滥赐是有节制和约束的。由于大部分窝阔台汗后王极力反对蒙哥继承大汗位,有些甚至参与阴谋武力叛乱,所以,蒙哥大汗除了谋杀海迷失、失烈门及也速蒙哥等人外,还毫不留情地着手削弱窝阔台后王等敌对势力。

窝阔台未登大汗位以前,他的草原领地在叶迷立(今新疆额敏)和霍博(今新疆和布克赛尔)一带。窝阔台即大汗位后,以上分地授予长子贵由。其他窝阔台子孙(阔端除外)获许驻牧于漠北窝阔台汗四季行宫附近。另外,成吉思汗给诸子封授千户军队时,三子窝阔台受封五千户。连同前述窝阔台自拖雷系拨付皇子阔端的速勒都思二千户和雪你惕一千户,窝阔台系宗王拥有的蒙古千户数总计在八千户以上。

此时,蒙哥大汗下令将窝阔台系宗王大多迁徙本位下原分地一带。具体是窝阔台六子合丹迁于别失八里(今新疆吉木萨尔县北),第七子篾里迁于也儿的石河(今额尔齐斯河),第五子合失之孙海都迁于叶迷立(今新疆额敏),蒙哥都也奉命迁往其父阔端所居地之西。也速、孛里、和只、纳忽、也孙脱等,则被贬谪禁锢。窝阔台诸后妃的家产,也被蒙哥大汗分赐拖雷系等"亲王"。

据拉施特《史集》记载:"当窝阔台合罕家庭的成员谋叛蒙哥合罕时,他们的军队都被夺走了,除阔端诸子的军队以外,全都被分配掉了。"如果这一记载可信的话,蒙哥大汗是将窝阔台系宗王的千户军队由原先的八千户削减至三千户。阔端诸子的三千户军队之所以被保留,是因为所属速勒都思等军团与拖雷家庭关系密切,致使阔端诸子对蒙哥大汗等一直十分友好。此外,蒙哥大汗又以违抗命令为由,杀掉了贵由汗的亲信、镇守波斯军队最高统帅野只吉带。

上述做法，不仅把窝阔台系宗王彻底驱逐出蒙古本土，还进一步扩大了窝阔台系与拖雷系占有军队的差距，这对巩固蒙哥大汗的绝对权力自然是有益的。对窝阔台系宗王来说，无疑是一次沉重的打击。若干年后，窝阔台之孙海都发动了旷日持久的反对忽必烈政权的战争，一心想把大汗位从拖雷系重新夺回来，也是对拖雷系积怨颇深而进行的报复与发泄。

蒙哥大汗部署推进了对波斯和南宋的军事征伐。当年蒙哥大汗曾经是长子西征的主要参加者之一。他即大汗位后，曾经这样说过："我们的父兄们，过去的君主们，每一个都建立了功业，攻占过某个地区，在人们中间提高了自己的名声……"于是，他竭尽全力，欲将成吉思汗的对外征服继续向最遥远的东方和西方推进。

蒙哥大汗在前朝大汗直辖区分设断事官的基础上，进一步完善和充实了燕京等处、别失八里等处、阿姆河等处三个行尚书省。

不久，蒙哥大汗又命令同母弟忽必烈和旭烈兀分别负责对南宋及波斯的军事征伐。尤其是旭烈兀西征时，蒙哥大汗特意从蒙古东、西翼诸千户中，每千人抽取两个人，交付旭烈兀统一指挥，声势浩大，先后攻灭刺夷和黑衣大食，并进兵叙利亚大马士革等地。

蒙哥大汗似乎是严格按照太祖成吉思汗的札撒治理大蒙古国，继续开拓疆域，而且颇多建树和作为。他生性喜走马围猎，酷信萨满巫师的卜筮之术，"凡行事必谨叩之，殆无虚日，终不自厌也"。他"自谓遵祖宗之法，不蹈袭他国所为"，有强烈的蒙古中心主义和骄傲感，不愿意接受任何来自于被征服国家和民族的文化影响。游牧君主和蒙古大汗的属性,始终在蒙哥大汗身上得到了完美的体现和延续。以上是从成吉思汗到蒙哥大汗时期的概况,也是忽必烈所继承的祖父、父兄的基业,或者可以说是忽必烈即将登上的舞台。这份基业或舞台,说起来的确非常大。从成吉思汗到蒙哥大汗,蒙古铁骑踏出了一个世界大帝国。其疆域东自日本海,西到中欧多瑙河,南起淮河,北至极北。

第三节　蒙哥大汗命忽必烈总领漠南汉地军国庶事

1251年六月,蒙哥大汗在漠北哈剌和林城即位,成为大蒙古国第四任大汗。七月,蒙哥大汗命忽必烈总领漠南汉地军国庶事,统军南征。忽必烈即奉命统军南下,驻扎在今内蒙古锡林郭勒盟正蓝旗金莲川草原。金莲川,原名曷里浒东川,金朝曾于此修建行宫,为避暑之所。以其地产金莲花,金世宗易其名为金莲川,位于今正蓝旗境内滦河上流闪电河两岸草原。

忽必烈奉命总领漠南汉地军国庶事共八年(1251—1259年),充分显示了一个政治家、军事家的魄力,政绩突出,做出了历史性贡献。

❖ **忽必烈开设金莲川幕府,形成谋臣侍从集团**

忽必烈开设金莲川幕府,是他建立元朝,统一中国的起点。忽必烈以唐太宗为榜样,招纳人才,其中刘秉忠对金莲川幕府的形成有极大的贡献。

忽必烈统军南征,进驻金莲川草原后,不仅有掌握在自己手中的蒙古军,而且有原金朝统治区内的汉军万户,还有大漠以南的广大地区。忽必烈从金莲川开府建衙起,逐步发展为一支独立于大蒙古国汗廷,最终取代大蒙古国汗廷的政治军事力量。

1253年,蒙哥大汗把关中地区作为分地封予忽必烈;又以京兆户口数寡,1256年益以怀州。忽必烈作为蒙哥大汗在汉地的最高军政代表,开始有了初试其抱负的条件。

忽必烈受命在金莲川设置幕府后,四方人才如潮涌般流入忽必烈的金莲川幕府之中。据《元史》记载,忽必烈所延揽的人才,主要分为两大类:一类是藩府旧臣,一类是四方文学之士。藩府旧臣可考者有燕真、贾居贞、孟速思及董文炳、董文用等。四方文学之士,则以刘秉忠为首,可分为三大类:一是邢台集团,为以邢台人刘秉忠为核心的政治集团。主要人物有张文谦、李德辉、刘肃、李简、张耕、马亨、王恂、刘秉恕等,都是刘秉忠荐引的,多为邢州人。二是崇尚程朱理学的儒者。其中,窦默在1249年被召,姚枢在1250年被召,杨惟中在1252年被忽必烈推荐为河南经略使,许衡则在1254年被征京兆教授,赵复亦曾被召见。这一集团中值得注意的人物是许衡。他是元代的儒宗,一生徘徊于学术和政治之间,对元朝初期政治与学术都产生了重大影响。三是以汉地世侯为中心的金遗士集团。忽必烈在进驻金莲川以前,已明了汉地世侯是安定中原的柱石,所以屡加往聘。他出镇漠南金莲川以后,关系更加密切。1252年推荐史天泽出任河南安抚使。不久,藁城董氏昆仲也先后入侍潜邸,济南张柔、东平严忠济则在1253年从征伐南宋。他们所收揽的文士,如张德辉、杨果(原属史天泽)、郝经、杨奂(原属赵天锡)、宋子贞、高挺、李昶、徐世隆、贾居贞、刘肃(原属严忠济)等,也都先后投奔忽必烈金莲川幕府。此外,还包括西域人集团和蒙古贵族、诸将。西域人主要有阿里海牙、孟速思、廉希宪、叶仙鼎(以上为畏兀儿人)、也黑迭儿(波斯大食人)、札马剌丁、阿合马(回回人)。这些人中,阿里海牙、叶仙鼎是战功卓著的战将,孟速思、阿合马皆以理财著称,札马剌丁则是科学家。廉希宪和也黑迭儿是最值得注意的人物。廉希宪是一位汉文化极深的西域人,他精通儒学,人称"廉孟子"。1254年忽必烈命廉希宪任京兆分地的安抚使,在关中改革政治,推行汉法。后来,在至元时代,汉人大臣拥护他,以对抗阿合马,原因便在于此。忽必烈身边亲信蒙古集团,乃燕、霸突鲁皆为木华黎之后裔;脱兀脱是博尔术之弟,阿儿剌氏;忙哥,忙兀氏;阔阔,蔑儿乞人。这些蒙古人目睹中原文明的昌盛,自然不免由敬畏而钦仰,由钦仰而生仿效之心,便不会留恋于蒙古原来的游牧生活了。

忽必烈探讨儒家学说和"以儒治国"。早在乃马真后三年(1244年),当时北方著名的知识分子赵璧、王鹗等相继来到忽必烈在漠北的王府,开始向他宣传孔孟之道。在赵璧等人的影响下,忽必烈了解到"修身、齐家、治国、平天下"乃儒家的平生志向。要想治理好中原,必须实行孔孟的圣人之道。从此,不仅忽必烈本人对儒学深信不疑,还选择了十名子弟跟随赵璧学习儒家经典,并亲自检查他们的功课。忽必烈继续网罗人才,北方的著名学者张文谦、张德辉、窦默等相继来到忽必烈的王府,深受忽必烈的赏识,而张德辉又进一步澄清了当时流行的"金以儒亡"的观念,更使忽必烈树立了改用儒者治国的决心。在刘秉忠、姚枢等人的辅佐下,忽必烈在金莲川幕府制定了"广招天下英俊,讲说治道"的用人方略及施政方针。各地的儒生们奔走相告,忽必烈的"爱民之誉,好贤之名"迅速传遍天下,人们争先恐后地推荐自己了解的人才。

忽必烈接受"儒教大宗师"尊号和治国必用"汉法":1252年,张德辉与金末大学者元好问一起见忽必烈,恳请他接受"儒教大宗师"的尊号,这等于公开宣布将以儒学安天下,治天下。

忽必烈经常与元好问等人探讨金朝由盛变衰的原因,以及历朝人才得失的情况。郝经对忽必烈说:"能用士而能行中国之道,则可以为中国之主。士于此时而不自用,则吾民将成为斧钺之质,土野之粪,将会无遗类矣。"忽必烈即位之前,刘秉忠、徐世隆曾向他建议:"典章、礼乐、法制、三纲五章之教"乃"治乱之道,系乎天而由乎人。""以马上取之,不可以马上治。""陛下帝中国,当行中国事。"只有推行中国原有的治国之道,才能做中国的皇帝。他们想使忽必烈认识中原文化的实质和内涵,治理汉地便必须采行汉法,因此必须创建制度,才能恢复秩序重建中原。他们不愿意把游牧制度移植于中原,但也不敢奢望征服者能全盘汉化,他们所期求的是糅合蒙古制度和中原之道,参照辽、金遗制,制定一代之法。

忽必烈建立元朝,统一中国的事业,正是从金莲川幕府广招贤士开始的。一批有识之士很快云集到金莲川幕府,其中不仅有满腹经纶、名闻天下的学者,而且有精通兵法战策、治国之道的谋士,不仅有身怀绝技的能工巧匠,而且有能征善战的军事统帅。这样,就初步形成了蒙古贵族革新派与汉人儒士以及汉人军阀之间的政治联盟,实际上金莲川幕府已经变成了忽必烈研究中国帝王之道的讲习所,从而为元朝的建立,中国的统一准备了指导性理论和一批名臣名将。

忽必烈建立元朝,统一中国的指导性理论和治国方略,我们可以概括为以下几点:一是积极寻找适合当时需要的治国之道,即寻找草原文明与农业文明的结合点;"天下可以马上得之,不可以马上治之";用武力夺取天下,用儒学和汉法治天下。二是战略重点,由对外战争转向对内战争、统一战争,故而此后战略进攻的重点为大理、吐蕃和南宋。三是依靠力量,由主要依靠蒙古千户,变为依靠多种力量,包括汉族儒士、汉族万户、蒙古改革派和西域人士;由主要依靠草原经济,变为主要依靠农业经济和商业支持。四是学习榜样,以成吉思汗、唐太宗、金世宗为学习榜样,目的是统一中华,建立多民族国家。五是用人政策,广延四方之士,不拘一格选人才。

用汉法治理邢州。忽必烈用"汉法"治理汉地是从邢州开始的。《元史·世祖本纪》记载:"辛亥(1251年),邢州有两个答剌罕言于帝曰:'邢,吾分地也;受封之初,民万余户,今日减月削,才五七百户耳。宜选良吏抚循之。'"刘秉忠、张文谦同为邢州人,他们一起向忽必烈建议说:"今民生困敝,莫邢为甚。救焚拯溺,宜不可缓。盍择人往治,要其成效,俾四方诸侯,取法于我,则天下均受赐矣!"忽必烈采纳了他们的意见,"承制以脱兀脱及张耕为邢州安抚使,刘肃为商榷使,邢乃大治"。此次治邢人选,除脱兀脱外,张耕、刘肃、赵良弼等皆汉人,故邢州之治,实为潜邸中汉臣的初步贡献。《元史·张文谦传》也记载说:"他们'协心为治,洗涤蠹敝,革去贪暴,流亡复归,不期月,户口十倍。由是世祖益重儒士,任之以政'。"忽必烈大喜过望,开始在较大范围内实行汉法。

忽必烈治理河南地区。当时的河南与南宋接壤,仍是交战地区,情形特别混乱。忽必烈有鉴于此,便请求蒙哥大汗允许他在河南、陕西"试治",以图挽救。《元史》记载:"壬子……帝言之宪宗,立经略司于汴,以忙哥、史天泽、杨惟中、赵璧为使,陈纪、杨果为参议;俾屯田唐、邓等州,授之兵牛,敌至则御,敌去则耕,乃置屯田万户于邓,守城以备之。"河南经略司设置的意义和邢州安抚司不同。前者旨在开斥边徼，后者意在爬梳芜秽。所以他们在河南的主要措施，也具有军事意义，但主要仍不外恢复汉法以代替扰民的习惯。史天泽等人推行的汉法，其一是"选贤才举幕府以清其源"，即对地方管理机构的改革。其二是"置提领布郡县以察奸弊"，通过设置监察官员，对以权谋私、违法乱纪行为进行整顿。其三是调整赋税政策，减轻经济剥削，这是实行德治、仁政的主要政策之一。其四是推行纸币制度，积极发展商业，促进经济文化交流。其五是在沿边地区西起邓州，东连陈州、桃源，屯田守边，设立粮仓，以保证军队粮食供应。"不一二年而河南大治。行于野民安其乐，出于途商免其露处；观民俗则庶而有教，察军志则又知夫怯私斗而勇公战。威行惠布，阳开阴肃，内外修治，略无遗策，河远流润，卫亦复承平之旧，宋为堕其北门矣！"

治理关中。河南是元朝军进攻襄樊一带的根据地，关中则为进攻四川的大本营。当时，关中混乱的情形一如河朔。"关中新被兵，城郭萧条，不见人迹。残民往往鼠伏山谷间，相与捋草实，啖野果，以延旦夕之命。强梁啸聚，伺隙相攻。"1253年，蒙哥大汗"以中州封同姓"，忽必烈受封关中。当时京兆八州十三县，户不满万。忽必烈果断地分派诸将到诸州去戍守。"奏割河东解州盐池以供军食，立宣府于京兆，屯田凤翔，受盐入粟转漕嘉陵。夏，遣王府尚书姚枢立京兆宣抚司，以孛兰、杨惟中为使，关陇大治。1254年六月，以廉希宪为关西道宣抚使，姚枢为劝农使。"忽必烈向蒙古汗廷要求："割河东解州盐池以供军食"，即首先保证军费来源，加强边防守卫；又设置屯田，以其收供应军食。派王府尚书姚枢设京兆宣抚司，先是任命有经验的孛兰、杨惟中为宣抚使，后又任命年轻官员廉希宪为宣抚使，商挺为郎中。以姚枢为劝农使,督民耕植;许衡为京兆提学,兴办教育。立行部于秦州以任转漕,立交钞提举司,印钞以佐经用。同时废除荼毒平民的羊羔利;贯彻解放奴籍儒生的命令;延访耆宿,待以师友之礼。数年间,先后任用杨惟中、廉希宪,把城郭萧条、不见人迹的关中整顿得焕然一新,改善了政治,繁荣了经济,从此"关陇大治"。忽必烈对邢州、河南、关中地区的治理,既是他用汉法治汉地的开端,也为他将来治理全国提供了有益的经验;不仅使忽必烈的势力与声望与日俱增,而且对此后忽必烈战胜蒙古保守势力,统一中国起到了重大作用。

❖ 奉命平定大理国,建立军功

大理国是以白族封建主为主体,联合其他少数民族统治者建立的一个地方政权,其都城在今云南大理,史称大理国。大理国土相当于今天的云南省加上四川的西南部。唐朝末年,南诏改国名为"大礼"。937年,白族首领段思平推翻大义宁,建立了以白族为主体的大理国。忽必烈南征时,大理国已经有300余年的历史了。末代国王段兴智为人善良,但懦弱无能,朝廷大权完全把持在权臣高祥、高和两兄弟手里。

1252年七月,蒙哥大汗效法成吉思汗"假道南宋、包抄开封灭金"的战略,决定派忽必烈远征大理国,对南宋实行战略包围。第二年夏,忽必烈在大将兀良合台及诸王五十余人和谋臣刘秉忠、姚枢、郝经等人的协助下,驻军六盘山。准备越过四川和吐蕃地区,南下征服大理国。为了顺利通过吐蕃地区,忽必烈派人到凉州召请八思巴到六盘山军营会见,他要求八思巴以吐蕃代表的身份到吐蕃地区摊派兵差,征集财物。八思巴强调吐蕃地区百姓生活贫困,拒绝执行,双方不欢而散。察必王妃亲自出面斡旋,八思巴同意收纳王妃等人为俗家弟子,并同意留在六盘山,继续说法论道。于是,察必王妃选择了二十四个能诚心信佛、遵守教规的人接受了喜金刚法戒,皈依了佛门;并说服忽必烈接受了八思巴为其夫妇举行的密宗喜金刚灌顶仪式,尊八思巴为上师。八思巴也同意协助忽必烈通过吐蕃地区。他一边派人做向导,一边写信给吐蕃各地的领主大德,希望他们为忽必烈南征大理做贡献。这是吐蕃归入大蒙古后的一项重大举措,它为吐蕃正式纳入中国版图起到了重大作用,也是元朝奉藏传佛教为国教、设立帝师制度的开端。

1253年九月,忽必烈在忒剌(今四川松潘)召开南征大理的军事会议,决定由兀良合台为军事总督,兵分三路南进:忽必烈自率中路军,侍从汉人幕僚主要有刘秉忠、姚枢、张文谦、廉希宪、贺仁杰、董文用、董文忠、许国桢、赵秉温、郑鼎、解诚等;兀良合台大将总督军事,出西路;宗王抄合、也只烈联军出东路。三路军约定在1253年底到达大理国。董文用、董文忠兄弟负责督办粮草,尾随远征军之后。

在远征途中,忽必烈认为,姚枢等侍臣不能离其左右。当时,由于四川中南部的大部分地区仍被南宋控制,三路远征军只能取道吐蕃东部的人迹罕至地区艰难跋涉。"经吐蕃曼陀,涉大泸水,入不毛瘴喘泪泽之乡,深林盲箐,绝崖狭蹊,马相縻以颠死","前行者雪深三尺,后至及丈,峻踏冰为梯,卫士多徒行,有远瑜千里外者"。忽必烈的谋臣姚枢,就曾因坐骑瘠瘦而徒行千余里。经过雪山时,山路盘旋曲折,包括忽必烈在内,都必须"舍骑徒步"。因忽必烈患有足疾,不得不由随从郑鼎等背负以行。遇敌军据险扼守,郑鼎等又奋不顾身"力战而败之,受到忽必烈赐马三匹的奖赏"。

十月,过大渡河,军队在山谷中行军二千余里,忽必烈率领的劲骑走在最前面。随行的侍臣刘秉忠曾赋诗以表路途的艰险:

鞍马生平四远游,又经绝域入蛮陬。

荒寒风土人皆怆,险恶关山鸟亦愁。

忽必烈率领远征大军进入大理国境后,行至金沙江畔,忽必烈情不自禁地立马江边巨石之上,俯视波涛汹涌的江水。后经随从提醒,才下马作罢。忽必烈大军乘革囊和木筏渡过金沙江,逐步攻下了负固自守的许多砦棚。

十二月,忽必烈所率中路军先行包围大理城。兀良合台的西路军也在攻取龙首关后,抵达大理城下。大理城倚苍山,傍河海,相当坚固。事先,忽必烈曾派玉律术、王君侯、王鉴三人为使者,谕说大理归降,却有去无还,杳无音信。大理国王段兴智和权臣高祥背城出战,被蒙古军打败。忽必烈下令攻城,还亲自登上点苍山临视城中战况。是夜,大理城守军溃败,段兴智和高祥率众逃遁。

蒙古军攻入大理城后,忽必烈言:"城破而我使臣不出,计必死矣。"于是,命令姚枢搜访大理国图籍,搜访之机,发现了三使臣的尸体。掩埋三使臣尸体时,忽必烈又命令姚枢:撰文致祭,以表哀思。另赐民户数十,抚恤死者的家属。

见到使臣被杀,忽必烈大怒,一度要改变初衷而屠城。侍从张文谦、刘秉忠、姚枢急忙劝谏说:"杀使臣命者,其国主尔,非民之罪。"忽必烈接受他们的意见,特免杀掠。还让姚枢尽裂所携之帛为帜,书写止杀之令,分插公布于街头。这样,蒙古军士一概不敢进城抢掠,大理城民众身家性命及官民财产赖以保全。

1254年春,忽必烈班师北返,留兀良合台统兵戍守,又以刘时中为宣抚使,继续经略抚治云南。后来,被俘归降的大理国王段兴智入觐蒙哥大汗。在他的协助下,蒙古军队较快地征服了云南全境。

刘秉忠《下南诏》诗曰:

  天王号令迅如雷,百里长城四合围。
  龙尾关前儿作戏,虎贲阵上象惊威。
  开疆弧矢无人敌,空壁蛮首何处归。
  南诏江山皆我有,新民日月再光辉。

忽必烈远征大理的成功,使大蒙古疆域向西扩展了一大块,称得上蒙古征服战争的一个大胜利。它完成了对南宋的战略性迂回包抄,也打开了向南亚、东南亚扩展的通道。同时,使云南"衣被皇朝,同于方夏",纳入大蒙古国和元朝的直接统治之下,加强了"新民"与蒙、汉等民族的联系,促进了多民族统一国家的发展壮大。

忽必烈远征大理的成功,不仅让忽必烈在艰苦的征战中经受了剑与火的洗礼,也向成吉思汗黄金家族及至整个大蒙古国显示了他的军事征服才能。这对忽必烈在后来的汗位争夺中能赢得相当多蒙古诸王贵族的拥戴,是颇有意义的。

大理人民的顽强抵抗,使蒙古军队遭到很大损失。《史集》记载说,忽必烈与兀良合台率十万大军征云南,因为该地气候潮湿恶劣,军中疾病流行,加上大理国"居民极夥,军队众多,因而每日,每至一地,都遇到抵抗。因为这两个原因,十万军队得还不到二万人"。忽必烈用武力征服了大理,通过征服,统一了大理各部。后来,又按照内地制度设置郡县,使云南统一于元朝中央政府管辖之下,并在大理进行屯田,推广先进的汉族生产技术和文化。云南自8世纪中叶南诏割据以来,历五百余年,至此才真正与祖国内地复归于统一。这对我国多民族统一国家的发展,对云南地区经济、文化的进步,都有重大的积极意义。

忽必烈远征大理,一路眼见汉地各处城郭壮丽,深感自己祖辈所居的帐篷未免过于简陋。于是,在1256年春命刘秉忠赴桓州东、滦水北,营建开平城。大兴土木,建造宫室,要把开平建成一座王都。刘秉忠选定地界,设计了蓝图,忽必烈认可后,即命贾居贞监理筑城之事,又命侍卫谢仲温为工部提领。征调远近民夫十数万人,日夜加紧施工。此后,一座巍峨的新城即屹立于滦水北岸,忽必烈命名为开平。开平,就是未来忽必烈即位的大蒙古国国都——上都城。

元朝成宗八年(1304年),元朝第二任皇帝命令在元世祖忽必烈曾经登临俯视大理城中激战的点苍山崖上镌刻"平云南碑",以纪念元世祖忽必烈远征大理的功业。

❖ 修建开平城,为开平奠定了国都地位

1252年,忽必烈在桓州金莲川开设幕府,史称金莲川幕府。名为"幕府",其实住的全部是帐篷。忽必烈及其侍从人员,夏季在金莲川或六盘山驻夏;冬季为了避寒取暖,要迁到抚州或奉圣州。对此,有些汉臣建议忽必烈建造一座新城。忽必烈采纳了他们的建议,于

1256年命令刘秉忠师徒负责勘察地形,参照各国都城的样子,修建一座新城。刘秉忠与谢仲温认为,桓州之东、滦水北岸的龙岗是一块风水宝地,宜于建城。于是,忽必烈即任命贾居贞、谢仲温等人具体负责修城工作,工程三年告成(1256—1258年)。

新城建成后,有人建议:此城龙岗蟠其阴,滦河经其阳,四山拱卫,佳气葱郁,地处南北交通要道,可定名为"开平",暗含"开天下太平之世"之意。经忽必烈批准,新城定名为"开平",史称开平府。1263年五月,忽必烈升开平府为上都,即大蒙古国国都。

1258年夏天,忽必烈就将金莲川幕府迁移到开平府,使开平城成为忽必烈的参谋本部和政治中心。开平城的建成,是忽必烈政治生涯中的一件大事,它不仅标志着蒙古统治者从游牧经济向农业经济的转化,而且使开平城成为忽必烈统治汉地的政治中心,对于忽必烈建立元朝,统一中国起到了极其重要的作用。

❖ 蒙哥大汗命阿蓝答儿钩考忽必烈

忽必烈推行汉法,在漠南汉地的权力迅速增强。忽必烈平定大理国后,回到金莲川,又命刘秉忠营建宫城,以为驻跸之所。蒙哥大汗自谓"遵祖宗之法,不蹈袭他国所为",对忽必烈的做法,极为不满。这一斗争于1257年春突然趋于激烈。据《元史·赵良弼传》记载:"阿蓝答儿当国,惮世祖英武,谗言于宪宗。"蒙哥大汗下令,解除了忽必烈的兵权,派遣其亲信阿蓝答儿、刘太平等到陕西、京兆、河南等地,全面清算钱谷,设钩考局,大行钩考(清查)财赋。这次钩考,表面上是检查京兆与河南的财赋,实际上是否定忽必烈用汉人治汉地的成绩,并彻底瓦解他的势力。清查的对象集中在忽必烈所设置的经略司、宣抚司等机构的大小官员,几乎所有忽必烈藩府的旧臣,都被罗织在内。由于姚枢献策,才使忽必烈躲过了这场灾难。

阿蓝答儿原为哈剌和林城副留守,有的史书称其为"陕西省左丞相"。刘太平为"参知政事"。阿蓝答儿性情苛刻,乘势横暴,擅作威福。他在关中设置钩考局,以各路酷吏分领其事,招集经略司、都转运司、宣抚司、从宜府等官吏,列一百四十二条,大开告讦,锻炼罗织,无所不至。包括征商细务,皆被撽拾无遗,大多数官吏难以逃祸。他还扬言:"俟终局日,入此罪者,惟刘(黑马)、史(天泽)二万户以闻,余悉不请以诛。"

在钩考中,河南经略使之一忙哥,以"国人"得以赦免;史天泽以勋旧,受到特别宽容。史天泽曾自言:"经略使司我实主治,是非功罪,皆当问我。"希望能减轻对他人的责罚,可惜却没有什么作用。

忽必烈王府侍从经略使赵璧,自然成为钩考的重点。曾多次逼迫属吏,当面指污赵璧,无果。强制赵璧偿还的钱物,因忽必烈代以偿还,方得以了结。

京兆宣抚使廉希宪、副使商挺、郎中赵良弼、从宜使李德辉等,均受到追查。课所长官马亨,则被阿蓝答儿派遣使者从忽必烈王府逮捕南归,长期关押,穷追百端。临行前,忽必烈十分担心地问马亨:"汝往,得无撽汝罪耶?"然而,汗命难违,爱莫能助,只好抚慰遣行。

阿蓝答儿还在盛夏将被钩考的官吏械系于烈日之下,顷刻之间,人即毙命。被逼折磨而死的,多达二十余人。

阿蓝答儿进行的钩考,是对忽必烈的一次沉重打击。他得知河南、关中所委官吏被严酷整肃的消息,既气愤,又感到委屈。

王府侍臣姚枢出来劝解:"帝,君也,兄也;大王为皇弟,臣也。事难与较,远将受祸。莫若尽王邸、妃主自归朝廷,为久居谋,疑将自释。"忽必烈觉得姚枢的话很有道理,身为藩王,无法和掌握全部权力的大汗硬抗。于是,依姚枢之策,主动觐见蒙哥大汗,去化解与大汗的误会、冲突。

蒙哥大汗得到忽必烈请求觐见的奏报后,开始并不相信忽必烈的诚意,反而以为他心怀叵测,另有异图。待忽必烈再次遣使请求,蒙哥大汗才降诏:许其留下轻重随从,乘驿传觐见,日行二百里。

这年十二月,忽必烈在也可迭烈孙之地觐见蒙哥大汗。蒙哥大汗看到皇弟遵旨而来,开始转怒为喜。朝会之后,蒙哥大汗两次亲自为忽必烈斟酒,忽必烈则拜退如礼。俩人兄弟手足之情油然而起,相对泫然而涕下。蒙哥大汗竟然不让忽必烈禀白情况,就下令停止钩考,同时也撤销了河南经略司、都转运司,京兆宣抚司、从宜府、行部等。

这一场钩考,总算以忽必烈与蒙哥大汗兄弟二人的妥协得以了结。

上述五个机构的撤销,意味着忽必烈便宜治理河南和关中授权被废止。

事实上,在阿蓝答儿钩考伊始,忽必烈的兵权连同总领漠南的使命就已被解除。关于这个变动,史书中说:"岁丁巳,宗亲间之,遂解兵柄他王,遣阿蓝答儿至京兆。"拉施特在《史集》中说:"忽必烈已经出征过一次,并且完成了任务,如今他正患脚病,若蒙哥降旨,他就可以回家去了。"这也足以说明忽必烈所掌兵权已被解除。

如果说,延请四方文士、讲论治道和金莲川幕府的形成为日后君临天下提供了很好的官员准备和政治方略,那么,自请唯掌军事、南平大理国和治邢州、关中、河南,又是忽必烈总领漠南之际,运用上述幕僚和政治方略所做的积极的试验,因与蒙哥大汗的权力冲突和阿蓝答儿的钩考而夭折了。

忽必烈总领漠南军国重事的权力被解除,是他人生历程中的第一大挫折。"祸兮,福之所倚;福兮,祸之所伏。"谁曾料到,忽必烈总领漠南使命的完结,很快引发了蒙哥大汗亲征川蜀和身亡合川钓鱼城等一系列重大事变。继而,又给忽必烈带来了东山再起的新机遇。

第四节　忽必烈奉命率东路军征鄂州

1258年十一月,忽必烈奉蒙哥大汗诏旨,征南宋鄂州城(今武汉市)。1259年十月,忽必烈大军包围鄂州城后,南宋丞相贾似道提出划江为界的议和条件。这时,忽必烈收到蒙哥大汗在钓鱼城战场上身亡的书信后,同意南宋的议和条件,即撤军北归。同年十一月,忽必烈在燕京(今北京市)驻冬。1260年二月,忽必烈回到开平城。

按照蒙哥大汗亲自征伐南宋的部署,东路大军由东道蒙古宗王塔察儿(铁木哥·斡赤斤之孙)率领,负责进攻荆襄。据史书记载,塔察儿率领十万铁骑沿汉水攻取襄樊。他们围攻襄阳、樊城七天,未能攻克。然后,回撤到自己的营地,驻屯下来。

蒙哥大汗闻讯,非常生气,即派使者申斥道:"你们回来时,我要下令狠狠地惩罚你们!"另一名随同蒙哥大汗攻蜀的东道宗王忽黑赤(也孙哥之弟)也派人对塔察儿说:"忽必烈合罕曾夺取了许多城堡,而你们却带着破烂屁股回来,也就是说你们忙于吃喝。"

忽必烈被解除总领漠南军国重事的职务,他事先接到蒙哥大汗的谕旨:"忽必烈合罕腿有病,他以前已率师远征,平定作乱地区,今可让他留在家中静养。"这时,忽必烈只好遵旨在漠北哈剌温一只敦的帐里疗养自己的脚病。

1257年冬,蒙哥大汗到漠南,亲征南宋前夕,忽必烈曾和其他拖雷系亲王赶到玉龙栈,为大汗兄送行,大宴之后,即奉命返回。

忽必烈完全明白,蒙哥大汗不喜欢他参与这次南征,难免有些失落。回到营地之后,近侍康里人燕真建言:"主上素有疑志,今乘远涉危难之地,殿下以皇弟独处安全,可乎?"忽必烈觉得燕真的话很有道理,立即派使者请求蒙哥大汗允准他出征南宋。

蒙哥大汗正为塔察儿攻襄樊失败而怒不可遏,出于对东路军统帅难得其人选和征伐南宋的全局考虑,他不得不重新起用忽必烈。

于是,蒙哥大汗下了一道新的诏旨:"忽必烈合罕奏告说'腿疾已愈,怎能坐视蒙哥合罕出征,而自己家居休息'。今可让他率领塔察儿那颜的军队向南家思(南宋)边境推进。"

❖ 忽必烈奉旨南征

忽必烈代替塔察儿统率东路军南征。据拉施特《史集·忽必烈合罕纪》记载,忽必烈率领的东路军为"一万精兵和数万札忽惕人"。《史集·蒙哥合罕纪》说是"十万军队"。二者比较,前者详实可信。所谓"一万精兵",主要指木华黎国王之孙霸突鲁所部的蒙古军。"数万札忽惕人",又包括张柔的顺天万户,严忠济、严忠嗣的东平万户,解诚水军万户及史权的真定万户的部分军队等。

1258年十一月,忽必烈自开平出发,大部分藩邸侍从随行。翌年二月,会诸王于邢州。五月,忽必烈抵达濮州(今河南濮阳东),召集东平名士宋子贞、李昶及随从侍臣讨论对南宋用兵方略和敌我得失优劣。宋子贞说:"本朝威武有余,仁恩未洽。天下之民,嗷嗷失依,所以拒命者,特畏死尔。若投降者不杀,胁从者勿治,则宋之百城驰檄而下,太平之业可指日而待也。"李昶论及用兵时,也以伐罪、救民、不嗜杀为对。张文谦、刘秉忠和姚枢又多次讲:"王者之兵,有征无战,当一视同仁,不可嗜杀。"忽必烈欣然接受,还答复:"保为卿等守此言!"

郝经还提出,此时伐宋,时机不成熟;应简选贤能将相,敦厚宗族,布置列镇,结盟保境,兴文习武,育才恤民,培植元气,俟时而动,就可以图南宋。商挺则云:"蜀道险远,瘴疾时作,难必有功,万乘岂宜轻动?"

忽必烈未采纳郝经不赞成攻南宋的意见,但也能优客以待。忽必烈听完商挺的话语,沉思良久,十分肯定地回答:"卿言正契吾心。"此时,忽必烈对南下攻南宋是坚定不移的。对蒙哥大汗亲率重兵主攻川蜀,能否成功,却持保留态度。他或许愈感到自己所率东路军责任之重大。七月十二日,忽必烈到达汝南(又作蔡州),与木华黎之孙霸突鲁等所率军会合。忽必烈命令霸突鲁等先行至汉水之畔,准备军粮,告诫南征军将不得妄自杀戮。又奏请三朝旧臣杨惟中和藩邸侍从郝经任江淮荆湖南北等路正副宣抚使,率领归德一带的军队先行南下,至长江北岸设立行台,宣布恩信,招纳降附,约束蒙古、汉军诸将帅。命令孙贞督促蔡州的军粮。燕京行台官月合乃,则奉命留在汴梁掌管军需,调运济南盐数百万斤,散于军队所经州郡,换取粮食。孙贞发现军士犯法,即绑缚州县有司,禀白忽必烈。然后,由忽必烈下令戮之号市。这样一来,诸军上下凛然有序,没有人敢违抗军令。

在这里,需要说明两点:一是忽必烈自开平出师到赴汝南调兵遣将,用了八个月时间,行动过于迟缓。二是忽必烈未西去进攻襄樊,而是从汝南南下,直指江汉。对于前一点,有人推测忽必烈是蓄意拖延时间,以观察川蜀用兵进展。不过,忽必烈刚刚恢复总领军队权力,他不会不知道蒙哥大汗疑忌尚存。所以,有关忽必烈拖延时间和坐观川蜀的推测,与情理不合。企图躲过炎热的夏季,推延至秋季大举进攻,倒比较现实,也容易得到蒙哥大汗的谅解。至于不攻襄樊,直趋江汉,正说明了忽必烈在军事上略胜塔察儿一筹。因为襄樊历来易守难攻,塔察儿已在那里无功而返,自己去攻必重蹈其覆辙。

行至淮河北岸,忽必烈一度听到蒙哥大汗猝亡于四川合州钓鱼城的传言。他急忙与霸突鲁商议,然后说:"我们率领了多得像蚂蚁和蝗虫般的大军来到这里,怎能因为谣传便无所作为地回去呢?"于是,决定全军继续南下。忽必烈自己殿后,又特意派遣蒙古八鲁剌思部斡儿客那颜充前锋,捕杀了南宋军的哨兵,以防他们把蒙哥大汗猝死的流言传播出去。

蒙哥大汗宪宗九年(1259年)八月十五日,忽必烈率军渡过淮河。二十日,攻入大散关,南宋戍兵纷纷溃逃。二十一日,进抵黄陂。

宋光山县治所移于台山寨上,忽必烈命千户董文炳、刘思敬前往攻取。刘思敬身先登寨墙,中流矢受伤。董文炳又亲抵寨下,以屠寨存活反复开谕,忽必烈另派廉希宪帮助劝说,守将终于投降。

从将郑鼎乘胜追击,俘获胡知县,不幸陷入泥潭,遭伏兵袭击。忽必烈闻讯,意召郑鼎返回,分给他卫士三百,以备不虞。还告诫郑鼎:"为将当慎重,不可持勇轻进!自后非奉朕命,毋得轻与敌接。"对攻寨受重伤的刘思敬,忽必烈又亲自慰劳赐酒。与此同时,张柔奉命进攻南宋五关之首——虎头关,与南宋军战于沙窝,张柔之子张弘彦击败之,继而夺取虎头关。严忠济、严忠嗣兄弟所率军队渡过淮河以后,届挂车岭,与南宋军激战三昼夜,杀获甚众,进抵蕲州(今湖北蕲春)。忽必烈麾下的东路军,已全部突破南宋军的淮西防线,直逼长江北岸。

❖ 忽必烈渡江攻鄂州城

蒙哥大汗宪宗九年(1259年)九月一日,正当忽必烈准备渡江时,随从蒙哥大汗征川蜀的异母弟末哥,自四川合州钓鱼山派遣使者报告蒙哥大汗猝亡的消息,并且请忽必烈北归,以定国家大计。末哥的母亲又是忽必烈的乳娘,由于这层亲密关系,末哥特意派人来送信。蒙哥大汗死讯并非谣传,而是完全属实。于是,忽必烈命令军队暂时停驻下来,全体将士向蒙哥大汗志哀。

蒙哥大汗阵亡的消息,不能不影响到忽必烈的渡江计划。当时,有人建议立即北归。忽必烈说道:"吾奉命南来,岂可无功返还?"忽必烈如此决定,无疑是明智的。因为所有蒙古人,最尊敬战场上的英雄。对成吉思汗的继承者来说,军事征服的业绩是必不可少的。忽必烈复出总领东路军,若是像塔察儿那样无功而返,将会在黄金家族中丢尽脸面。再者,兀良合台所率南路军奉旨经南宋辖区转战北上,东路军若不渡江接应,南路军必有覆灭的危险。在蒙哥大汗身亡和西路军无法东进的不利形势下,忽必烈如约渡江,将会收到会合南路军,壮大实力,提高在蒙古贵族中威望等多重成效。况且,渡江计划及各项准备已大体就绪,渡江犹如箭在弦上。

两天前,先锋茶忽曾将前线截获的一份南宋沿江制置使的榜文呈送忽必烈。上面写道:"今要谍者闻北兵会议,取黄陂民船系筏,由阳逻堡以渡,会以鄂州城。"忽必烈知晓后说:"此事前所未有,愿如其言。"由于附近没有其他的渡口,只能从阳逻堡渡江。

忽必烈为了鼓舞士气,听从刘秉忠的建议,派近臣忽剌孙到军中慰劳。于是,军士们人人踊跃,愿为效命。

九月三日,忽必烈亲自登上长江北岸距阳逻堡五里的香炉山,俯瞰大江,观察敌情。只见长江自西流来,江北武湖,湖东即阳逻堡,堡南为浒黄州(又名白鹿矶)。南宋方面陈兵十万,列舟二千,筑堡于岸,水陆戒备,还以大船扼江渡,确有横截江面之势。观察研究敌情后,忽必烈果断决定,次日早晨开始渡江。当夜,又事先部署兵士专门夺取南宋军的两艘大船。四日黎明,天色阴暗,风雨交加,诸将都以为无法渡江,忽必烈不予理睬。董文用主动请战说:"长江天险,南宋所持以为国,势必死守,不夺之气不可,臣请尝之。"忽必烈拨与敢死兵士近百和大型战舰一艘,还亲自为他们挑选甲胄。

忽必烈严令诸将帅扬旗击鼓,分三路一起进发。恰在这时,天气开始放晴。蒙古军竞相争渡,董文炳、董文用兄弟所率敢死士兵冲在最前面,疾呼奋进,二百艘战船直抵南岸。

南宋军前来迎战,鏖战三个回合就被打败。习于水性的张荣实,遵照忽必烈的命令,率所部水军乘小船鏖战于北岸,缴获南宋大船二十艘,俘虏二百人,溺死者不可胜计,还斩杀南宋军将领吕文信。水军万户解诚及部将朱国宝率领精锐,在大江中流与南宋军激战,前后十七战,夺取敌舰千艘,杀溺敌军甚众。南宋军大败,蒙古军乘胜渡江。

前锋张弘在南岸树起"北斗旗"为信号。董文炳派其弟董文用乘小船回江北报捷。忽必烈正在香炉山,急忙策马下山询问战胜状况。还站立在马背上,竖起马鞭向前指着说:"天也!"

接着,忽必烈调动诸军渡江,又传令:"今夕毋解甲,明日将围城。"还命令张柔和严忠济、严忠嗣所率军不顾疲乏赶赴鄂州,参加围城之战。蒙古军渡江后,忽必烈驻扎于江北岸浒黄州。他果然履行诺言,颁布了严肃军纪的命令:军士有擅入民家者,以军法从事。凡是俘获人口,全部释放。郝经《青山矶市》诗曰:"渡江不杀降,百姓皆安堵",可以为证。对俘虏中的儒士,忽必烈接受侍臣廉希宪的建议,予以"官钱购遣还家"的特殊优待,所放还的江南儒士多达五百余人。

忽必烈曾派王冲道、李宗杰、訾郊三人为使者,到鄂州城下谕降,没有奏效。数月后,蒙古军正式完成对鄂州城的包围。忽必烈还在城东北头陀峰上立起五丈高楼,号压云亭,登临亭上,观察城中敌情。

郝经作《压云亭》诗,以表其状:

　　重岭绕郭峻,高亭下临鄂。

　　艨艟断江流,甲骑蹙城脚。

　　拒命始进攻,铁匝长围合。

　　顾已无头陀,径欲榷黄鹤。

实际上,蒙古军对鄂州的围攻并不顺利。守城南宋将张胜软磨硬抗,先以缓兵之计,骗得蒙古军暂时后撤。接着焚烧城外民居,坚城固守。还把自重庆驰援的吕文德所部军接入城中。贾似道、高达等军也分别从汉阳等方面给予策应和支援。

在围城之初,忽必烈有些轻敌,一度以为:"贾似道率兵救鄂,事起仓猝,皆非精锐。"但实际情况是城内南宋军死守,外围竭力救援,蒙古军的进攻较慢。

因为城墙难以攻破,蒙古军就挖洞而入,南宋军则在城上树栅为夹城以顽抗。张禧、张弘父子等敢死士兵拼死力战,首次攻破城东南角。张禧还受了重伤。忽必烈见此状十分焦急,连忙派人前往急救。

在攻城百余日不能破的情况下,忽必烈召来江世侯张柔,对张说:"我犹猎者,不能擒圈中豕。野猪以供汝食,汝可破圈而取之。"张柔接到任务,立即命令部将何伯祥制造鹅车,继续在城下掘洞,另行派遣勇敢之士,率先攻城,屡次攻破城墙。

尽管鄂州城守军死伤多达一万三千余人,守将张胜在城中战死,该城攻守之役一直相持不下,忽必烈始终没有完全攻克鄂州城。看到贾似道入鄂州城之后,蒙古军屡破东南城墙,南宋军以木栅环城,一夕而就,忽必烈也曾发了这样的感慨:"吾安得如贾似道者用之!"

在忽必烈渡江攻鄂州城的同时,兀良合台奉蒙哥大汗的命令,自云南经广西辗转攻入湖南。

蒙哥大汗宪宗九年(1259年)八月,兀良合台所率南路军(一万三千人)先攻克广西衡山塞(今广西田东),沿途转占贵州(今广西贵港)、象州(今广西桂林)。十月进入湖南,又突破全州、表州(今湖南沅陵)、沅州(今湖南芷江)等处南宋军的重重堵截,十一月攻至潭州(今湖南长沙)城下,败湖南安抚使向士璧所部军,开始对长沙的围攻。

忽必烈渡江后,曾派张柔进攻湖南,派郑鼎袭扰江西诸州,派霸突鲁去岳州(今湖南岳阳),试图主动接应兀良合台的军队。霸突鲁所率军队一度攻入潭州境,因兀良合台军尚未到达,只得于十月撤回鄂州。十一月,获悉兀良合台的军队攻至潭州,忽必烈业已决定与南宋议和北还。于是,派铁迈赤率领兵卒三千,前往岳州接应兀良合台的军队,一同撤回江北。《史集》中说,"由于路途艰难,各地堡塞均很险固,他们不止一次进攻作战,进展困难","军中有许多人病亡,他们总共剩下不到五千人"。兀良合台的这支军队,被平安接应北撤,后来也成为忽必烈政权的重要军事力量之一。

❖ 忽必烈与南宋议和,回到开平城

首先,由南宋方面提出议和,忽必烈表示同意议和。这样,忽必烈撤军北返。

忽必烈渡江攻鄂州城,突破了南宋在长江中游的军事防线。且不说陷入重围的鄂州城危在旦夕,霸突鲁率军攻击岳州,郑鼎等率兵骚扰江西兴国、瑞州、南康、抚州等地,兀良合台由广西入湖南围攻潭州,均使蒙古军的军事进攻深入到南宋统治的腹地,还威协到临安的安全。南宋朝廷一度极为惶恐,有人甚至提议迁都逃亡。

当时,南宋右丞相贾似道兼任荆湖宣抚策应大使,深知形势危急。他秘密派遣宋京为使,去蒙古军营请求称臣议和。

忽必烈派王府亲信侍臣赵璧入鄂州城与南宋军谈判,临行前忽必烈嘱咐道:"汝登城,坐立必我。视彼月城筑否。望我旗动,当还。"

赵璧由三千兵卒护送入城。谈判时,宋军白刃环列,宋京提议:"北朝不进,我朝岁贡银、绢二十万两匹,割江为界,南北生灵息肩,何如?"赵璧回答:"上(忽必烈)驻濮州拜旗时,汝国遣行人来议尚可。今已渡江,江南之地,悉为我有,何为出此言?"实际上拒绝了贾似道

的请和条件。还提出与贾似道当面谈判的要求。而后,赵璧看到忽必烈的旗帜在摇动,就以待他日再议为辞,返回蒙古军营。

十一月,阿里不哥与忽必烈争夺大汗位的事态发展突然中止了蒙古军的进攻,导致忽必烈决定议和和北返。

当时,忽必烈妻察必获悉,阿里不哥派遣脱里赤、阿蓝答儿从漠南蒙古军、汉军中抽调括取兵丁,而其原因不明。于是,遣人把这一情况告诉了忽必烈,还带来一段隐语:"大鱼的头被砍断了,在小鱼中除了你和阿里不哥以外,还剩有谁呢?你回来好不好?"忽必烈闻讯,颇有震惊。

两天后,阿里不哥所遣急使来到鄂州前线,谒见忽必烈,禀报道:"我们是被派来请安和转达问候的。"忽必烈问急使:"阿里不哥把他所抽调出去的那些侍卫和军士派到哪里去呢?"急使回答:"我们这些奴仆们一点也不知道,显然这是谣传。"由于急使们吞吞吐吐,忽必烈便怀疑起来,想到:"如果阿里不哥需要把这些军士派到某方面去,又何必隐瞒呢?其中可能有诡计。"他觉察到幼弟阿里不哥趁其南征之机,已在做大汗位争夺的军事准备,一场萧墙之祸或许要提早到来。于是,忽必烈立即召集随同征伐鄂州的文武臣僚计议。郝经率先上《班师议》,分析蒙哥大汗死后,蒙古、南宋双方形势及对策。

在谈到南宋方面时,郝经说:"彼既上流无虞,吕文德已并兵拒守,知我国疲,斗气自倍。两江之兵,尽集白鹭(指鄂州附近的白露洲)江西之兵,尽集龙头岭广之兵,尽集长沙闽越沿海,巨舶大舰,以次而至,伺隙而进。如遏截于江,黄津渡,邀遮于大城关口,塞汉东之石门,限郢、复之湖泺?则我将安归?"

言及蒙古方面时,他说:"第吾国内空虚,塔察儿国王与李行省肱髀相依,在于背胁;西域诸胡窥觊关陇,隔绝旭烈兀大王;病民诸奸各持两端,观望所立,莫不觊觎神器,染指垂涎。一有狡焉,或起戒心,先人举事,腹背受敌,大事去矣。且阿里不哥已行赦令,今脱里赤为断事官,行尚书省事,据燕都,按图籍,号令诸道,行皇帝事矣。虽大王素有人望,且握重兵,独不见金世宗、海陵王之事乎!若彼果决,称受遗诏,便正位号,下诏中原,行赦江上,欲归得乎?"

关于忽必烈应采取的对策,郝经提出:"盘桓江渚,情见势屈,举天下兵力,不能取一城,则我竭彼盈,又何俟乎?且诸军疾疫已十四五,又延引日口,冬春之交,疫必大作,恐欲还不能……只有许和而归乎……断然班师,亟定大计,销祸于未然。"

郝经原先就不十分赞成渡江和进攻鄂州,对南宋力量的估计也显得偏高,但他对大蒙古国大汗位争夺局势发展的分析,都十分精辟中肯。

侍臣董文用等也一日三谏,力主班师,以为神器不可久旷,待登上大汗位后,遣一支偏师,即可了结江南事。

刘秉忠则替忽必烈叩六丁之灵,奏言:"龙飞之时已至,可速回辕。"用卜筮之术,来打动忽必烈。忽必烈终于放弃攻克鄂州的初衷,决定议和班师。

十一月二十八日,忽必烈从牛头山启程北归,为了暂时稳定军心和迷惑南宋军队,对外声言东攻临安(今浙江杭州)。数日后,忽必烈从长江岸边派张文谦向前线诸将传达命令:"迟六日,当去鄂退保浒黄州。"

忽必烈又命令大将霸突鲁、兀良合台及张柔等,率军留守长江北岸。临行前,忽必烈曾对霸突鲁、兀良合台说:"局势如此,还不知道阿里不哥对我们有何图谋,你二人带着一部分军队留在这里,我先从乞台边境哈剌沐涟河回去,弄清情况后,给你们送消息来。"

奉命统领蒙古军、汉军的张柔,还立足长久驻戍,在江北岸浒黄州(白鹿矶)筑城,直到中统元年(1260年)才奉命北撤。离开鄂州前,忽必烈又部署了与贾似道的和谈。在和南宋使臣宋京的第二次谈判中,赵璧受忽必烈的委托,正式答复了贾似道的请和:"汝以生灵之故来请和好,其意甚善,然我奉命南征,岂能中止。果有事大之心,当请于朝。"

忽必烈原则上同意了贾似道的请和,在急于北还解决大汗位继承的紧急情况下,忽必烈无暇与贾似道谈判请和的详细条文及履行书面签约等程序。他只能用这种口头协议的方式,与南宋达成暂时的和平。依照这一协议,当日,蒙古军队就撤回长江以北。二万江东南降民,也遵循忽必烈的命令被带回江北。

据史料记载,忽必烈自鄂州北还途中,曾派张文谦去怀孟州(今河南沁阳市)与商挺议事。商挺对张文谦说:"殿下班师,师屯江北,脱有一介驰诈发之,军中留何符契?"张文谦惊,急忙追赶忽必烈,转达商挺之言。忽必烈大悟,说道:"无一人为吾言此,非商孟乡,几败大计。"于是,立即遣使者赴江北军中,订立调兵契约。不久,阿里不哥的使者果然到了江北军中,遂被驻军依事先的约定杀掉。

忽必烈在北还途中谋划继承大蒙古国大汗一事。大蒙古国时期,大汗继承一直没有固定的制度。在决定新的大汗人选上,前任大汗的指定、忽里台（贵族会议）拥戴及各宗支实力等因素，均在不同条件下交互发挥作用。因此，常常容易出现以大汗位继承为中心的权力斗争。

蒙哥大汗是在攻取钓鱼城前线猝然身亡的，他生前未来得及对大汗位继承作任何安排或指定。在大蒙古国皇室内部，关于大汗归属并没有一个预定的、明确的意见。一轮新的大汗位争夺不可避免。这一轮争夺，又是在拖雷系的忽必烈与阿里不哥兄弟间展开。阿里不哥是忽必烈的幼弟，同是唆鲁禾帖尼所生。在拖雷家族内部，阿里不哥的"斡赤斤"（灶主）身份，承袭了拖雷夫妇的大部分蒙古千户和分地。后者包括漠北吉里思吉和中原真定路。蒙哥大汗南征前夕，他奉命留守哈剌和林，主持大蒙古国庶政，管理漠北千户军队和诸斡耳朵宫帐。

蒙哥大汗死后，诸皇子阿速台、玉龙答失、昔里吉等均无角逐大汗位的条件，他们都一致拥戴阿里不哥。蒙哥大汗的亲信大臣阿蓝答儿、孛鲁欢、浑都海、脱火思、脱里赤等，也站在阿里不哥一边。这样，阿里不哥自然成为当时蒙古草原最有权势的人物。他在争夺大汗位时，也应具有得天独厚的优势。

最初，挑唆诱使阿里不哥与其兄长忽必烈争夺大汗位的是孛鲁欢和阿蓝答儿，他俩曾在蒙哥大汗时期策动对忽必烈的钩考和贬斥。此时，他们心虚恐慌，于是对阿里不哥说："忽必烈和旭烈兀二人出征去了，蒙哥合罕把大兀鲁思托付给了你，你有什么想法，难道你要让我们像羊一样，被割断喉咙吗？"阿里不哥听信他们的蛊惑，开始利用他留守漠北之便角逐大汗位。

133

阿里不哥非常清楚,他的唯一竞争对手,正是同胞兄长忽必烈。趁忽必烈忙于攻取鄂州的机会,尽快控制漠南的主要军队和财赋,是顺利登上大汗位和迫使忽必烈就范的关键。出于这种考虑,阿里不哥命令阿蓝答儿到漠北诸部抽取兵丁,命令脱里赤到漠南诸州括取民兵,企图直接控制大漠南北的更多军队。其中,阿蓝答儿乘驿传抽取兵丁,已行至距离开平一百里的草原地带。忽必烈妻察必得悉,派使者责问:"发兵大事,太祖皇帝曾孙在此,何故不令知之?"阿蓝答儿语塞不能答。因而,才引出察必遣使者赴鄂州,向忽必烈禀报和请他迅速北还的事情。

忽必烈在离开鄂州前,郝经就替他谋划北还的策略:

置辎重,以轻骑归,渡淮乘驿,直达燕都,则从天而下,彼之奸谋潜志,冰释瓦解。遣一军逆蒙哥汗灵舆异,收皇帝玺。遣使召旭烈兀、阿里不哥、末哥及诸王驸马,会丧和林。差官于汴京、京兆、成都、西凉、东平、西京、北京,抚慰安辑,召真金太子镇燕都,示以形势。则大宝有归而社稷安。

除迎灵及会丧哈剌和林已属过失外,忽必烈大体是依其计而行的。北归途中,忽必烈的确是轻装简从,日夜兼程。

随行侍臣廉希宪,还给忽必烈分析自身优势而献劝进之策:

殿下太祖嫡孙,先皇母弟。前征云南,魁期抚定,及近南伐,率先取鄂,天道可知。且殿下收召贤杰,悉从人望,子育黎民,率土归心。今先皇奋弃万国,神器无主,而殿下位亲望重,功德兼隆,天意人心,灼望可见。

廉希宪所言南伐军功,主动搜罗中原士大夫,尝试以汉法治汉地等,均是忽必烈的长处与优势。这恰恰是阿里不哥所不能比拟的。

忽必烈听罢,颇以为然。于是命令廉希宪一路先行,留心审察事态变化。廉希宪发觉,蒙哥大汗征蜀时,曾留浑都海部四万骑兵屯戍六盘山,征蜀诸军回撤后,大多散处秦蜀。近日,刘太平及霍鲁怀重新来到关中,估计他们会因关中形势变化要结诸将,扇摇民心。待忽必烈北渡黄河,廉希宪将此情况详细禀报。忽必烈当即派担任过京兆宣抚司郎中的赵良弼乘驿西入关中,假以他故,访察秦蜀军政动态。

不到一月,赵良弼果然获得那里的实际情况回来报告。这对忽必烈在关陇地区与阿里不哥的对抗中取得主动,大有好处。

路过燕南,廉希宪又得悉:曾担任阿里不哥"讲读"的真定名士李槃,此时被阿里不哥所遣"征兵"官脱忽思械系牢狱。于是,急忙报告忽必烈,予以释放。此举颇得燕南民心。

忽必烈又接受近侍孟速思的建议,对怀有二心的前朝行台断事官不只儿,途经燕京后由孟速思亲自监视,以防其叛变。

闰十一月二十日,忽必烈抵达燕京。在黄河畔汴梁一带,忽必烈已看到阿里不哥遣官向蒙古军、汉军征调兵士的情形。到达燕京之后,此类征调兵士更为严重,民间骚扰颇大。忽必烈诘问主持征调燕京兵士的脱里赤:"为何如此行事?"脱里赤却佯称是蒙哥大汗临终的命令。忽必烈洞察其包藏祸心,立即下令将脱里赤所征集的兵士全部遣散。

在此以前,忽必烈已派遣使者向阿里不哥提出了责问和要求:"你们把战士们从蒙古人的家里和札忽惕人地区(汉地)抽走,这是不合适的。你从各地拿走的财产和牲畜,可归还战士们,并把战士们还给我们,还给曾经跟随过的军队……把战士们交还我们以后,我们就可以安排好交通工具、粮食和武器,结束对南家思(南宋)的战事。"

脱里赤没有料到忽必烈会如此迅速地返回燕京,也没有料到忽必烈会果断遣散他所征集的兵士。他急忙派一名随从去禀告阿里不哥:"忽必烈似乎已经知道了你的图谋,现在最好由你派遣一个万户长和急使们一起带着海东青(猎兽)去见忽必烈,以祛除忽必烈的疑虑。"

阿里不哥依计而行,很快派了一名万户长及使者,带着五只海东青名鹰作为礼物,向忽必烈致以问候。他们遵照阿里不哥的指令,对忽必烈说了一些悦耳动听的话,使他感到安全和放心。他们还向忽必烈禀告,阿里不哥已经停止征发兵士。忽必烈见幼弟阿里不哥理屈退让,随即说:"既然你们已解释了这些无谓的谣言,那就一切太平无事了。"

忽必烈终于用及时北还和据理力争的方式,挫败了阿里不哥藉抽军控制大漠南北更多兵马的阴谋。在第一个回合里,由被动变主动,算是取得了基本胜利。

然而阿里不哥的退让,只是缓兵之计。脱里赤等从燕京返回漠北,禀报了安抚忽必烈的情况后,阿里不哥说:"既然忽必烈对我们的计谋已有所闻,最好把住在各禹儿惕和自己家里的宗王、异密们召集起来,找一处偏僻地方,把继位问题给解决了吧!"

阿里不哥十分清楚:自己在哈剌和林主持国政,掌握着漠北大部分军队,又得到蒙古大汗诸子及汗廷大臣们的支持,尽快在漠北举行忽里台(贵族会议)，藉此解决大汗位继承，可以说是胜券在握。这也是对忽必烈摊牌和逼其就范的最后一招。据史书记载，阿里不哥与其属下还密谋了届时逮捕忽必烈等人的计划。于是，阿里不哥向各方面派出使者，邀请他们出席将在漠北举行的忽里台。同时又派脱里赤等为急使，到忽必烈处通知说："为了举行蒙哥合罕的丧礼，务请忽必烈和全体宗王都来。"

阿里不哥的遣使邀请，的确使忽必烈感到为难。按照常例，这样的忽里台，忽必烈必须出席。然而，阿里不哥设置的陷阱，显而易见，应邀赴会则前途未卜，凶多吉少。这时，廉希宪向忽必烈进言："今阿里不哥虽殿下母弟，彼以前尝居守专制有年，设有奸人俾正位号，以玺书见证，我为后时。今若早成大统，颁告德音，彼虽迁延宿留，便名叛逆。安危逆顺，间不容发，宜早定大计。"商挺也说："先发制人，后发人制。天命不敢辞，人情不敢违，事机一失，万巧莫追。"大约是在同一个时间，宗王塔察儿、也孙哥、纳邻合丹和其他万户长，纷纷赶到燕京，会见忽必烈，出谋划策。

铁木哥·斡赤斤嫡孙塔察儿，所属蒙古千户最多，威望亦高，实为东道成吉思汗诸弟后裔之长。由于多数漠北蒙古宗王倾向阿里不哥，塔察儿一度首鼠两端。王傅撒吉思闻，特地驰驿赶来劝说塔察儿："忽必烈宽仁神武，中外属心，宜专意推戴。若犹豫不决，则失机，非机也。"塔察儿听从了他的劝告。

当时，忽必烈也打算用遣使赐给饮膳的方式，结好塔察儿。近臣廉希宪自告奋勇前往。见到送来的饮膳，塔察儿非常高兴，还谈起忽必烈渡江之事。廉希宪乘兴劝说道："主上圣道神功，天顺人归，高出前古,臣下议论已定。大王位属为尊,若至开平,首当推戴,无为他人所先。"对此,塔察儿十分赞同,答应一定承担这个任务。

忽必烈在北还途中,在郝经、廉希宪和塔察儿等臣僚的辅佐下,作出决定,抢先阿里不哥一步,在开平召开忽里台,登上了大蒙古国第五任大汗的宝座。

第五节 蒙古军征伐川蜀

❖ 南宋四川的边备情况

公元 1206 年铁木真在斡难河头被拥戴为全蒙古的大汗,号"成吉思汗",正式宣告大蒙古国的建立。接着,成吉思汗便指挥蒙古军队南下,开始进入中原地区。当时,整个中国正处于四分五裂的局面:南宋和金朝互相对峙,中分南北;西夏和西辽割据在西北;吐蕃和大理分立在西南。蒙古军队要进入四川,中间还隔着西夏和金朝的一大片土地。下面,在叙述蒙古军队进入四川之前,先介绍一下南宋四川的边备防务情况。

边界和版图 在宋、金并立,南北对峙时期,南宋和金朝根据绍兴十一年(1141 年)和议,双方正式划定:东部以淮水中流为界,西部以大散关(今陕西宝鸡市西南)为界。南宋政府答应把陕西的商州(今陕西商县)以及和尚原(今陕西宝鸡市西)划给金朝。这样,金朝的版图便直接与南宋四川利州路(今四川广元)邻界,"西阻天水(今甘肃天水)、皂郊(今甘肃西南),东阻大散、黄牛(今陕西凤县东北)"。在宋、金对峙时期,大散关和淮河中流以北的地方为金朝所占,宋朝的版图仅存十五路,西蜀四川便是其中的一个独立的行政区划。沿袭北宋川陕四路的旧例,南宋政府在这一区划内分置益(即成都府,今四川成都)、梓(即潼川府,今四川三台)、利(今四川广元)、夔(今四川奉节)四路。与金境接壤的利州路,其管辖范围除包括今四川北部地区以外,还拥有陕西南部(今陕西汉中地区)和甘肃东南部的一些地区。

三关和五州 在宋、金对峙时期,金朝以秦、陇为基地,凭借和尚原、万山原等险要阵地,经常派兵越过秦岭,骚扰邻近利州路。为了扼阻金兵的内犯,南宋政府在从大散关深入蜀边的东、西通道上选择了三个险要关隘,派兵防守。这三个关隘就是:武休关(今陕西留坝县南四十里武关河)、仙人关(今甘肃徽县东南)和七方关(今甘肃徽县与陕西略阳之间)。其中,仙人关北控吐蕃,东连岐、雍,西通蜀、沔,最为重要。在金朝占据和尚原,蜀之险要所失过半的情况下,南宋军所持缓急,仅有仙人关可以设备。

为了固守三关,南宋政府设置了五州,作为它的外围防线,这五个州就是:阶州(今甘肃武都县东)、成州(今甘肃成县)、西和州(即岷州,今甘肃西和县西)、凤州(今陕西凤县东)、天水市(今甘肃天水市西南)。由于天水市是后来从成州分划出来的,所以该区划有时称作回州。

三关和五州,对于四川内部的安危有着十分重要的战略意义。时人杨巨源说:"关外四州为蜀要害。"高稼指出:"蜀以三关为门户,五州为藩篱。"李鸣也认为:"蜀之形势,以三关为险",蜀之关外四州,犹朝廷之有四蜀。蜀据上流,有四蜀而后朝廷重;四州久在关表,有四州而后蜀重。

蜀边布防 为了守御这一大片要害地区,从南宋初年开始,宋朝一直派遣三员大将,统领三支御前诸军,分别屯驻在三个重镇上。这三个重镇是:兴州(后改为沔州,今陕西略阳县)、兴元府(即汉中,今陕西汉中)和金州(今陕西安康)。1207年,驻在兴州的宋将吴曦叛乱后,南宋政府为了分散沔州统军司的军权,又在利州分置利州副都统司。从这以后,蜀边地区便有四支御前诸军,即"蜀之四统军",或称四大戎司。

蜀边兵力 据1167年的规定,蜀边御前诸军的人数为九万八千人。其中,兴州都统司六万人,兴元都统司二万七千人,金州都统司一万一千人。蒙、宋战争爆发时,屯驻蜀边的官军(御前诸军)和士兵(忠义军)的总数为七八万人。四大戎司掌管兵力,但其节制调配大权统归四川安抚制置使。在宋、金战争激烈时期,四川安抚制置司的治地曾经由成都移至利州、兴元。

边备松弛 上述蜀边防御体系,在宋、金战争初期,曾经有效地保障了四川内部的安全;但在中、后期,它却逐渐遭到破坏,以致失去了防御的作用。1206年,正当蒙古政权勃兴之时,金军以南宋叛将吴曦为内应,自陕西攻蜀边,"肆掠关外四州,如践虚邑,军民莫知死守"。1219年,金军再度攻入蜀边,破大散关、虎头关、武休关,"略河池,下凤州,破兴元,抵泽州而还"。金军对蜀边关隘实行"可保则保,不可则焚毁"的方针,把宋朝在蜀边地区苦心经营的的防御工事摧毁殆尽。正是在蜀边"关隘疏鲁",旧来备御去处未暇尽修,而损之又损,防御空虚的时候,蒙古军队开始进入了蜀边地区。

❖ 蒙古军南下与五州焚荡

兵临蜀边 成吉思汗指挥的蒙古军队,1211年始南下,不几年工夫,便把金朝的势力从河北、山东驱赶至黄河之南。1215年,蒙古军再次兴兵南下,进一步谋取金朝的河朔、关山地区。金朝不得不把主要兵力用来守黄河,保潼关。金宣宗为了摆脱困境,决定"南开宋衅,西启夏侮",对南宋和西夏同时开战。成吉思汗趁机派太师国王木华黎(成吉思汗部下三万户之一)带领蒙古、汉诸军大举进攻陕西。1222年秋,木华黎命大将蒙古不花"引游骑出秦、陇,以张声势,且视山川夷险强弱处"。不久,木华黎又亲率大军掩至,渡黄河,拔同州(今陕西大荔),下蒲城,趋长安(今陕西西安市),断潼关,围凤翔(今陕西凤翔),陈兵于渭水之南。凤翔是金兵出击南宋利州路的基地。蒙古军占领凤翔,越秦岭而南,便可涉足蜀边。1222年,蒙古不花果然越秦岭牛岭关,向利州路的凤州而还。1223年,木华黎、斜里不花及西夏人步骑数十万再次围攻凤翔,"东自扶风(今陕西兴平东南)、岐山(今陕西岐山县东北),西连汧(今陕西陇县东南)、陇(今陕西陇县),数百里皆其营栅"。这样,蒙古军便把战火一直烧到蜀边地区。

抄掠五州 1223年,蒙古西征军平定西域诸国,在回师途中,"问罪夏国"。1226年,成吉思汗亲自率军攻夏。1227年春,在派兵进攻西夏中兴府(今宁夏银川市)的同时,成吉思汗又亲自率领大军,绕道黄河上游,攻克积石(今青海贵德西),进入金朝境内。接着,又派遣一军,打着"取金夏"的旗号,突然南下。这支蒙古"游击偏师",1227年二月八日自铎龙桥攻破金浍洮府(今甘肃岷县),然后南下东进,闯入蜀边地区,开始"凭陵"宋朝的"封疆","剽掠"边民的"孳畜"。继而越过大潭县西部"最为险隘"的摩云岭,再度阶州西北部之峰贴硷。当时南宋守军凭险据守阶州花石峡,蒙古军由"生蕃"路发起进攻,在当地土著"羌人"(藏族部落)的引导下,一举攻取了阶州。三月初,包围五州西腹——西和州。南宋沔戎司在蒙古偏师入境时,不知来犯之军属何方,先以为是女真的部队,或者以为是叠州(今甘肃迭部县)的士兵,后来得知是蒙古军,又皆言"不可与战,从此官军不出战"。西和被困一月,戎司也不派兵救援。当进攻将利城(今甘肃武都西部)的蒙古军稍稍退却时,守将程信即误以为"捷音"报闻。待蒙古军挥师还击,与正在阶州东部的皋兰城宋军相遇,号称南宋"西边良将"的麻仲翼、王平皆死之,程信大败而归。四川安抚制置使郑损,指挥帐前主力部队由沔州开赴七方关,进至石门(今陕西略阳县西),听到皋兰败溃的消息,惊慌失措,轻率地作出了放弃五州,退保三关的决定。蒙古军继续向南深入,进至文州(今甘肃文县)石靴关,城内守卒及百姓皆"空城而出"。七月,蒙古军因"天气炎热",又得知成吉思去世的消息,方才从蜀边撤退。

在接到郑损放弃五州,封锁三关的命令后,仙人关守将程信、武休关守将李大亨、七方关守将吴桂竞相封闭关垒,不准百姓入关。于是,关外百姓流离转徙,"怨声盈路"。号称蜀之藩篱的五州,被郑损的所谓"坚壁清野"自焚一空。关外的西康(今甘肃成县)、天水一带本可坚守,因无官军,遂遭蹂践。关内的凤州一带,离开战场何止三百里,原本没有患扰,因是保武休关,"遂委焚荡,为祸最惨"。河池(今甘肃徽县)一带,同样出现了"百里祸尤酷"的悲剧。

郑损放弃沔州逃遁的消息传到利州,当地居民"十室空五六",大半入山躲避。三月七日,驻在利州的制司宅眷率先登舟撤退。十八日,郑损由沔州逃回利州,随帐一万余人,从嘉陵江顺流而下,舳舻相连,旌旗蔽天,鼓吹喧嚣,"蜀人前所未见"。四川总领财赋所贮存在关外五州的钱粮,总计损失了三四十万斛斗。从此,三关之外,蕞为盗区。蒙古军这一次从上流突破黄河天险,出奇不意地"破西夏,逾积石,践蜀境"的行动,不仅使"关中大震",而且给蜀边带来了严重的后果。

❖ "假道伐金"与三关失守

假道伐金 1227年,西夏灭亡后,蒙古军既占河中,又据关、陇,对金朝形成了西北两面夹击的态势。金军"南据连山,北限大河",拥兵数十万,扼守潼关,仍能苟安于汴京(今河南开封市)。为了避开从正西与金军决战,成吉思汗临终前,明确提出了"假道于宋",实施迂回,联宋灭金的方案。1228年窝阔台继位为大蒙古国大汗,为元太宗。1230年,窝阔台采纳金降将李国昌的建议,决定经宋境进攻金朝。他以金都汴京为目标,分军三路出击:东路,由斡陈那颜率领,出山东济南,从左翼迂回,牵制金军;中路,由窝阔台亲自统率,从白坡(今河南孟县西南)南渡黄河,从正面进攻,牵制金军;西路,是三路之主力,由拖雷(成吉思汗幼子)率领,"自凤翔渡渭水,过宝鸡,入小潼关,涉宋人之境,沿汉水而下",承担蒙古军这次"假道伐金"的主攻任务。

蒙宋议和 在蒙、金战争前期,成吉思汗根据"宋、金世仇"的历史,制定了联宋灭金的战略,曾多次派使者入宋,与宋通好。1221年,宋朝开始主动派使臣至西域,与蒙古通好。成吉思汗据此认为,蒙古军若借道宋境去包围金朝的后路,南宋"必能许我"。1227年,在蒙古偏师抄掠阶、文二州的时候,即遣使臣二名,分持金牌入蜀议和:一至西和州,一至秦家县。1230年十月,拖雷再次派使臣到凤州,"遗嫚书城下",正式向宋朝提出了"假道"、"借师"、"贷粮"的要求。1231年正月,蒙古使臣速不罕在裴回兴和赵原诸人的陪同下,前往武休关,与宋官员"议和","事甚秘"。这次蒙方明确提出索要"粮二十万斛,五日取若干斛"。

三关失守　与此同时,蒙古还不断派兵深入蜀边,以便向宋朝施加军事压力。1231年正月,当速不罕抵达武休关议和时,蒙古军从兴元府的边界上,乘宋军无备大举入境。十八日,以"众数万"攻凤州马岭堡,歼忠义总管田燧之部二千余人。四月二十七日,攻陷凤州。接着又"长驱东向",五月六日以轻骑至武休关,进迫兴元。宋军正面设防,蒙古遂派百余骑,从关左阳阴黄竹谷进行偷袭,攻破兴元。未兴元知府、利州路安抚使郭正孙死之,泽之民数十万逃往安康避难。

在蒙古的武力威胁下,四川安抚制置使桂如渊按照宋廷与蒙古"通好"的方针,压制部将,放松戒备,指责"伤将练兵"为"异论",命令诸将不得擅自出兵,以"沮和好"。桂如渊还派遣王良能、李大举到凤翔向蒙古军首领回报,并督促汉中"趣办牛、羊、酒,以犒鞑师"。为了制止边民的民事行动,他甚至托西和、天水一线的"并边之师",一律后撤到七方关。1231年秋,正当桂如渊戒备松驰之时,拖雷率骑兵三万从宝鸡入大散关,正式执行从汉中借道攻金的作战方案。八月十四日,蒙古军破西和州,知州陈寅"告急制司求援",诸将"观望不进",陈寅力战而死。九月初,蒙古军破武休关,入兴元,攻仙人关。九月十八日,宋太常少卿度正说:"又闻七方关已溃散。"随着三关破陷,四川"事势颇危"。

进袭四川　接着拖雷再次派遣速不罕入宋境,正式向四川当局提出"假道,且约合兵"的要求。蜀边军民对桂如渊屈辱事蒙,自撤藩篱的行动早就不满,在守将张宣的指挥下,部将冯择出面"伪降",并于十月十七日将速不罕诱至青野原(今甘肃徽县南)杀害。这一事件激怒了拖雷,他指责南宋"食言背盟",决定大兴问罪之师。拖雷分兵两路:一路强行借道,"长驱入汉中";另一路"进袭四川",以图报复。

拖雷再遣信使李国昌入宋,向桂如渊提出"需粮"的要求,并且威逼说:"大军压境,'势不徙还',你非借道给我不可!"桂如渊答应拖雷的要求,不仅"输刍粮"饷军,还派遣了一百人做先导队,带领拖雷的大军顺利通过汉中。于是,拖雷率领的西路军终于出饶凤关,由金州沿汉水东进,抵达邓州(今河南邓县),进逼汴京。拖雷军在长驱汉中的过程中,沿途"攻宋诸城堡",不仅攻破关表诸郡,还不惜"屠洋州",使得洋州"廨宇又为灰烬"。四川总领财赋所贮存在关内外的七十余仓粮食皆遭焚毁。其中,利、沔、兴元三仓,各有粮万石,鱼关(今陕西鱼关)一处,即存放有十分之四的财赋。所有这一切,皆"蚕食烧毁无有存者"。

奉命"进袭四川"的蒙古偏师,由别路攻入沔州。十月二十日,沔州都统杨起,通判王友仲奋起抵抗,以城陷而死。二十四日,蒙古军攻大安(今陕西宁强县大安镇),都统何进开关迎战,蒙古军嘉陵江木皮口突击何进军后,何进战死。于是,蒙古军越鱼鳖山,撤屋为筏,渡嘉陵江入关堡,进入利州,并江趋萌(今四川昭化南),长驱入剑门(今四川剑客县北),经阆州(今四川阆中县),略地至西水县(今四川南部县西)而还。一路上,凡破四川城寨一百四十余处。蒙古军初次闯入四川内部,"自利而阆,自阆而果(即顺庆府,今四川南充市),长驱深入蹂无人之境"。四川安抚制置使桂如渊,在蒙古军长驱四川,险情未过时,早已携带家属登上"巨舰",率先逃奔三峡。但当听说蒙古兵退,险情即过时,他又"信道之轻车,经至合阳(今四川利县合阳镇)"。桂如渊临阵先逃,使得"三川震动"。从桂如渊1231年十一月"舟次合阳"开始,到次年四月,溃散的官军及逃难的老幼百姓络绎不绝,使得广安(今四川广安县)有人满之患,道路"久绝不得通"。

在拖雷率军借道伐金的行动中,蒙古军使其盟友宋朝遭受了不小的损失。这一年(1231年)蒙古军攻克的南宋城池有:凤州、沔州褒城、大安、兴元、洋州、金州,以及西和、同庆、河池(今甘肃徽县)、文州、利州、阆州等等。

第六节　蒙哥大汗亲征川蜀身亡

❖ 立利州与定成都

利州立城　1251年蒙哥大汗即位后,锐意图宋,开始在与宋邻界之地遍置屯,留驻军队。1252年春,巩昌便宜总帅汪德臣,奉命在宋人放弃的沔州(今陕西略阳)筑城,设置官府进行统治。沔州居嘉陵江的上游,蒙古军首先在沔州筑城戍守,正是为了从上游控制四川,"取蜀漕源"。1253年,忽必烈奉命治理京兆分地,着手经营陇蜀地区。汪德臣在六盘山进见忽必烈,向他提出了以沔州为基地,进一步向南扩展,深入蜀境,经营"益昌(指益昌都,即宋利州)之事"的计划。忽必烈批准汪德臣的计划,并决定派吐蕃人赵阿哥潘和陇西人李忽兰吉协助汪德臣到利州筑城。

汪德臣奉命率军至利州,在州东宝峰山(今广元县东山)修建城池;另派其弟汪良臣以锐卒千余,屯戍嘉陵江南岸作为掩护。当时,宋军犹屯守在两岸,"堡栅相望,矢石交击",进行顽强阻击。在蒙古帅太答儿的支持下,汪德臣终于击溃宋军的阻扰,于1254年初把利州城创筑完毕。汪德臣随即遣其弟汪良臣领所部兵在白龙江一线大力屯田,实行耕占结合,"窝兵于农",终于在利州立住了足。忽必烈指授汪德臣在利州筑城的目的,在于"欲为取蜀计"。这一行动的成功,不仅堵死了宋军北进的大门,使之不敢越足北向,而且奠定了蒙古军节节进取蜀中的基础。为此,宋人忧虑地说:"敌进七百里而城立,岂曰无谋？……不出三年,蜀之命脉绝矣。"

剑门之争 号称秦蜀咽喉的利州,是一个"四会五达"的要冲之地。出利州而南,从陆路经剑门可以通东、西两川;从水路沿嘉陵江下,经阆州、顺庆,可以进抵夔峡。汪德臣在利州筑城以后,不断派兵向剑、阆境内袭扰。军食不济时,他便命令每名外出的军士到剑、阆境内去抢粮三升,"以备日食"。1254年春,利州天旱,嘉陵江水枯,漕运极艰,汪德臣无法获得沔州水运来的粮食,于是便纵令兵将回向袭截。四月,蒙古军进入沔州境内,擒获宋提辖崔忠、郑再生,命他们持檄招谕苦竹隘。守将南永忠、高贵以隆庆府投降,苦竹隘及其附近"山寨相继失陷"。蒙古军进抵阆州,守将王惟忠败绩,弃城而遁。五月,就任四川制置使的余晦,强令推行不得人心的措施,致"蜀士蜀民皆不安"。加之余晦"万望既薄,局面又生",仓促间督促都统甘闰领兵数万,企图在紫金山(今盐亭县城北十五里)筑城御敌。蒙古将拜延八都鲁和汪德臣领精骑乘夜偷袭,大破宋军鹿角寨栅,夺其军储器械。宋军措手不及,死伤不计其数,甘闰仅以身免,余晦大败而归,"议者纷然"。六月,蒙古军入合州、广安宋境,守将王坚、曹世雄等战御有功。当时,剑、阆之间的隆庆堡、吉平寨、长宁山、鹅顶堡皆因苦竹隘失陷而被蒙古军攻破,只有介于利州宝峰山与苦竹隘间的一个孤垒,在守将王佐的坚守下,"屡挫北峰"。降将南永忠以兵薄城下,王佐怒斥其变节行经,使流涕而退。八月,宋军从蒙古军手中收复安西堡。十月,隆庆府守臣、统制段元鉴通过苦竹隘内原宋军官兵的策应和支持,一举收复失守八个月的苦竹隘。蒙古军久围安西堡不下,不久便从剑州境内撤退。

1255年春,南永忠、高贵导引蒙古帅贴哥火鲁赤,沿嘉陵江南下,由利州出苦竹隘,进至阆州城,"出没于果、阆、蓬、巴之境"。

1257年初,驻利州的蒙古军再次出动,大举进攻苦竹隘,有占筑堡寨,进窥剑门之谋。守将杨礼不能支,弃苦竹隘而守吉平寨。当时,蒲择之以兵部侍郎任四川宣抚制置使,兼知重庆府,先遣潼川路安抚使朱祺孙监诸戍司军前往剑门救援,他本人继又亲提制司兵奔赴。为备不测,宋廷又调京湖援兵五千入蜀。在各路宋军的救援下,经过两个月的争夺,蒲择之终于在五月收复苦竹隘及剑门诸寨堡。

初定成都 1257年秋,蒙古将纽璘奉蒙哥大汗之命,领兵万人,入蜀略地:自利州下白水(今白龙江),通过阆州大获山,取道梁山军,直抵夔门。宋廷得知蒙古"有窥东川之意",饬令在蜀军将加强对东川方向的防御。正在这时,一支由刘黑马和夹谷龙古带率领的蒙古汉军,乘西川空虚之际,一举占领了宋人早已废弃了的成都城。刘黑马是窝阔台时所立汉军三万户之首,他在进见蒙哥大汗时曾经明确提出"立成都以图全蜀"的方案。刘黑马部下另一员契丹将耶律买住也曾进言:"欲略定西川下流诸城,当先定成都,以为根本。"蒙哥大汗采纳了他们的意见,正式决定在成都立城设署。夹谷龙古带有在汉中立城的经验,只用了七天,就在成都旧城的废墟上新建了一座"楼隍暂皆具"的成都城。刘黑马被任命管辖成都"新旧军民小大诸务"。随后,蒙哥大汗又遣都元帅阿答胡率领一支蒙古军戍守成都,初步确立了蒙古对成都的统治。

❖ **图蜀灭南宋计划的形成**

图蜀灭南宋计划 1257年秋,蒙哥大汗在哈不儿哈不黑召集诸王百官会议,商定大举伐南宋之计。自 1234 年金朝灭亡,蒙古、南宋战争揭幕以来,蒙古军不断兴军南下,分别在巴蜀、江汉和江淮三个战场上对南宋作战。历太宗窝阔台、定宗贵由而至蒙哥大汗,二十多年间,战事频仍,但是却始终没有形成一个协调三个战场的全面灭南宋的进兵计划。到蒙哥大汗时期,西征已大体完成,蒙古对南宋战争有可能发展到以灭南宋为目标的阶段。经过忽必烈转战川滇,攻战大理国,迫降吐蕃,立城利州,初定成都,开辟蜀江南北战场等一系列行动,蒙古军构成了南北夹击,夺取四川之势,实现先"图全蜀",继灭南宋"下流诸城"的战略计划的时机日益成熟了。蒙哥大汗不愿效法窝阔台,他决心亲自率军伐南宋,他对诸王说:"我祖父成大业而享盛名,我欲效之。"1257 年冬天,蒙哥大汗离开哈剌和林城。次年春,进至六盘山聚兵,正式实施全面灭南宋的计划。蒙哥大汗命幼弟阿里不哥留守都城哈剌和林,诸王塔察儿率师出东路,进攻荆襄,他亲自率主力入四川。后因塔察儿无功受责,蒙哥大汗命忽必烈代总东路军。

南线战况 经 1255—1256 年初兀良合台自滇入蜀,复又自蜀返滇的战事之后,蒙古对蜀作战的战场由一个扩大至两个,即由蜀江北岸扩大至蜀江南岸。为了防备蒙古军从云南发起侧翼攻击,南宋政府于 1256 年命令"筑南郡四城"。一时间,旗(今湖北恩施)、黔(今四川彭水)、珍(今贵州正安东北)、南平四郡皆据险置司。四郡中最关紧要的南平,由守臣史切举迁治于龙崖城(今四川南川县东南九十里马脑山)。蒲择之又派官员驻在与云南连界的横江夷境和盐井(今云南盐津)一带,督促当地"相度险阻","措置控扼";并且决定:"凡南进诸州有可以措置山寨者,亟议图之"。1257年,在潼川路安抚使兼知泸州朱孙的措置下,由长宁守臣易士英任责、潼川路总管朱文政督工修建了凌霄城(今四川兴文县西二十公里凌霄山顶)。正如该城碑记所述,修建此城,为的是防止蒙古军"自云南斡腹",用以作为屯兵庠粮,出攻入守据依之地。此外,在同一时期,南宋政府还多次派官员到思、播境内去督办修筑城寨之事,目的也在于"戍兵守备,以防云南"。

兀良合台返滇后,陆续从云南出发,经播州、思州,向南宋的心腹地带沅州(今湖南芷江)、靖州(今湖南靖县)一线发起新的攻势。播州与四川南部的"罗氏鬼同"(今四川南部的叙永、古蔺,贵州西北部的毕节、金沙江一带的少数民族)相邻。由播州穿出泸州的仁怀、缓远二寨,可以通过南平(今四川綦江东南),进抵涪、夔,以及黔、施。1256年夏,蒙古军屯大理,即将取道西南,大举入犯,并招养一些人为向导。1257年,兀良合台自云南出兵,进攻交趾(今越南)。九月,军至"罗氏鬼同"。不久,播州"事态颇急",连连向南宋廷"乞兵"。此前,吕文德作为南宋使臣,曾入播境措置防务,犹不能阻挡蒙古军的攻势。十一月,南宋理宗不得不再次增派"诸将提兵征讨",进入播境追袭。兀良合台军既过播州之境,遂于这年底进入交趾,与陈朝军队作战。直至1258年初,蒙古军复自陈朝撤军,途径播州返回云南。此后,兀良合台又分别于1258年夏和1259年秋,两次从云南出兵进攻广西。1259年,为配合蒙哥大汗图蜀灭南宋的战略部署,兀良合台奉命自广西北上,进攻潭州(今湖南长沙市),企图在鄂州(今湖北武昌)与忽必烈会师。

略定西川　1258年春,南宋理宗认为,"成都系蜀安危,不可不亟图之",命蒲择之率领驻蜀诸军进攻成都。蒲择之遣都统杨大渊率一军守剑门关,以阻挡利州汪德臣部的增援;另遣都统段元鉴、刘整各率一军,在东、西川要道——遂州灵泉山(今遂宁县东十里)、江箭滩(今遂宁县东涪江渡口)一线布防,以截断纽璘军的增援。蒲择之则自率主力,自重庆直抵成都城下。

纽璘自东川返至钓鱼山,欲引军西向,至江箭滩受阻,不能渡江。蒙古军与南宋军从早到晚大战了一整天,纽璘终于突破南宋军防线,"斩首二千七百余级"。由石抹按只率领的汉军,也在灵泉山击败南宋军,前追擒其部统韩勇。纽璘军长驱赶至成都。当时,坐镇成都的蒙古帅阿答胡刚死,城内守军正感群龙无首。于是,诸王阿卜干主持会议,不待朝命,便推举纽璘为帅。纽璘率众军坚城拒守,伺机出击。时值成都"天久不雨",攻城南宋军"暴露日久",士气逐渐松懈。及至五月,突然出现"拔木之风,石子之雨",连日霖雨,"在处泥足",对南宋军十分不利,纽璘乘机突围,与从利州来援的汪德臣内外夹击,终于冲破了蒲择之的重重包围。接着纽璘反守为攻,引军进围成都北面不远的云顶山城,以扼蒲择之的归路。蒲择之兵溃,经简州向东撤退。云顶山城陷入孤立无援之中,守将姚德"仓卒失计"。不久,"城中食尽",纽璘遣部将彻理领兵"由水门先登",姚德向蒙古军投降。在姚德的导引下,西川各城相继归附。于是,"成都、彭(今彭县)、汉(今广汉)、怀(今淮口)、绵(今绵阳)等州悉平,威(今理县西北)、茂(今茂县)诸藩亦来附"。经过此战以后,南宋守军势力最后退出西川,成都府南迁至嘉定,蒙古军进一步巩固了在川西平原上的统治。

❖ 蒙哥大汗的大举征蜀

蒙哥大汗征兵 1258年2月,蒙哥大汗大诏天下,征诸道兵,正式实施他的图蜀灭南宋的战略计划。四月,蒙哥大汗驻六盘山聚兵。应召从征的有:诸王末哥、莫哥都,驸马君不花,万户孛里叉(亦作八里赤),札剌亦儿部将脱欢,阿速氏部将拔都儿、也烈拔都儿、阿答赤、别古八,薛亦氏部将哈八儿秃,蒙古将曳剌秃鲁雄、乞台不花,率领"探马军万人"的畏兀亦都护马木剌的斤,宁夏人术速忽里与其子来阿八赤等。此外,还有来自北方四大汉将所率的军马;由丞相、河南经略使史天泽其侄征行万户史枢与部将李进所统的"诸道兵之骁勇者",以及由新军万户郑文所统的四千名充任警逻的部队;由节制河南军马的万户张柔所派遣的,由裨将张果、王仲仁所率之部;由真定元帅董俊的次子文蔚、侄孙士元所率之部;由东平路行军万户严实部下千户刘复亨、百户张立所统的"东平军马"。原来在蜀中征战的蒙汉军,还有四个系统:由汪德臣、赵阿哥潘、李忽吉等所率的利州戍守部队;由汉将刘黑马与其子元振,以及夹谷龙古带、耶律忽林带所率的成都、利州戍守部队;由按竺迩子彻量、周宝所率的阶州、沔州戍军;由都元帅纽璘,诸王阿卜干,部将车里与其子步鲁合答,以及拜延八都鲁、密里火者、石抹按只、探马赤、完颜石柱、速哥、火尼赤、李毅等所率领驻守成都的蒙古军二万,号称五万。当时,从驾征蜀的蒙古军,兵强马壮,力量雄厚。由蒙哥大汉亲自统领的征蜀军数为四万,号称十万。加上留在蜀中的四支兵马在内,估计这次征蜀的蒙古、汉军的总兵力有七万人左右。

七月,蒙哥大汗留辎重于六盘山,命大将浑都海守之,亲自督师入陇州(今陕西陇县),经宝鸡入大散关,向汉中征发;另遣宗王莫哥都从泽州(今陕西洋县)出发,越米仓山捣巴州,沿渠汇流域而进;命万户孛里叉从鱼关至沔州(今陕西略阳),沿嘉陵江向南进兵。

纽璘渡马湖 为配合蒙哥大汗的征蜀行动,都元帅纽璘留密里火者、刘黑马、拜延八都鲁等,以五千人守成都,自将一万五千蒙古、汉军,战舰二百艘,在南宋降将张威的导引下,沿沱江南下,水陆并进,以攻占马湖江口重镇——叙州。纽璘军在资州济沱江而南,分兵两路:一军由千户暗都剌"率舟师而下",另一军由他本人"将步骑而南"。当纽璘引军进至岷江与金沙江交会的叙州时,遭到了南宋都统张实的阻挡。张实领所部"先以船五百艘控扼江都",采取拆毁桥梁,封锁渡口,"连舰绝江","横截江津"的战术,使纽璘军不得渡江。这时,纽璘部下长于水战的契将石抹按只以战舰七十艘赶至。他一面选择地形,架设浮桥;一面又收集军中牛皮,赶制浑脱、皮船等渡江器械。纽璘组织水师,与南宋军在江中决战。由蒙古探马赤率领的两千精兵一举夺得南宋军不少舟船。纽璘在突破南宋的水上防线后,指挥蒙古、汉军深入两江交会的三角地带,与南宋军在陆地上作战。南宋军腹背受敌,被蒙古军分割包围。忽都、步鲁合答领兵在老君山(今屏山县西北)及其附近的马老山击败叙州兵,取得决定性胜利。江面上的南宋军陷入一片混乱之中,统兵主帅、四川宿将张实被俘。纽璘军突破马湖江防线后,声势大振。蒲择之指挥蜀军"分道要遮",连连败溃。纽璘军沿江而下,一路上浩浩荡荡,"鼓噪渡泸",一举突破重庆上游最后一道险关——泸州神臂城,直奔重庆及其下游江面而去。纽璘军抢渡马湖江的成功，实现了蒙哥大汗封锁重庆下游江面，杜绝南宋增援的战略意图。南宋理宗皇帝对此连连惊叹："蜀中之警，皆因马湖江不能设备，纵其偷渡。今江之南北皆有哨骑，所以重费区处。"

入利州 九月，蒙哥大汗至汉中，随即取金牛道，向利州推进。金牛道险阻重重，"悬崖万"，"前马不行"，在过了三泉县至利州之间的一万九千三百一十八间桥阁，途经四万七千一百零三十四间护险编栏之后，蒙哥大汗于十月七日进至利州东面的宝峰山。八日，入利州城。当时，利州之东有巴州，西有剑门、阴平（今剑阁县西北），南有大获、长宁，这些南宋山寨，与利州"相距不远"。由于汪德臣坚守利州，使"蜀不敢犯"。蒙哥大汗对汪德臣赞赏备至，并且感慨地说："假若不是蒙古军戍守利州，让宋军抢先据之，'则四川领喉之地，可必能岁月平哉？'"

取苦竹隘 接着，蒙哥大汗移师西南，渡过嘉陵、白水二江，进攻剑门之西隘苦竹。苦竹隘地势险要，其西、北、东三面崭绝；深可千尺，只有南面有条"一人侧可登，不可并行"的通道。当时，苦竹隘守将为杨立，他在"蜡丸书"中，自称拥有"骁骑万群"。蒙哥大汗先遣汪德臣部将李忽兰吉以兵趋剑门觇伺，乘机追夺南宋军从长宁山运出的粮食，以切断通往苦竹隘的补给线。随后，蒙哥大汗亲自伐鼓督战，指挥各路军马进取苦竹隘。蒙古军久攻不克。不得已，蒙哥大汗只好把在马湖江战役被俘的蜀将张实放出来，要他作为"蜀导"，劝说苦竹隘投降。张实脱身来到苦竹隘，不仅没有替蒙古军劝降，反而尽泄蒙古军"何地强弱，何仓丰馁"的秘密，与守将杨立互盟心志，"共誓死守"。蒙哥大汗恼羞成怒,亲自督战,命令部下务必"生致"张实。从河南征调来的史天泽的部队,长于山地作战。蒙哥大汗命其部将史枢率健卒数十,从悬崖上缒下,进行侦察,发现苦竹隘东南门是攻城致师的突破口。在蒙古军的强大攻势下,十月戊子,苦竹隘裨将赵仲武叛变,献东南门投降,杨立巷战牺牲,张实再次被俘,遭到肢解。苦竹隘破陷,蒙哥大汗令"夷其城"。

拔长宁山城 蒙哥大汗既取苦竹隘,遂留精兵五百守之,随即登隆庆高峰,指挥诸军沿嘉陵江东下,破吉平隘,向长宁山城进逼。守将王佐与裨将徐昕领兵与战,失利,遂退守山南鹅顶堡。十一月五日,蒙哥大汗督军攻鹅顶堡。八日,力战于望喜门,不克。日暮,南宋知县王仲叛变,自鹅顶堡开栅出降。是夜,长宁山城告破,王佐不屈战死。九日,王佐之子及徐昕等四十人遇难。蒙古诸将议欲将山城之民分据已有,蒙哥大汗决定命彭天祥为达鲁花赤(长官),以王仲副之。

降坚城四座 十一月十二日,蒙哥大汗率军至阆州大获城,先遣王仲入城招降,被守将杨大渊杀之。蒙哥大汗督师攻城,汪德臣部将抢先占水门。杨大渊惧,当夜遣其子出城投降,次日杨大渊挈城降附,推官赵广死之。杨大渊被任命为侍郎、都行省,奉命领所部兵从征,继续招降嘉陵江下游诸城。三天后,蒙哥大汗车驾至和溪口。十一月二十八日,御营过阆州。

蒙哥大汗离开阆州,别遣游骑攻掠青居城,自率大军向蓬州运山城推进。这时,越米仓山进攻渠江沿线山城的诸王莫哥都已进至渠州礼义城(今渠县东北七十里,俗称三教寺寨),蒙古将曳剌秃鲁雄也随军进至巴州。史天泽部下总管李进"伐木开道七百余里",穿过巴、渠等州,进至定远(今武胜县南)七十关。"其关上下皆筑连堡",南宋兵以五百人守之。李进破关夺堡,诸军得以尽度。为牵制嘉陵江左右两面南宋军,蒙哥大汗命纽璘遣一军攻简州,命杨大渊、汪德臣领前锋兵向相如县(今蓬安县周口镇)出击。蒙哥大汗自率大军,于十二月乙酉进至远山城下。蒙哥大汗命杨大渊派人招降,守将张大悦降,转运使施择善死之。接着,蒙哥大汗进至顺庆府清居城,南宋裨将刘渊杀都统段元鉴,出降。位于渠江流域的广安军大良守将蒲元圭也挈城降附。于是,"顺庆、广安诸郡,破竹而下"。此外,蒙古军还招降了龙州(今江油县北雍村河西岸)、隆州(今仁寿县)、雅州(今雅安市)、石泉(今北川县)等地方。据元朝人统计,在蒙哥大汗初年伐蜀开始后,数月中蒙古军新攻占了"龙、剑、阆、蓬、巴、果、渠、长宁、大安(良)诸城"。加上蒙古军原先具有的川北、川西州县在内、"川蜀之地"大约有三分之二归于蒙古。(《元史》卷一二九《来阿八赤传》)

❀ 钓鱼城战役

兵阻合州 1258年底,蒙古军沿嘉陵江进攻南宋四川军政大本营——重庆,抵达合州境内。合州是重庆的藩篱,自1240年彭大雅遣甘闰筑寨钓鱼山,1243年冉氏兄弟筑城图治以来,州东十里的钓鱼城已成坚城一座。钓鱼山地势险绝,嘉陵江环绕北、西、南三面,形成一个环抱的钳形江流。钓鱼城规模宏大,军事设施齐全,有内、外城墙两道,双砌宫门八座,江岸建有水师码头,伸入江中建有一字城。此外,城内还储备了不少粮食,建有营房、接场、天池、水泉无所不备。

当时,钓鱼城守将为王坚。王坚原是孟珙的部将,入蜀后曾参加北伐汉中的战斗,战功卓著。1252年初由武功大夫进转遥郡团练使,1254年又以"战御有功",升任知合州兼兴元成司的都统。王坚镇守合州有方,继承二冉创筑的钓鱼城规模,另发所属五县十七万民丁,再加培修和巩固,使之成为一座聚集秦、陇、蜀民的重镇。蒙哥大汗派南宋降将晋国宝到钓鱼城招降,王坚拒绝。1259年初,晋国宝归至峡口时,被王坚派人捉回,押至阅武场处决。蒙哥大汗大怒,决意用武力征服钓鱼城。

钓鱼城攻坚 1259年正月,蒙哥大汗先遣诸王莫哥都再次进攻礼义山城,曳剌秃鲁雄进攻巴州平梁山城,又遣杨大渊进攻合州旧城,一次即掳走男女八万余人。二月,蒙哥大汗率军从钓鱼城东北渡过渠江鸡爪滩,在东南角的石子山扎营。史天泽的军队在城南夹江而阵,专门封锁嘉陵江面。李忽兰吉在江上"作浮梁,以通往来"。汪德臣的军队部署在城的西角,负责夺取城外山寨。蒙哥大汗还从汪德臣以及北方诸侯军中各抽调"锐士若干,以备宿卫"。另遣郑温率军四千,在钓鱼山周围专事巡逻。三日,战斗开始。七日,蒙古军从东面猛攻东新门(土地垭门)与护国门(小寨门)之间的一字城。九日,蒙古军猛攻镇西门(西门)。两战不克,受挫回师。三月,蒙古军从东、北、西三面对东新门、奇胜门(范家门)和镇西门外的"小堡"发起强攻,再次失利。四月,接连出现二十天的大雷雨,暂停攻城。二十二日,蒙哥大汗督军强攻护国门,败归石子山。二十四日夜,蒙哥大汗率师绕道从西北进攻外城,一度登上城头,杀伤很多南宋兵,但最终被打退。五月,蒙古军屡攻不克,士气大为低落。而此时城内军民则群情激愤,斗志昂扬。王坚白天率军抵抗,夜晚不时派兵袭扰蒙古兵营。王坚百折不挠抗击蒙古军的事迹,受到了南宋朝廷的表彰。南宋理宗颁诏称赞他:"婴城固守,百战弥厉,节义为蜀列城之冠。"(《宋史》卷四四《理宗纪》)

南宋军增援 五月,吕文德以四川制置副使兼知重庆府,奉命提兵援蜀。吕文德率舟万艘(《元史》卷一五〇《李守贤传》)溯江而上,进至涪州。负责封锁长江下游江面的纽璘,在州西六十里的蔺市大造浮桥,"夹江为营,长数十里"(《宋史》卷四一六《向士璧传》),杜绝宋兵增援。蒙古将来阿八赤"驻重庆下流之铜罗峡,夹江据崖为垒"(《元史》卷一二九《来阿八赤传》)。吕文德率兵攻浮桥,数战皆克,纽璘部火尼赤陷入重围,幸被速哥救出。(《元史》卷一三一《速哥传》)时值"蜀江水涨,水冒桥趾,南宋将曹世雄、刘整出奇斫桥,终于攻断涪州浮桥,吕文德乘顺风进入重庆。六月初,吕文德以艨艟臣舟千余艘,溯嘉陵江而上,救援钓鱼城。蒙古军迎战于三槽山(今合川县南)西,不利,蒙哥大汗命史天泽御之。当时,南宋兵以战舰三百只停泊在黑石峡东,而以轻舟五十只为先锋,向北进逼,与蒙古军的船只相距有一里多路。蒙哥大汗在东山(今合川县东)指挥两万蒙古军,夹江而阵,进行堵截。史天泽分军为翼,在两岸展开进攻,他本人则亲率舟师,"顺流纵击",三战皆胜,夺得吕文德的"巨舰数百艘"(《元史》卷一五四《李进传》,卷一五五《史天泽传》),一直追至重庆而还。

蒙哥大汗阵亡 南宋援兵不至,钓鱼城被围困五个多月,仍未被攻下。汪德臣派人入城,"谕以祸福",又遭拒绝。汪德臣挑选锐卒乘夜进攻外城马军寨,王坚率兵进行抵抗。两军相持到天亮,汪德臣单骑进逼城下,大声喊话说:"王坚,我来活汝一城军民,宜早降!"(《元史》卷一五五《汪德臣传》)话还没说完,城上的炮石击来,致使汪德臣负伤"感疾"。时值大雨,攻城梯折,后军因失利而撤退下来。六月二十一日,汪德臣在养伤的营地缙云山寺(今重庆兆温泉)去世。七月初,久旱酷暑,蒙古"军中大疫"(《元史》卷一五五《史天泽传》),"士马不耐其水土"(《元史》卷一二九《纽璘传》),多病死。蒙古军为窥探钓鱼城内的虚实,在西门外筑台瞭望。城内守军发炮轰击,亲临第一线督战的蒙哥大汗"为炮风所震,因成疾"。七月上旬,蒙哥大汗在送往缙云山寺休养营地途中,病逝于金剑山温汤峡(今重庆北温泉)。〔附注1,郝经《班师议》和拉施特《史集》记载:"1259年阴历七月十二日,忽必烈行至汝南淮河之滨,已得到蒙哥大汗在合州去世的消息。"韩儒林先生据此推知,蒙哥大汗去世的时间必在七月上旬。韩儒林先生还指出:《元史》中说蒙哥大汗死于七月癸亥(二十一日),恐不可信;屠寄说死于癸未,亦误。(见《元代的吉利思及其邻近诸部》,载《中国史研究》1979年第一期)附注2,参见无名氏《钓鱼城记》,明万历《合州志》,以及《蒙哥死地的探讨》(载《重庆日报》"星期天报刊",1981年11月5日第2版)〕

蜀围之解 蒙哥大汗去世后,跟随征蜀的蒙古军由他的儿子阿速台率领,向北撤退,蜀江北岸的局势顿时缓和下来。蜀江南岸的局势,此前由于纽璘军从涪州渡江,沿乌江向南深入,曾经局势一度紧张。1259年春,纽璘引军进攻思、播二州,擒获南宋勇胜军统制官詹钧。接着他又分兵包围了南平军的治地——龙崖城。但是,自从吕文德六月领兵进入重庆后,南平军也挫败了蒙古军的围攻,"来报战功"。七月,龙崖城勒石记功,宣告了蜀江南岸战事的基本平静。十月,南宋又以"蜀道稍宁",诏谕四川守臣"恤军劳民,庶底兴复"。(《宋史》卷四四《理宗纪》)

《史集》中记载:"当蒙哥合罕正在围攻上述城堡时,随着夏天的到来和炎热的加剧……在蒙古军中也出现了霍乱,他们中间死了很多人。世界的君主(指蒙哥)用酒来对付霍乱,并坚持饮酒。但他的健康状况突然恶化,病已到了危急之时。"这时,蒙古军只好暂时停止对钓鱼城的进攻,转而南攻重庆。而蒙哥大汗竟在转移营地途中,死于金剑山温汤峡(今重庆北温泉)。

蒙哥大汗去世后,群臣奉丧北还,葬于漠北成吉思汗家族墓地起辇谷。

征川蜀的蒙古军和汉军,除汪德臣部和纽璘部外,大部分北撤到六盘山。蒙哥大汗亲征川蜀,就以他本人在钓鱼城下猝然身亡而告终。

蒙哥大汗进攻钓鱼城的惨败和阵前身亡,表明他并不是一位高明的军事家。尤其错误的是,把对南宋主攻战场确定在利于南宋军防御而不利于蒙古军进攻的川蜀地区。事先,掌膳食的宿卫士术速忽里曾建议,不必全力攻取钓鱼城,应在重庆与钓鱼城之间留成锐卒五万,牵制二城守军,主力军队沿江东下,出三峡,捣荆楚,但未被蒙哥大汗采纳。宿卫士游显也曾劝谏他放弃亲征川蜀,取道大散关东,直临江汉。蒙哥大汗竟以"业已至此"而拒绝。忽必烈事后批评道:"当时若从此策,东南其足平乎!朕在鄂渚,日望上流之声势耳。"

蒙哥身为大汗,却亲临前线指挥攻城,犯了"万乘之尊"不宜轻动的大忌。他抛弃蒙古军灵活机动的野战长技,违背蒙古骑兵喜寒恶热的习性,聚数万之众,冒盛暑,强攻防御坚固而范围有限的钓鱼城,累月不下,兵老师钝,不改陈规,不思变通,逞匹夫之勇,以身殉阵,张"千金之弩,为鼠而发"。在成吉思汗的子孙中,蒙哥大汗的军事才能看来不如其弟忽必烈。由于他的错误决策,延长了蒙古军灭亡南宋的战争进程。

蒙哥大汗的以身殉阵,暂时中断了蒙古贵族灭亡南宋的战争,在客观上延长了南宋的统治时间。同时,对于大蒙古国来说,无疑是噩耗和灾难。但对一度被解除总领漠南军权的忽必烈而言,是一个福音。它使尚未规范化的大蒙古国大汗位继承波澜再起,也为忽必烈的重新出山和问鼎大蒙古国大汗位提供了绝好的机会。

第二章　忽必烈继位为大蒙古国第五任大汗

第一节　忽必烈大汗在开平即位

大蒙古国时期,大汗位继承一直没有固定的制度。在决定新的大汗人选上,前任大汗的指定、忽里台(贵族会议)拥戴及各宗支实力等因素,均在不同条件下交互发挥作用。因此,常常容易出现以大汗位继承为中心的权力争夺。

蒙哥大汗在攻取四川钓鱼城前线猝然身亡,加速了大蒙古国皇族内部的大汗位之争,为忽必烈的早日入主中原提供了历史契机。

大蒙古国第五任大汗的继位者忽必烈,是成吉思汗幼子拖雷与正妻唆鲁禾帖尼的第二个儿子,生于太祖十年乙亥(宋嘉定八年,金贞祐三年,1215年)八月。少年时代,忽必烈就博得过老祖父成吉思汗的欢心和赞赏。1232年,忽必烈17岁,其父拖雷不幸病逝。拖雷生前有很高的政治地位,窝阔台在分封诸王时,便将真定(今河北正定)的民户封给他的未亡人唆鲁禾帖尼作为封地。在窝阔台时代,作为长子的蒙哥被征召参加西征,长年在外征战。忽必烈没有担任军政职务,一直随侍在母亲身边。忽必烈尽心协助母亲处理内外关系,并从她那里学习抚御部众的经验和方法,由此增长了自己的见识和才干,显示出"尤善抚下"的特殊本领。

忽必烈建立元朝,统一中国的事业,是从在潜邸(指天子未即位前所居之地)幕府集结贤士起步的。忽必烈的家庭,因为封地在真定的关系,较早地同一些为其服务的汉人僧、道、医生及通译人打交道。由于当时北方战乱,不少知识分子混迹于僧、道之中,所以被征召至漠北为他母亲服务的汉人中,有些本身就是儒士。通过这层关系,忽必烈年轻时就常和汉地人物接触,耳濡目染,不能不在思想观念上深受其影响。正是在接触中原封建文明的过程中,作为蒙古统治者中开明派代表人物的忽必烈逐渐认识到,对中原封建文明只能适应而不能征服;产生于游牧地区的统治方式绝不能够移植于中原;要治理农业地区还得使用汉法。因囿于知识和经验,蒙古人要统治中原,不得不借重汉地的人才。在对中原悠久的历史文化逐渐了解的基础上,忽必烈对那些常为士人所称道的圣君名臣不禁怀有向往之情,其中,他尤其把唐太宗奉为崇拜的偶像。有记载说,忽必烈"之在潜邸中,好访前代帝王事迹。闻唐文皇(即唐太宗)为秦王时,广延四方文学之士,讲论治道,喜而慕焉"。于是,忽必烈为了实现自己"大有为于天下"的远大抱负,便以唐太宗招致十八学士为榜样,开始在潜邸设置幕府来广招天下之士。

早在1242年,忽必烈就同到漠北的燕京著名禅学大师海云讨论"治道"。他问海云:"佛法中有安天下之法否?"海云建议他向"大贤硕儒"请教,"问以古今治乱兴亡之事"。接着,忽必烈开始留心延聘人才。1244年,"帝在潜邸,思大有为于天下,延藩府旧臣及四方文学之士,问以治道"。当时,大蒙古国政权正操在窝阔台大汗手中,忽必烈的政治地位不高,招募的主要是藩府旧臣(如燕真、贾居贞、孟速思及董文炳等)和四方文学之士。经海云推荐来幕府的邢台人刘秉忠(即子聪),"于书无所不读","论天下事如指诸掌"。从这时起,他就留在幕府当书记,成为忽必烈身边的得力助手。他代表了幕府中非正统儒学的邢台政治集团势力,日后成为参赞忽必烈立国的著名政治家。由于这时忽必烈尚未当权,招募贤士的目的,主要是集思广益,为未来的改革作准备。正如他自己所说:"我虽未能即行汝言,安知异日不能行之耶?"1251年,忽必烈长兄蒙哥大汗即位,政权转入拖雷系之手,他受命总领漠南汉地军国重事。从这以后,他"开府金莲川,征天下名士而用之"。这里忽必烈多方征求人才,延揽的范围极广,吸收的规模颇大。应征而来的,既有正统儒学集团的人物,如窦默、姚枢、许衡等,他们在潜邸中多处于师儒的地位;也有原属于汉地世侯史天泽、董俊、张柔、严忠济等所网罗的金朝遗士集团,如张德辉、杨果、郝经、王鄂、杨奂、宋子贞、李昶、徐世隆、贾居贞、刘肃等人,他们是一批足智多谋的文士,后来都成为元朝政府的辅佐之臣。此外,还有一些西域人,如其中的廉希宪,汉化较深,是纯粹的儒者,好读书,被忽必烈称之为"廉孟子",他在维护中原文化与助成汉化上所作的努力,与中原学者并无二致。据有的学者统计,忽必烈在潜邸所延揽的人才,从1244年起,到1260年即大汗位止,可考者约有六十余人。

当时,各方优秀人才之所以如潮似涌地流向忽必烈的潜邸金莲

川幕府,忽必烈的潜邸金莲川幕府之所以有如磁石一般的吸引人才,原因有两方面:

一方面,与中原士大夫的政治态度变化有关。四十年的沧桑巨变,使中原各种出身、经历的士大夫感觉到,蒙古作为一个最强大的力量是客观存在的。虽然他们对蒙古落后的统治方式不满意,但当时找不到比它更强大,足以代替它的力量。在金朝灭亡之后,士大夫失去依存,只有寄希望于蒙古统治者中的开明人物,亟欲求一明主,一来发挥所学专长,谋求前程;二来改革现状,拯治汉地,促进蒙古征服者适应中原的封建文明。

另一方面,忽必烈待人有度,礼贤下士,绝没有一般蒙古贵族颐指气使的征服者气焰,甚至比中原明君更礼貌,更亲切。那些在战乱中度过三四十年艰苦岁月的中原士人,骤然蒙其"眷顾",自然竞趋麾下,贡献其所长,以协助他达到恢复汉地秩序,重建中原的理想。当时,忽必烈的祖父成吉思汗和父亲拖雷客死异乡,同族尽歼于蒙古长驱之时的汉族士大夫郝经,便如此明白地表达了他委身于忽必烈的原因和心态:"今主上在潜邸以待天下士,征车络绎,费光丘园,访以治道,期于汤武……以为兵乱四十余年而孰能用士乎?今日能用士而能行中国之道则中国之主也。士于此时而不自用,则吾民将膏吾斧钺,粪土野,其无孑遗矣。"

忽必烈以金莲川幕府为中心,广揽天下人才的同时,一个围绕恢复与重建汉地封建秩序的王霸之业便推行开来,概括其内容有三个方面:

第一,以文治汉地,取得显著成绩。忽必烈治理汉地的事业,始于邢州（今河北邢台）。邢州原为蒙古勋贵的封地，由于他们不谙治理汉地之法，唯事聚敛，民不堪命，原有"民万余户，今日减月削，才五七百户耳"。1251年，在潜邸亲臣、邢州人刘秉忠、张文谦的推动下，忽必烈承制以刘肃、张耕等汉人官吏前往抚循。由于他们一改往日蒙古贵族只知"征求需索"，"不知抚治"的统治方法，以汉法尽心经理，结果，"不期月，户增十倍"。由于邢州大治，忽必烈从此"益重儒士，任之以政"。1253年，蒙哥大汗大封同姓，忽必烈又选择关中作为封地。后来，蒙哥大汗又把怀孟路（今河南沁阳）加赐给他。忽必烈已有抚治邢州的经验，深得用士之道，于是便借助汉族儒士的政治经验和才干，首先在这些地方设置安抚、经略、宣抚三司机构，然后采用"选人以居职，颁俸以养廉，去污以清政，劝农桑以富民"的措施，结果"不及三年"，这些地方"号称大治"。通过对邢州、河南、陕西的治理，忽必烈的声望大大提高，以至汉地"诸路之民"，都像"赤子之求母"那样，盼望着忽必烈前去治理。

第二，远征大理，建立军功。1253年，忽必烈受命远征大理，开辟了前所未有的行军路线。在征服大理的过程中，姚枢劝告忽必烈仿效"宋太祖遣曹彬取南唐不杀一人，市不易肆事"；徐世隆也以孟子"不嗜杀人者能一之"的观念来打动忽必烈："不嗜杀人，天下可定，况蕞尔之西南夷乎？"这些劝导主要是针对成吉思汗伐金初期滥杀百姓的惨剧而发的。他们向忽必烈灌输这样一种思想：招抚不杀可以分化被征服者的抵抗意志，是争取人心，平定四邻，一统天下的强大政治武器。此外，潜邸诸臣中，姚枢、刘秉忠等运筹帷幄，董氏兄弟（文用、文忠）等参赞军务，都有良好的表现。正是在这批潜邸汉臣们的参赞之下,忽必烈终于取得了平定大理,"全军而归"的显赫军功。

第三,与保守派的斗争。1254年,忽必烈远征大理,全胜而归,势力和声望有了新的发展。1256年,忽必烈命刘秉忠在桓州东、滦水北的龙冈建立开平城(今内蒙古正蓝旗上都镇东25公里处),作为经营中原的根据地。由此奠定了他建立元朝,统一中国的基础,在夺取最高权力的道路上又向前迈进了一大步。

忽必烈的作为,违背了蒙古传统的统治方式,触犯了保守的蒙古贵族集团的利益,因而必然招致他们的忌恨和反对。再加之忽必烈功高震主,也使得蒙哥大汗不能不对他有所警惕。这时,蒙哥大汗的亲信阿蓝答儿当国,"惮世祖(忽必烈)英武,谮于宪宗",以阿蓝答儿为中坚的一伙保守派势力,在蒙哥大汗面前告发忽必烈及其幕府人员,罗列了两条罪名:一是"王府得中土心";二是"王府人多擅权为奸利事",偷用大蒙古国库钱财和擅收税赋。1257年,蒙哥大汗解除了忽必烈的兵权,并派遣阿蓝答儿、刘太平等到陕西、河南等地大规模地钩考钱谷,对忽必烈幕府人员进行打击迫害。

这时,忽必烈的处境困难,权衡利弊得失,争位时机不仅尚未成熟,而且自身力量也难以同拥有调动军马粮饷大权的蒙哥大汗直接较量。如果应付不当,很可能被蒙哥大汗逐出政治舞台。还是汉人谋士姚枢为他出谋划策,劝他暂取"委曲求全,韬光养晦"的计谋,先把妻子送回哈剌和林做人质,继而亲自觐见蒙哥大汗,以释疑虑。忽必烈依计而行,于1257年冬与蒙哥大汗相会于"河西"之地,双方达成妥协。蒙哥大汗下令停止钩考,对忽必烈表示宽大;而作为报偿,忽必烈则交出了河南、陕西、邢州的全部权力,撤回派出的藩府人员,撤销设在这些地方的安抚、经略、宣抚三司及其所属机构。至此,忽必烈与蒙哥大汗之间的一场斗争终于结束了。

这以后,忽必烈以脚疾为由,遵旨留在自己的帐殿中。表面上,金莲川幕府受到了沉重打击,但并未因此解体,后来的事实证明,他们反而更加坚定和团结了。忽必烈虽然暂时放弃了在汉地的事业,但他并没有丧失控制中原,大有作为于天下的志气和雄心,正像他对潜邸谋士郝经所说的那样,"时未可也","可行之时,尔自知之"。

1258年,忽必烈终于得到了重掌兵权的机会。原来,蒙哥大汗指挥的大举攻南宋战争,在西线节节胜利,由陕入川,进展顺利;但是在东线,由诸王塔察儿率领的军队,却从襄阳前线无功而还。待时图志的忽必烈,抓住前线用人的时机,遣使到蒙哥大汗处,请求允许他带兵出征。这样,蒙哥大汗便决定分兵给忽必烈,命他代塔察儿率东路军进攻荆、鄂。

忽必烈重掌兵权后,于戊午(1358年)冬十一月,自开平启程,取道河南南下。一路上访贤任能,与幕府谋臣讨论攻南宋方略,进军得失。己未(1259年)七月十二日,行至汝南。八月十五日渡过淮河。在这期间,忽必烈从被俘的南宋前哨口里得知蒙哥大汗死于合州钓鱼山的"凶讣"。由于无法核实消息的真伪,同时更怕这一"谣言"传开动摇军心,忽必烈下令杀掉南宋前哨,继续向南进兵。直到忽必烈挥军进抵长江北岸之阳逻堡(今湖北新洲阳逻堡)时,九月一日,亲王末哥自四川合州钓鱼山遣使来告蒙哥大汗死,并请忽必烈立即班师北返,"以系天下之望"。由此,忽必烈证实蒙哥大汗在前线身亡的"凶讣",摆在他面前的是继续进兵,还是班师北上的重大决策问题。

在这主丧国摇的紧急关头,忽必烈以渡江攻鄂尚未取得成功,宣称:"吾奉命南来,岂可无功遽还",决定继续坚持进兵,督促诸将强渡长江。在渡江成功后,忽必烈又命令部下兵不解甲,乘胜前进,"会兵攻鄂"。

忽必烈这时为什么不立即班师北上,争夺大汗位,而要继续坚持对南宋作战,渡江攻鄂呢?这正是忽必烈基于实力估计上的老谋深算,是他在战略运筹上的高明之处。

因为当时鄂州前线,隶属于忽必烈麾下的军队,实力不算雄厚,它是由怯薛、蒙古军和汉军三部分组成的。忽必烈身边的怯薛军,仅供一个藩王的宿卫,不像大汗身边的怯薛军拥有一万多人;忽必烈麾下的蒙古军,以札刺亦儿部族军为主力,由木华黎的后裔霸突鲁(又作霸都鲁,其妻与忽必烈正妻察必为同母姐妹)率领,虽然忠诚可靠,但力量较弱;忽必烈麾下汉军,主要是由河北、河南、山东的汉人世侯军所组成,而以史天泽为轴心。以这支实力不算太强的军队,与南宋军在鄂州一战尚可对付,而用其在漠北争夺大汗位则显太弱。

除此之外,在鄂州前线还有两支不归忽必烈指挥,但却受命配合他行动的军队:一支是驻在忽必烈附近的塔察儿麾下的蒙古军,它是由五投下和东道蒙古诸王的军队所组成的,有较强的实力。支持塔察儿行动的还有他的妹婿、占领山东益都的汉人世侯李璮。蒙哥大汗死后,塔察儿在时局动荡中暂时保持沉默,在拥戴谁为大汗的问题上举棋不定。他们当时的这种表现,正如郝经所分析的:"塔察儿国王与李行省肱髀相依,在于背胁。"另一支是由大将兀良合台率领的蒙古军。兀良合台是蒙哥大汗怯薛出身的宿将,能征惯战。这次他正率领一支由三千骑兵和一万"蛮军"组成的军队,转战长江南岸,最终任务是要渡江北上,与攻鄂的忽必烈军会合。

忽必烈麾下的蒙古、汉军实力既不足以在漠北争夺大汗位,而匆忙撤军,无异于剥夺了自己的带兵之权。因此,在这种复杂形势面前最明智的选择,莫过于在这段时间内继续攻打鄂州。这样做,起码有三个好处:(1)可以使他在蒙哥大汗死后,继续统兵合法化;(2)可以避免"无功遽还"的结局,如能攻取鄂州,还可在崇尚英雄主义的蒙古人中提高政治声望,以此作为夺取大汗位的政治资本;(3)可以利用在鄂州前线的特殊地位,以攻鄂的行动,使各支蒙古军羁留在自己身边,从而为他争取各支蒙古军的支持,进一步壮大自己实力提供有利的时机。

果然,忽必烈抓住这一攻鄂的有利时机,有针对性地做好了争取拉拢两支不归自己指挥的蒙古军的工作。一是派霸突鲁率舟师赴岳州(今湖南岳阳),专门接应自云南、广西转战北上的兀良合台军。当时,兀良合台在南宋军的截击下,疲困交加,面临绝境,在获悉忽必烈派军前来慰问接应的消息后,全军绝处逢生,感激不尽,决定立即会师鄂州,欣然归附在忽必烈的麾下。二是派遣谋臣廉希宪以赐饮膳为名,说服塔察儿拥戴忽必烈,"争在他人之先"。这时,塔察儿的重臣撒吉思也劝说塔察儿支持忽必烈。在这种情况下,塔察儿终于决定与忽必烈结盟,"慨然应之,允以其身任此事"。

忽必烈指挥蒙古军,从九月初开始围攻鄂州,历三个多月,虽屡破鄂州城东南角,仍无法攻占该城。这种对峙状态,到了十一月,形势开始对忽必烈不利起来。这是因为,一方面,如郝经所说:"盘桓江渚,情见势屈,举天下之兵力不能取一城,则我竭彼盈,又何俟乎?"另一方面,这时不断有消息传来,说阿蓝答儿、浑都海等人正准备谋立阿里不哥为大汗。忽必烈的正妻察必还专门派遣使者"驰至军前密报,请速还"。察必在来信中,使用了蒙古传统的隐语表达方式,告诉忽必烈说:"大鱼的头被砍断了,在小鱼中除了你和阿里不哥以外,还剩谁呢?你回来好不好?"忽必烈从中感到局势的严重性,这才召集群臣计议,开始把班师问题提上议事日程。

但是,要从对南宋作战的战场转移到漠北争夺大汗位的战场上去,并非易事,其间还有许多关系需衔接和处理。郝经为帮助忽必烈处理好班师与夺权之间的关系,提出了五点建议:(1)先命劲兵把截江面,与南宋议和;(2)派轻骑抢先控制燕京,以稳定漠南局势;(3)遣一军迎接蒙哥大汗灵柩,收大汗宝玺;(4)召集诸王会丧哈剌和林,以正大位;(5)差官到蒙古控制下的各大城市,抚慰安辑,示以形势。

郝经提出的这套对策,属于"以退为进,以亡为存"的计谋,其要旨在于帮助忽必烈尽快从对南宋战场上转移,以摆脱其远离蒙古本土的不利地位,使之能较为主动地投入到大汗位的争夺中去。后来的事态发展表明,忽必烈此后班师行动基本上是按郝经提出的计划来布置的。恰逢这时,南宋丞相贾似道再次遣使求和,提出愿以"割江为界,且岁奉银、绢匹两各二十万"为条件,以换取蒙古军班师北撤。为了给南宋军制造压力,以利撤军,忽必烈以"奉命南征,岂能中止",和议大事,"当请于朝"为由,声言要继续进兵临安。而当时,他即率先领轻骑北上,留下霸突鲁继续围鄂。直到闰十一月,留鄂的蒙古、汉军才陆续从前线撤走,而这时忽必烈则已先期抵达燕京。

当忽必烈从鄂州前线北返时,摆在他面前的是一个捉摸不定的局势。郝经在分析形势时,除了指出存在着塔察儿与李璮的"相依"、"背胁"因素外,还有更为险恶的势力:"西域诸胡窥觇关陇,隔绝旭烈兀大王;病民诸奸各持两端,观望所立,莫不觊觎神器,染指垂涎。"闰十一月,忽必烈北返至燕京,正遇上脱里赤被阿里不哥任命为断事官,行尚书省于燕京,接管中原汉地,"号令诸道",大肆"括民兵",征收粮饷。忽必烈严加追问,脱里赤诡称遵"宪宗临终之命"行事。由此,忽必烈察其包藏祸心,并断然解散了脱里赤所集之民。另外,有消息证实,阿蓝答儿这时也在漠北向各千户征集兵员。种种迹象表明,留守漠北的幼弟阿里不哥,正如郝经所推测的,这时已俨然在"行皇帝事矣"。

阿里不哥是蒙哥和忽必烈的同母幼弟。由于蒙哥大汗死于四川战场,未留遗诏指定大汗位继承人。加之诸子尚幼,绝非忽必烈的对手。在蒙哥和忽必烈的同母三弟旭烈兀远在波斯的情况下,蒙古朝廷中的保守势力,遂用阿蓝答儿之计,全力拥立阿里不哥来与忽必烈对抗。阿里不哥虽然资力较浅,且无显著战功,但在政治上、军事上占有优势。他在蒙哥大汗生前即被指定留守蒙古本土,主持大兀鲁思(国家),管理大斡耳朵(官帐),并统帅漠北的蒙古军队。根据幼子继承父亲家业的传统风俗,蒙哥大汗去世后,他是未来推选大汗的忽里台的合法主持人,在新的大汗未产生之前,他拥有暂时监国,即主宰大蒙古国的权力。由于阿里不哥具有这些特殊的地位,所以在蒙哥大汗死后,他理所当然地得到了蒙古诸王、大臣的支持和拥戴。支持他争位的,不仅有蒙哥大汗皇后忽都台,蒙哥大汗之子阿速台、玉龙答失、昔里吉,而且"诸王多附之者"。阿里不哥既被保守派推为拥立对象,保守派自然会鼓动他采取主动步骤争夺大汗位。蒙哥大汗朝臣孛鲁欢与阿蓝答儿,乘机对阿里不哥煽动说:"忽必烈与旭烈兀二人出征去了,合罕(蒙哥)把大兀鲁思托付给了你,你有什么想法?你(难道)要我们像羊一样被割断喉咙吗?"显然,他们已经意识到,在行动上的迟缓,将会葬送保守势力的政治前途和个人生命。于是,他们在劝说阿里不哥下令征兵,作为争夺大汗位准备的同时,又设下除掉忽必烈的计谋:即以举行蒙哥大汗葬礼为名,派脱里赤邀请忽必烈赴会,以便诱使忽必烈及其支持者前来出席,然后迫其就范,或者趁机将他们一网打尽。

在这种形势下,摆在忽必烈面前的选择必然是:要么遵从大蒙古国旧俗,到哈剌和林参加阿里不哥主持召开的忽里台,或者被诸王拥立,或者被抛弃;要么从根本上冲破这一选大汗传统,自行主持召开忽里台,宣布即位。显然,在当时力量对比的形势下,政治上坚持改革而遭孤立的忽必烈,要想通过前一条途径成为大汗位的继承者,简直是不可能的。因此,对他来说,出路只有一条,即果敢地选择后者。

廉希宪是最早劝导忽必烈采取主动对策的关键人物之一。1260年春二月,忽必烈由燕京回到开平,廉希宪便以"天时人事"进言,劝忽必烈抢先即位。他指出,如果让阿里不哥抢先即位,先"正位号",则彼必"以玺书见证",那时将陷"我为后时",一切都会被动。反之,如果抢在阿里不哥之前,"早承大统",这样就可先向天下"颁告德音"。那时,阿里不哥纵有不服,就会落个"叛逆"罪名。基于这一分析,廉希宪力劝忽必烈认识此中"安危逆顺,间不容发"的道理,从而下决心"早定大计"。廉希宪还与商挺一道,向忽必烈秘密进言道:"先发制人,后发人制。天命不敢辞,人情不敢违,事机一失,万巧莫追。"他们显然是在利用阿里不哥未能果敢地"正位号"的短暂时机,企图通过"先发制人"的计谋,使忽必烈由被动变为主动。

忽必烈终于以一个政治家的魄力和胆识,从鄂州前线回到开平城,抢先在1260年三月一日召开诸王、大臣参加的忽里台,登上了大蒙古国第五任大汗的宝座。

参加这次大会的诸王有:西道诸王合丹(窝阔台子)、阿只吉(察合台孙)、只必帖木儿(阔端子)、忽剌忽儿(哈赤温孙)、爪都(别力古台孙)、纳邻合丹(哈赤温孙)等。还有其他功臣、贵戚,如木华黎国王曾孙忽林池、纳陈驸马、帖里垓驸马、孛里突(宿敦子)、亦只里(秃儿赤子)、启昔礼、八答二答剌罕后裔,等等。

1260年三月,阿里不哥从漠北哈剌和林城向各地宗王发出了召开忽里台的通知。他在通知中声称:"旭烈兀、别儿哥(拔都之弟)等宗王已同意举我为大汗,不要听从忽必烈、塔察儿和合丹他们的话,不要服从他们的命令。请速到哈剌和林参加忽里台。"有一个送信的使者在漠南被截获,送到了忽必烈那里。忽必烈对阿里不哥抢夺大汗位已抓住了实据。他认为阿里不哥做得未免太过分,为了大蒙古国,为了生计,他不得不采取必要的行动了。

当时,大蒙古国宗王们已分成两派:在哈剌和林的,要拥立阿里不哥;在开平的,要拥立忽必烈。阿里不哥已采取了行动,要召开忽里台确认他的大汗地位。忽必烈却行动迟缓,不由得使拥戴他的宗王们十分焦急。他们背着忽必烈进行了商讨,要趁阿里不哥主持的忽里台未开之前,抢先宣布拥立忽必烈为大蒙古国大汗。这叫做先占山立旗者为王。他们把商量好的主意告诉了忽必烈身边的汉人谋士。那些长久跟随忽必烈的汉人谋臣也感到形势很严峻,就纷纷劝说忽必烈承续汉统,早日登基称帝,定位正名。赵良弼、张文谦、廉希宪俱以社稷安危间不容发之言相劝,忽必烈听了,只是微笑,不置可否。廉希宪摸不着头脑,一日他找到刘秉忠,问道:"我们连日都劝大王称帝,你平日最得大王信任,大王也最听你的话,你为什么至今不说一句劝进的话?"刘秉忠双手合十,说:"阿弥陀佛,人生诸事皆前生注定,万事皆有因缘,岂可强求?"廉希宪不满地说:"你别跟我故弄玄虚!你说大王应当继承大汗之位是明理的事,他为什么不痛快答应?"刘秉忠眼睛一闭说:"大王不答应的原因,你自当去问大王,来找贫僧问,岂不是走错了门!"廉希宪气得一把抓住刘秉忠的僧袍,不讲理地说:"我就是要问你!人们都急得火燎眉毛似的,你还在这里跟我打哑谜,今天你非得跟我说个明白不可。"刘秉忠挣脱着说:"君子动口不动手,你这个廉孟子怎么也这样野蛮起来。你快松手,我的袍子都要叫你撕破了。"廉希宪松了手,坐在椅子上,大有不听到满意的回答,他就决不离开的架势。

刘秉忠整整袍袖,给廉希宪斟上一碗茶,这才慢条斯理地说:"我看你也是一时糊涂。你想大王登基只是当汉人的皇帝吗?如今蒙古诸王意见分歧,开平的诸王虽有意推大王为大汗,可是竟无一人出头,只在背后鼓动你们出来说话。依我看,如果诸王不明确表达,你们就是再劝说一百次也是白费口舌。"廉希宪拍着巴掌说:"我怎么没有想到!我就去找塔察儿王爷。"刘秉忠叮嘱道:"你可要小心,弄不好就会惹火烧身。"廉希宪抬腿就走,甩给刘秉忠一句话:"谁还管那么许多!"廉希宪从刘秉忠那里出来,正碰上找寻他的一个书吏。那书吏告诉他忽必烈大王急着传唤他,所以他就到刘秉忠书记这里来找他。廉希宪只好先到忽必烈那里去。原来,忽必烈知道塔察儿爱吃熊掌,厨师这一天给忽必烈烹制的熊掌味道十分鲜美,他叫廉希宪专门去送给塔察儿品尝。廉希宪心想这是好差使。他携带着礼盒就到了塔察儿王爷的驻地。

塔察儿见到忽必烈送来的熊掌,十分高兴。虽然他已吃过饭,但还是忍不住又吃了几口。一边吃,一边赞不绝口。廉希宪试探着说:"王爷,我听说近日阿里不哥就要继承大汗之位了,您怎么还不动身去哈剌和林立个拥戴之功啊?"塔察儿把眼一瞪,撂下了正在吃的熊掌,说:"你说这话,真叫人倒胃口。阿里不哥有什么本事,有什么功劳,我凭什么要去拥戴他!忽必烈不比他强得多!"廉希宪马上顺势问:"那您为什么不赶快拥戴忽必烈做大汗呢?"塔察儿说:"我们几个亲王商量过,想再争取旭烈兀、别儿哥几位王爷的支持。让别儿哥出面拥戴最好。"廉希宪着急地说:"他们远在西域,而且听说阿里不哥已先派使者到他们那里去了,如果他们先同意了阿里不哥为大汗,你们还怎么办呢?"塔察儿搔着头皮,望着廉希宪,问:"那你说怎么办?我们也让忽必烈身边的汉臣去试探过,劝忽必烈登基称大汗,可忽必烈不答应。我们又能怎么办!"廉希宪点拨塔察儿道:"那您为什么不亲自去劝说呢?"塔察儿惊讶地说:"我?我没有想过。"廉希宪说:"您不想想忽必烈为什么给您送熊掌来?"塔察儿说:"因为我爱吃熊掌呀。"廉希宪一笑:"王爷,您要知道熊掌和鱼,两者是不可得兼的啊!

您仔细想一想,认准喽,做一个率先拥戴的大臣不好吗?"

廉希宪的点拨还真有作用,转天,塔察儿就到忽必烈那里,借着谢熊掌,就明确劝说忽必烈登基为大汗,刘秉忠、廉希宪、赵良弼等也都在场。起初忽必烈只是笑而不答,直到合丹等诸王及廉希宪等人一再说,机不可失,失不再来,待阿里不哥一旦宣布为大汗,就悔之晚矣,忽必烈才问一直不说话的刘秉忠:"你看如何?"刘秉忠掐指算了一番,说:"大王应遵天意,天命不可违!"廉希宪说:"今日大王若是不从天意,不顺人意,臣就死在大王面前。"塔察儿、合丹诸王也纷纷跪下,以死相请。忽必烈这才起身,严肃地望着众人说:"既然上天降大任于我,众爱卿又这么信得过我,全力支持我,我只得勉力为之。"大家见忽必烈终于答应为大汗了,不禁一起高兴地欢呼起来,当即决定了举行登位大典的日期。由刘秉忠建议,委任王鄂起草即位的诏书。

1260年三月二十四日一大早,在开平城内,塔察儿和合丹率众宗王,刘秉忠和张文谦率众汉臣,皆聚会于忽必烈的开平王府大殿。大家一齐宣誓效忠忽必烈,在大殿上向他行了九叩大礼。于是,从各宗王处选派一百名急使,分赴没有到会的其他宗王府,向全蒙古国宣布忽必烈即位为大蒙古国大汗的消息。当天,为祝贺忽必烈登基,在开平城举行了盛大的庆祝活动。当这一天夜幕降临的时候,人们依旧沉浸在欢乐的醉酒与歌舞之中。留在开平城的阿里不哥的使者脱里赤趁人们不注意,悄悄逃离了他的住所。但是,很快被监视他行动的人发现,报告了忽必烈。忽必烈立刻派人急追。在开平城北边的第一个驿站,就把他抓获了。合丹对脱里赤进行了审讯,脱里赤从头至尾全部供出了他们的计划。其中也说到阿里不哥为大汗后,将对忽必烈进行歼击。于是,忽必烈命令把脱里赤囚禁起来。

据文书记载,在拥戴忽必烈即位过程中,塔察儿大王果然作用非凡。在开平召开的诸王、大臣参加的忽里台之初,诸王、大臣议论并不完全一致。塔察儿大王事先指定王鄂写有拥立忽必烈的文书,由忽必烈宿卫士阿里海牙呈上此文书后,拥戴忽必烈为新大汗才成为与会诸王、大臣的共同决议。

1260年四月四日,忽必烈颁即位诏书于天下,诏书说:

朕惟祖宗肇造区宇,奄有四方,武功迭兴,文治多缺,五十余年于此矣。盖时有先后,事有缓急,天下大业,非一圣一朝所能兼备也。先皇帝即位之初,风飞雷厉,将大有为。忧国爱民之心虽切于己,尊贤使能之道,未得其人。方董夔门之师,遽遗鼎湖之泣,岂期遗恨,竟勿克终。

肆予冲人,渡江之后,盖将深入焉,乃闻国中重以签军之扰,黎民惊骇,若不能一朝居者。予为此惧,驿骑驰归。目前之急虽纾,境外之兵未戢。乃会群议,以集良规。不意宗盟,辄先推戴。左右万里,名王巨臣,不召而来者有之,不谋而同者皆是,咸谓国家之大统不可久旷,神人之重寄不可暂虚。求之今日,太祖嫡孙之中,先皇母弟之列,以贤以长,止予一人。虽在征伐之间,每存仁爱之念,博施济众,实可为天下主。天骥道助顺,人谟与能。祖训传国大典,于是乎在,孰敢不从。朕峻辞固让,至于再三,祈恳益坚,誓以死请。于是俯徇舆情,勉登大宝。自惟寡昧,属时多艰,若涉渊冰,罔知攸济。爰当临御之始,宜新弘远之规。祖述变通,正在今日。务施实德,不尚虚文。虽承平未易遽臻,而饥渴所当先务。呜呼!历数攸归,钦应上天之命；勋亲斯托，敢忘烈祖之规？建极体元，与民更始。朕所不逮，更赖我远近宗族、中外文武，同心协力，献可替否之助也。诞告多方，体予至意！

忽必烈大汗的上述诏书主要包含两层意思：一是述忽必烈自鄂州前线北归的原因和被拥戴为大汗的由来、过程，抨击阿里不哥的签军乱国，阐明忽必烈继承大汗的合理性。二是指出成吉思汗以来"武功迭兴，文治多缺"和蒙哥大汗"尊贤使能之道，未得其人"等缺陷，疾呼"宜新弘远之规"，主张在"祖述变通"的原则下建立一种适合帝国广阔疆域的蒙、汉二元政治文化秩序。

忽必烈的诏书，由著名汉族文士王鄂撰写，是一篇文辞秀丽、言简意赅的大手笔，成文过程中得到了忽必烈的审查与核准。所以，此诏书是忽必烈即大汗位之初，首次对全国臣民的开诚布公的政治表态，大体反映了忽必烈当时的所欲所为和政策走向。

这年四月下旬，阿里不哥在哈剌和林城被立为大蒙古国第五任大汗。参与拥立阿里不哥的诸王有：蒙哥大汗子阿速台、玉龙答失，以及察合台孙阿鲁忽、塔察儿子乃蛮台、只必帖木儿弟也速、合丹子忽鲁迷失和纳臣、斡儿答子合剌察儿等。

这样，大蒙古国前所未有地出现了两位并立的大汗，是拖雷与正妻唆鲁禾帖尼所生的两个儿子：忽必烈和阿里不哥。

忽必烈曾指派一百名急使到阿里不哥等处宣谕："我们这些宗王和异密们商议之后，已一致拥立忽必烈为合罕。"

阿里不哥也分遣使者到各地颁布诏旨，扬言："旭烈兀、别儿哥等宗王已同意并宣布我为合罕，不要听从忽必烈、塔察儿和合丹等人的话，也不要服从他们的命令。"

忽必烈、阿里不哥兄弟二人曾派出许多急使，进行谈判和交涉，均未能达成协议，双方互不相让，结果发生了接连不断的武装冲突，以阿里不哥失败而告终。

第二节　忽必烈与阿里不哥继大汗位之争

1260年三月,忽必烈在开平城召开忽里台(贵族大会),继位为大蒙古国第五任大汗。四月,阿里不哥在漠北哈剌和林城召开忽里台,继位为大蒙古国第五任大汗。这样,大蒙古国出现了两位大汗,一南一北,形成了在漠北和漠南两军对峙局面,长达四年(1260—1264年)之久。

忽必烈、阿里不哥同是拖雷与正妻唆鲁禾帖尼所生的儿子,都有资格竞选大汗。他们二人先后即位后,曾派急使进行谈判和交涉。忽必烈还派出儒释皆通的畏兀儿人安藏,北上漠北"调护"幼弟阿里不哥,使其不要争大汗位。后因阿里不哥方面敌意彰明,才急遣近侍追回。双方互不相让,未能达成协议,只能诉诸武力。

这样,首次以两个并立的大汗,把大蒙古国划分为两个营垒,首次表现为兄弟操戈和大规模的、延续四年(1260—1264年)之久的军事冲突。这一场蒙古王室内部的大汗位争夺战,是新形势下统治集团内革新与守旧等不同政治倾向的斗争。这场斗争的胜败,关系到忽必烈的政治生涯和大蒙古国的前途命运。

当时,忽必烈和阿里不哥两大营垒间的军事、政治、经济等方面的实力对比是:

军事方面,阿里不哥掌握着漠北大部分蒙古千户军队。他以大汗和拖雷家族"灶主"的双重身份,统辖着上述军队。同时,阿里不哥还统辖和支配浑都海驻六盘山的四万骑兵和散处在秦、蜀的原随从蒙哥南征的军队。

忽必烈管辖的军队主要限于漠南,包括忽必烈进攻鄂州所率领的东路军,以及汉地世侯诸万户的军队。忽必烈和他管辖军队的统辖关系,主要是基于总领漠南军国重事和复出后总兵攻鄂州而建立和维系的。

阿里不哥在所拥有的军事力量方面,略占优势。忽必烈可支配的军队的数量,抑或统辖关系的牢固性,比起阿里不哥都要逊色一些。

政治上,忽必烈和阿里不哥虽然都是成吉思汗嫡孙,蒙哥大汗的母弟,都是经过忽里台推选拥戴而登大汗位的,但阿里不哥曾奉命留守国都哈剌和林,主持大蒙古国国政,蒙哥大汗诸子和原汗廷大臣都站在他一边,其主持的忽里台在哈剌和林附近举行,参与拥戴阿里不哥的蒙古宗王数量居多。依照蒙古人服从拥护"嗣承成吉思汗宝位,领有他在蒙古的世代继承下来的土地的那个人"的习俗,阿里不哥继承大汗位似乎更合理些,更能得到蒙古臣民政治上的认可和拥戴。

忽必烈则前不久遭到蒙哥大汗的贬斥,在漠北的政治基础薄弱。他之所以不愿返回漠北而在开平举行忽里台,也与这个背景有关。

同时,忽必烈自总领漠南以来,顺应被征服地区统治政策亟待调整的形势需要,主动搜罗汉地地主阶级和士大夫,吸收汉文化,在邢州、京兆、河南尝试以汉法治汉地,"中土诸侯民庶翕然归心"。可以说,忽必烈在汉地树立了良好的政治基础。阿里不哥的汉地政策与蒙哥大汗的"蒙古中心"倾向没有什么差别,近期对汉地的括兵又造成较大的骚扰。郝经说,阿里不哥"以次则幼,以事则逆,以众则寡,以地则偏,兵食不足,素无人望"。这大体反映汉地官民对阿里不哥的不满和政治上的较低评价。

经济上,自忽必烈总领漠南军国庶事,较长时间控制了漠南广阔的农耕区域,"奄有中夏,兵辅辽右、白霄、乐浪、玄菟、秽貊、朝鲜,面左燕、云、常、代,控引西夏、秦陇、吐蕃、云南","倍丰于金源,五倍于契丹"。诚然,忽必烈唯领军事,除邢州、京兆、河南一度能全面治理外,基本不能过问财赋。忽必烈在开平即大蒙古国大汗位以后,自然对上述地区的财赋有了最高的节制权。在与阿里不哥作战中,忽必烈频繁从中原汉地征调粮食、马匹、皮帽、裘等军需物资,"经画馈运,相继不绝"。这足见忽必烈掌握了漠南雄厚的财力和物力。

阿里不哥以漠北及吉利吉思为根据地,"地穷荒徼,阴寒少水,草薄土瘠,大抵皆沙石地"。一旦离开漠南,粮食军需难以筹集。后来,只得求助于察合台领地。

综上所述,两相比较,忽必烈在经济上占有明显的优势,阿里不哥在军事力量上占优势,政治上则双方各有所长,难分高低。两大营垒在客观条件上各有优劣,旗鼓相当,都有取胜的可能,也都有败北的危险,就看双方谁能利用个人和群臣的智慧,扬长避短,扩大优势,把握机会。

问题的关键是,在个人军事才能方面,忽必烈比阿里不哥要成熟、干练、高明得多。忽必烈从远征大理,到渡江攻鄂州,也算是统率千军万马,攻城略地,身经百战。而阿里不哥多数时间居处漠北,未见参加什么大的用兵征战。兄弟二人的军事阅历,实在相差太远了。

忽必烈在与阿里不哥的作战中,制定了一套正确的战略战术,那就是以漠北为主,秦陇为辅,两战场南北配合,集中优势兵力,主动出击漠北,确保蒙古本土作战胜利。

❖ 秦陇之战

秦陇之战是在中统元年(1260年)五月开始,九月结束的。那里,战争的激烈程度,并未因为是次要战场而有减缓。

当时,忽必烈手中的兵力有限,未向秦陇地区增派多少兵力,只是在即大蒙古国大汗位伊始的四月初,任命八春、廉希宪、商挺为陕西、四川等路宣抚使,赵良弼为参议。

廉希宪、商挺和赵良弼原先都是忽必烈藩邸京兆宣抚司官员。忽必烈派这三人去关中,目的是要他们利用昔日对秦陇军政官员的统属关系,就地组织兵马,与阿里不哥方面较量。商挺说的"西师可军便地",就是这个意思。

廉希宪、商挺及赵良弼是五月三日驰驿抵达京兆府的。两日前,阿里不哥派的行尚书省官刘太平、霍鲁怀已抢先入城。刘太平数年前曾是钩考京兆的干将,他的到来给秦陇吏民带来了一定的恐慌。

廉希宪等首先大力宣传新大汗忽必烈即位的相关诏旨,以阐明更始大势,安定人心。另外,还派使者到浑都海六盘山军中宣谕安抚。

十余日后,得悉使者已被浑都海所杀。廉希宪意识到,浑都海的六盘山军马已明确倒向阿里不哥方面,情势十分严重。于是,召集僚属曰:"上新即位,责任吾等,正在今日。不早为之计,殆将无及。"然后果断命令万户刘黑马逮捕刘太平和霍鲁怀,将刘、霍二人绞死于狱中。

廉希宪又派刘黑马、巩昌总帅汪惟正乘驿分赴四川,诛成都军将密里火者和青城军将乞台不花,就地接管川蜀蒙古军团。当时,刘黑马是矫称忽必烈圣旨,杀掉了密里火者。汪惟正命令力士绑缚乞台不花,然后杀之。事后,忽必烈予以全力支持,诏川蜀军事由刘黑马、汪惟正等节制。

廉希宪等人的下一个目标,就是对付六盘山浑都海军了。商挺与廉希宪曾议论过浑都海军可能选择的上、中、下三条出路:乘虚直捣京兆,为上;恃财聚兵坐观,为中;重装北归和林,为下。还正确判断其必选北归和林的第三条路。

针对上述情况,廉希宪等便宜征集川蜀轮换兵卒及在家余丁四千人,由八春统率,抵御浑都海军,以防其东犯。又授予汪良臣金虎符、银印及白银一万五千两,命令他征调巩昌、秦州、平凉等二十四城诸军,以作为关中另一支可支配的武装力量。

浑都海率所部军离开六盘山后,西渡黄河,直趋甘州。阿蓝答儿自和林率军南下接应,遂与浑都海军会合。阿蓝答儿、浑都海遂合军东攻西凉州只必帖木儿大王领地。

八春、汪良臣二军奉命西去御敌,与浑都海军相持两月,未见分晓。

九月,合丹大王及哈必赤、阿曷马等率骑兵参战,会同八春、汪良臣部,与阿蓝答儿、浑都海在甘州东山丹附近的耀碑谷展开决战。陇州蒙古军将领按竺迩也率所部助战。

忽必烈命令全军由合丹统一号令指挥,分三路以迎敌,合丹列阵于北,八春列阵于南,汪良臣列阵于中。时值大风吹沙,天色阴晦,汪良臣命令军士下马,用短兵器突然袭击敌军左翼,绕出阵后,又击溃敌军右翼。八春直捣敌军前部,合丹指挥精锐骑兵截击敌军归路。最终大败敌军,斩阿蓝答儿和浑都海,杀伤俘虏不计其数。只有部分残余军士逃回吉利吉思阿里不哥麾下。

为了震慑敌人,稳定局势,廉希宪还命令将阿蓝答儿、浑都海枭首,于京兆示众三日。秦陇之战以忽必烈方面的胜利而告终。

忽必烈任用少数几个宣抚使等官员,相机行事,就地临时组织调集秦蜀军队,竟能打败阿蓝答儿、浑都海的数万重兵,除了对秦陇局势正确无误的判断外,还得益于忽必烈善于选用人才和用人不疑。廉希宪、商挺、赵良弼三人,不仅原来任职于忽必烈藩邸京兆宣抚司,对秦蜀军政界很熟悉,而且个个足智多谋,敢于独当一面。窝阔台之子合丹是参与拥戴忽必烈的西道诸王领袖。忽必烈在耀碑谷决战前夕委任合丹为全军统帅,威望高,能服众,对阿蓝答儿、浑都海辈也有一定的威慑力,人尽其才,非常称职,可谓极一时之选。

当时情况是,廉希宪、商挺及赵良弼抵达京兆府后,对秦陇局势进行了全面分析,处置了阿蓝答儿、浑都海。事后,廉希宪等曾遣使自劾擅杀刘太平,擅自征调军队,擅自委命军帅汪良臣等罪。忽必烈不但没有责怪追究,反而降诏赞誉道:"朕重卿以方面之权,事当从宜,毋拘常制,坐失事机。"事后又对廉希宪、商挺说:"大丈夫事也。""当时之言,天知之,朕知之,卿果何罪。……卿等古名将也,临机制变,不遗朕忧。"

正因为忽必烈不乏权变务实和豁达胸怀,能做到用人不疑和疑人不用,臣下就愿意为他立奇功,效死命了。

❖ 昔木土之战

忽必烈的战略战术是:不被动防守,不坐待阿里不哥南下进攻漠南开平,而是主动出击,反客为主,把仗打到漠北昔木土去。这样,忽必烈就能以成吉思汗嫡孙和拖雷诸子的兄长身份,名正言顺地去逐鹿漠北草原,去夺回漠北的控制权,去战胜阿里不哥,证明自己是合乎大蒙古国传统的大汗。

当时,阿里不哥手中的王牌,即占有漠北。忽必烈深知,自己的缺陷又恰恰是远离蒙古本土漠北,在他与阿里不哥的军事较量中,漠北的争夺是最主要、最迫切的。所以,忽必烈一开始就把漠北确定为主战场,并主动出击,打败阿里不哥。

于是,忽必烈从中统元年(1260年)夏季开始,积极备战,调兵遣将,筹措军需粮草,集中蒙古军和汉军主力,为决战漠北做好了各方面的准备工作。

忽必烈接受商挺等"南师可还备选"的建议,派遣史天泽为急使,向留戍长江北岸的霸突鲁和兀良合台下达命令:"立即从鄂州撤围回来,因为人生的变化犹如命运的旋转。"于是,这支军队奉命迅速返回忽必烈身旁,成为后来漠北用兵的主力之一。

五月,忽必烈命令平阳、京兆两路宣抚司签兵七千名,由万户郑鼎、昔剌忙古带率领,防守延安等处隘口;又征调诸路兵三万,驻守燕京近地。六月,还以诏书调集东平路严忠济等一万五千精兵赴开平。

这样,相当多的汉世侯地主武装和新签起的兵丁,都被征发集中到长城一线,随时由忽必烈调遣。此时,忽必烈用于进攻漠北和防守燕京的军队,再加上塔察儿、也孙哥等诸王的军队,总数可达十五万以上。

忽必烈筹集调用的军需,也是种类各异,数量甚多。如五月,命令各路购买马一万匹,输送开平。六月,又命令燕京、西京、北京三路宣抚司运米十万石,送至开平、抚州、沙井、净州、鱼儿泺等处,以备军储。还命令十路宣抚司造战袄、裘、帽等各一万,亦送至开平。曾随忽必烈南征的燕京行台官月合乃,罄其家资,市马五百匹献上。忽必烈大为赞赏,特意颁赐写有"后当偿汝也"的券书。这一切都是大规模军事行动所不可缺少的军需物资准备。

忽必烈在调集兵马粮草过程中,他的宿卫士也相机便宜行事,建立奇功,发挥了意想不到的作用。如原藩邸必阇赤长昔班,奉命以户部尚书、宗王府札鲁忽赤督粮于黄河以西的宁夏一带,返回途经大同北部,得悉万户阿失铁木儿等正在简选士卒,追随阿里不哥,昔班立即矫称制书召其军赴忽必烈麾下。阿失铁木儿狐疑不决,昔班规劝说:"皇帝兄也,阿里不哥弟也。从兄顺事也,又何疑焉。"阿失铁木儿请示当夜商议,翌日答复。第二天,果然表示愿意听从忽必烈的号令。于是,昔班率领其军马归附了忽必烈。忽必烈见此情景,喜出望外,不禁赞叹道:"战阵之间,得一夫之助,犹为有济。昔班以两万军至,其功岂少哉!"昔班之所以能够建此奇功,得益于忽必烈与宿卫近侍间牢固的信赖、效忠关系,还得益于忽必烈通常允许部下灵活机动地处理突发事件。如果没有后一条,昔班岂不要顾忌因"矫制"而获罪。

七月，忽必烈决定亲自统军征讨阿里不哥。秋冬之交，忽必烈率大军进攻哈剌和林，东道诸王移相哥和纳邻合丹奉命充当忽必烈的先锋。阿里不哥派旭烈兀长子主木忽儿和斡儿答子合剌察儿率军与忽必烈方面作战。双方在巴昔乞地区相遇交战，阿里不哥的军队被击溃，主木忽儿和合剌察儿携少数残兵逃窜。

哈剌和林城所用粮食，通常是用大车从汉地长途运输。这次战争之后，忽必烈下令封锁了粮食运输，哈剌和林城便发生了大饥荒，物价飞涨。阿里不哥陷入了绝境。这时，阿里不哥获悉主木忽儿和合剌察儿战败，仓皇逃出哈剌和林，退到吉利吉思地区。

阿里不哥逃出哈剌和林后，害怕忽必烈的军队赶来追剿。于是，派急使请求忽必烈的宽恕，说道："我们这些弟弟们有罪，他们是出于无知而犯罪的，你是我的兄长，可以对此加以审判，无论你吩咐我到什么地方，我都会去，决不违背兄长的命令。我养壮了牲畜就来见你。"忽必烈听罢，高兴地说："浪子们现在回头了，清醒过来，聪明起来，回心转意了，他们承认了自己的过错了。"年底，忽必烈命令移相哥率十万军队留守哈剌和林，自己南返驻冬于燕京近郊。

但是，阿里不哥没有遵守诺言。翌年夏秋时节，当他把马群喂养肥壮后，就再次出兵攻打忽必烈。在接近驻扎在边境的移相哥的军队时，阿里不哥派去急使诈言："我是投降的。"移相哥信以为真，放松了警觉，竟遭到阿里不哥的突然袭击，被打败溃散。阿里不哥重新收复哈剌和林，而且穿过草原南下，直趋忽必烈的开平之地。

忽必烈感到情况紧急，一面调集汉地七万户张柔、邸浃、王文干、解诚、张荣实、严忠嗣、张宏所部军及平章塔察儿所率一万军队等随驾北上,一面命令塔察儿、旭烈兀(按只吉台子)、纳邻合丹和驸马纳陈、帖里垓等五投下将领各率军队充当先锋,迎战阿里不哥的军队。

十一月,忽必烈率大军与阿里不哥在昔木土脑儿遭遇,展开激烈的决战。诸王合丹与兀鲁、忙兀居右,诸王塔察儿及太丑台居左,哈必赤将中军。诸王纳邻合丹等斩杀阿里不哥部将合丹火儿赤及其兵三千人,阿里不哥麾下的斡亦剌部军被击败。塔察儿、哈必赤等又分兵奋击,大破敌军,追击五十余里。忽必烈亲率诸军继续进攻,线真奉命领右军,史天泽率领左军。在忽必烈强有力的攻势下,阿里不哥部将阿脱等投降,阿里不哥率其余部向北逃窜。

这时,忽必烈说:"不要追他们,他们都是些不懂事的孩子,应当使他们明白过来,后悔自己的行为。"

昔木土大战,不仅击败了阿里不哥对漠南的进犯,而且歼灭了他的部分精锐,使之元气大伤。从此,阿里不哥再也没有力量对忽必烈发动大规模的进攻了。

耶律铸颂扬昔木土决战时,赋诗《昔木土》:

辟易天威与胜风,一场摧折尽奇锋。

西北龙荒三万里,并随驱策入提封。

耶律铸系耶律楚材子,曾领侍卫骁果从蒙哥大汗征蜀。阿里不哥称大汗于漠北后,耶律铸"弃妻子,挺身自朔方来归"。他对忽必烈战胜阿里不哥,对"大统会归中统",应该是感触良多,刻骨铭心的。

昔木土之战后,忽必烈并没有放松警惕。十一月十五日,他亲自宣谕于燕京的中书省官员:"前时,阿里不哥败于昔木土脑儿,退散。今闻北方雪大,却复回此。虽未必来,然须准备。据随路不问是何人等,马匹尽令见数。若堪中骑坐者,每五匹价银一锭和买。"忽必烈在政治上、军事上的判断能力,是很正确和明智的。

阿里不哥失去来自汉地的物质供给后,曾委任察合台孙阿鲁忽为察合台封国君主。通过他从察合台领地获取大量牲畜、粮食和器械。后来,双方因物资归属发生冲突,阿鲁忽不愿受阿里不哥的勒索,转而归顺忽必烈。阿里不哥闻讯大怒,派兵攻打阿鲁忽,一度占领察合台领地。这时的阿里不哥,经常宴饮作乐,肆意杀戮当地的军民,引起麾下许多蒙古那颜的不满。他们说:"阿里不哥如此残酷地糟蹋成吉思汗征集起来的蒙古军队,我们怎能不感到愤怒呢?"阿里不哥开始众叛亲离,尤其是蒙哥大汗之子玉龙答失偕同一些千夫长离他而去,归附忽必烈。玉龙答失临行时,还向阿里不哥索回了蒙哥大汗的一颗大玉玺。这样,阿里不哥走上了穷途末路。

忽必烈对率先归附的蒙哥大汗幼子玉龙答失很是赞赏,特意赐予印章,又以蒙哥大汗位下猎户赏赐他。同时,还封卫州的汲县、新乡、苏门、获嘉、胙城五县为玉龙答失在中原的食邑分地,立总管府,列河朔一路,以分化瓦解阿里不哥阵营。

忽必烈与阿里不哥的战争,由于双方政权在经济、社会基础与政治路线上已各有不同,因而其性质已超出旧有的成吉思汗黄金家族间单纯的大汗位争夺。忽必烈对阿里不哥的胜利,使他得以摆脱蒙古贵族守旧势力的牵制,放手"变通"祖制,采行"汉法"。从这个意义上说,它是革新派对守旧派的胜利,是具有进步作用的。

第三节　阿里不哥投降忽必烈

忽必烈与阿里不哥之间,为争夺大蒙古国第五任大汗位,进行了长达四年之久的战争,最后,于1264年七月,以阿里不哥向忽必烈归降而宣告结束。

1264年七月,阿里不哥带领随行人员,从漠北草原来到漠南开平城,向忽必烈表示归降。同年八月,忽必烈宣布将大蒙古国的"中统"年号改为"至元"。这标志着,忽必烈打败阿里不哥后,大蒙古国进入了新的发展阶段。

阿里不哥一行人员到开平城之前,忽必烈降旨聚集了军队,命令阿里不哥按照草原上有罪人请罪的习惯,必须披着大帐的门帘入帐觐见。起初,仅允许他站在必阇赤侍从所坐的座位。后来,经过塔察儿的请求,忽必烈才批准阿里不哥与宗王们同坐,并一起宴饮。

忽必烈望着这位在疆场上与自己操戈相向的同胞幼弟,昔日的怨恨与家族荣誉、骨肉之情交织在一起,难过地流下了眼泪。忽必烈擦去眼泪,打破沉默,问阿里不哥:"我亲爱的弟弟,在这场纷争中,谁对了呢?是我们还是你们呢?"阿里不哥回答:"当时是我们,现在是你们。"从语气看来,阿里不哥仍然是有保留地归降,对自己在漠北称大汗一事并不认错。接着,忽必烈命令宗王塔察儿、移相哥、纳邻合丹、忽剌忽儿、只必帖木儿、爪都及其他蒙汉官员们,一起审讯阿里不哥。一致决定:鉴于都是成吉思汗的子孙,宽恕阿里不哥,赐他以自由。1266年秋,阿里不哥在漠北病逝,时年46岁。

关于对阿里不哥的处理办法,忽必烈专门向母弟旭烈兀及察合台封国君主阿鲁忽、术赤封国君主别儿哥遣使,说明情况并征求意见。旭烈兀曾遣使指责:阿里不哥披门帘入帐觐见的做法,令宗亲蒙受耻辱。忽必烈欣然接受,承认自己做得有失礼节。

第二天,阿里不哥麾下的那颜们,受到更为严厉的审讯。

忽必烈曾降旨质问这些受审的那颜:"在蒙哥合罕之世,当时的异密们连想也没有想违抗他,也不曾有过大的叛乱。人们知道,只要他们稍想有所反抗,就受到怎样的惩处。你们引起了这一切纠纷,在一切人之中散播了这样的骚动和叛乱,毁灭了这么多宗王、异密和军队,你们该当何罪?"孛鲁欢、阿蓝答儿等教唆挑拨作乱的罪行得到追查。

这时,被拘捕问罪的阿里不哥党羽那颜多达千余人,究竟如何处置,忽必烈犹豫不决。于是,询问参与审讯的怯薛官、木华黎后裔安童说:"朕欲尽置此属死地,何如?"安童回答:"人各为其主,陛下甫定大难,而以私憾杀人,将何以怀未附。"忽必烈喜纳其策,最后,只将其中的忽察、秃满、阿里察、脱火思等十名那颜处死。其余九百余人,回到漠北生活。

1264年八月,忽必烈特意将中统五年改为至元元年,以示否往泰来和鼎新革故之义。同时,庆祝幼弟阿里不哥归顺和大蒙古国的统一。

当时,耶律铸为忽必烈立足漠南和北征阿里不哥的胜利写了一首诗:

闻说天兵下八埏,自临华夏益精妍。

龙拏虎掷三千国,岳镇渊渟五十年。

应欲昭章新日月,更为弹压旧山川。

可怜棘霸皆儿戏,不似神微计万全。

忽必烈击败幼弟阿里不哥,并非轻而易举。它是在双方旗鼓相当,各有优势,特别是军事力量稍弱和起初比较被动的情况下,依靠忽必烈与漠南蒙古诸王那颜的联盟,依靠忽必烈与汉族地主阶级的政治联合,依靠漠南汉地雄厚的人力物力支持,才赢得这场大汗位争夺的胜利。其间也锻炼并显示了忽必烈个人高超的政治谋略和军事才能。无论是在政治还是军事方面,忽必烈都比幼弟阿里不哥高出很多。

忽必烈南归漠南驻地后,阿里不哥以许降突然袭击移相哥军营,并重新占领哈剌和林城后,忽必烈在漠南迅速调集军队,在昔木土会战中歼灭了阿里不哥的精锐,取得了胜利。昔木土之战的胜利,除了忽必烈果断决策和二次亲征外,调用漠南汉地的人力财力,应是忽必烈手中的一张"王牌"。有了这张"王牌",忽必烈就可以连续持久作战,不断打击敌人,直至最后胜利。这一点,在后来对付海都等叛王的作战中,始终是元朝方面长期发挥效用的"王牌"和优势。

忽必烈战胜幼弟阿里不哥,结束了四年之久的同室操戈和两大汗并立,维护了大蒙古国的统一。由于忽必烈的胜利,蒙古贵族统治集团中的革新派占据了主导地位,忽必烈建立的元朝走上了以汉法治汉地、蒙汉政治文化二元结构的道路。

忽必烈平定叛乱,抵制叛乱,抵制分裂,创立了元朝,为统一中国奠定了基础。

第三章 忽必烈建立元朝

第一节 忽必烈改大蒙古国号为大元

至元八年(1271年)十一月,忽必烈改"大蒙古"国号为"大元",宣告正式建立大元帝国。

1260年五月,忽必烈宣布建元"中统"年号,采用中国传统的王朝年号纪年。他在建元诏中说:"建元表岁,示人君万世之传;纪时书王,见天下一家之义。"

1263年五月,升开平府为上都,即大蒙古国国都,改燕京为中都。

1264年八月,阿里不哥归降后,忽必烈改"中统"年号为"至元"。

1266年,在燕京设立太庙,祭祀祖宗。

1270年制定朝仪,采纳中原的礼仪制度。将大蒙古国国都从哈剌和林城迁至开平城。

1271年十一月,忽必烈在进攻南宋不断取得胜利的形势下,下令改"大蒙古"国号为"大元"。新国号取《易经》"大哉乾元"的意义,表示国家的极其广大。

1272年,中都新宫建成,改为大都,即大蒙古国国都。此后,上都城则成为元朝的陪都、夏都,哈剌和林城则下降为地方机构宣慰司的治所。

1260年五月,忽必烈在建国号诏中宣称:

"诞膺景命,奄四海以宅尊;必有美名,绍百王而纪统。肇从隆古,匪独我家。且唐之为言荡也,尧以之而著称;虞之为言乐也,舜因之而作号。驯至禹兴而汤造,互名夏大以殷中。世降以还,事殊非古。虽乘时而有国,不以利而制称。为秦为汉者,著从初起之地名;曰隋曰唐者,因即所封之爵邑。是皆徇百姓见闻之狃习,要一时经制之权宜,概以至公,不无少贬。

"我太祖圣武皇帝,握乾符而起朔土,以神武而膺帝国,四震天声,大恢土宇,舆图之广,历古所无。顷者,耆宿诣庭,奏章申请,谓既成于大业,宜早定于鸿名。在古制以当然,于朕心乎何有?可建国号曰'大元',盖取《易经》'乾元'之义。"(《元史》卷七《世祖纪》四)。

这份诏书是说明元朝政权性质的非常重要的文件。它明确地把忽必烈所建立的元朝看作是中国历代封建王朝的继承,尧舜禹汤、秦汉隋唐的继续,所谓"绍百王而纪统"即是。它又把从元太祖成吉思汗到忽必烈自己的统一事业看作是"历古所无"的"大业",这些业绩是古代任何一个君主无法比拟的,因而用"蒙古"这个民族的名称已经不足以表示新王朝的含义,"昔之为有国者,或以所起之地,或因所受之封,为不足法也,故谓之'元'焉。元谓之大也,大不足以尽之,而谓之元者,大之至"(《元史》卷七《世祖纪》四)。因此,"大元"国号的建立是中国大统一的重要标志。

元朝的建号不仅使忽必烈推行"汉法"更加坚定不移,而且也为忽必烈统一中国减少了民族隔阂的阻力。使蒙古政权逐步改造为采用中原地区固有统治方式的封建政权,这是有很多阻力的。忽必烈平定阿里不哥的叛乱,不理会西北藩王的指责,击败海都叛乱,都是对这种阻力的清除;镇压李璮之叛,则避免了北方地区的再一次分裂,巩固了蒙古统治者和北方汉地地主的联合。这些,都为忽必烈按照中原地区的封建王朝的标准建立一个新王朝——元朝奠定了基础。

忽必烈对南宋发动的战争,不再是成吉思汗初起时那种血肉复仇战争和"各分地土,共享富贵"的掠夺性民族战争了,而是成为中国封建统一战争。

忽必烈在建立元朝过程中,政治中心逐步南移。

1264年七月,阿里不哥向忽必烈表示归顺后,他将开平称为上都,燕京为中都;1267年,他在中都之东北重建新城,并迁都于此。1272年,他将中都改称为大都,从此,大都(今北京)真正成为中国各民族的政治中心。

蒙古灭亡金朝后,经过长达44年(1232—1276年)的蒙古与宋朝的战争,终于由忽必烈最后完成了中国的统一。实现中国统一,这是全国各族人民的共同愿望。但是,作为中华民族的主体汉族,当时没有一个强有力的政权,腐败无能的南宋统治集团根本不可能担负起统一中国这一历史任务。忽必烈作为蒙汉各族地主阶级的总代表,在政治上主张改革,抛弃蒙古旧制,坚持统一,是比较有力量、有生气的。实现国家的统一,这是历史前进的需要。历史的发展证明,由元代宋是历史的进步,而不是历史的倒退。

元朝的统一过程中存在着各种错综复杂的现象,必须用马克思主义的观点辩证地加以说明。元朝的大统一虽然是蒙古贵族通过军事征服来完成的,但是,它在中国历史上仍然具有重大的意义。

元朝的大统一,使中国历史上较长时期的分裂割据局面结束了,并为元朝以后的历史发展奠定了基础。

自从唐末藩镇割据以来,中国先后出现了五代十国的分裂,辽、宋和金、宋的对峙,西夏、蒙古、高昌、哈剌汗朝、西辽、大理、吐蕃等民族政权的并存,这种分裂局面达三四百年之久。这种状况是不符合历史发展需要和各族人民要求统一的愿望的,也严重地阻碍了我国多民族国家的继续发展。到了忽必烈统治时期,各地分裂政权先后被强有力的中央集权的元朝所消灭,这是与当时全国各族人民联系日益紧密的客观趋势相适应的。元朝的疆域"北逾阴山,西极流沙,东尽辽左,南越海表"(《元史》卷五八《地理志》一),为祖国今天辽阔的版图奠定了基础。元朝的中央集权制度十分巩固,中央与地方,中原与边疆地区的联系非常密切,这就使祖国统一的历史发展主流在后来元、明、清六百多年起了主导作用。

元朝的统一促进了国内各族人民之间经济、文化的交流和边疆地区的开发,进一步促进了我国统一的多民族国家的巩固和发展。

我国是一个多民族国家,中华民族的发展,祖国悠久的历史和灿烂文化的创造,都是各族人民共同奋斗的结果。毛泽东同志在《论十大关系》中说:"各个少数民族对中国的历史都作过贡献。汉族人口多,也是长时期内许多民族混血形成的。"元朝的统一,为各族人民之间更大规模的融合提供了有利的环境,使他们在共同的反抗阶级压迫和民族压迫、共同的生产斗争中,进一步密切了原有的政治、经济和文化的联系。

元朝时,由于在全国范围内打破了此疆彼界,居住在北方的契丹人、女真人与汉族的融合进一步得到加强,不少蒙古人和色目人(包括畏兀儿和西域各部人),由于留居中原地区,生活、风俗习惯,有的甚至连姓名也与汉人相同,还出现了一批用汉文从事著作的文学家、艺术家、科学家;许多著名的汉文著作被译成少数民族文字,少数民族的著作也被介绍到内地来;徙往蒙古、河西、云南、东北等地的汉族军民,带去了先进的生产工具和生产技术,对于祖国边疆的开发,作出了巨大的贡献;少数民族的许多生产技术,如蒙古族的织造地毯技术,畏兀儿族的丝织术、酿酒术,藏族的建筑艺术,都传到了内地,促进和提高了中原地区这些行业的技术水平。

元朝的统一,加强了中外科技交流。在11—13世纪时,中国和西亚、北非伊斯兰国家是两个伟大的文明中心,而且这些伊斯兰国家又是沟通中国与欧洲的中继站。元代时,在这个方面上的科技交流是十分重要的。

中国发明的火药和烟火,在13世纪中叶已经传入伊斯兰国家。旭烈兀西征时带有中国的抛石机手和火炮手,火器在西亚第一次显示强大的威力。1258年,旭烈兀攻克巴格达以后,伊利汗国和埃及马木留克王朝长期对峙,后者为了能与蒙古军队抗衡,便悉心从蒙古俘虏那里学会了制作和使用火器的技术。当时,阿拉伯人已经懂得硝是火器中所用火药的基本成分。他们有了两种火器:一种叫"契丹火枪",是短兵相接时用的;一种叫"契丹火炮",是远距离发射的,甚至可以在水战时攻击敌船。这个"契丹",从辽代以来中亚、西亚诸民族用以指称中国北部,元代时指称整个中国。"契丹火焰"和"契丹火炮",也就是中国式的火炮、火箭之类。13世纪末14世纪初,阿拉伯人进一步把中国的"火筒"和"突火枪"发展成了两种"马达发"(阿拉伯语,意为"火器")。他们又在同欧洲的基督教国家进行战争时,把火器转而传到了欧洲。欧洲人是在14世纪20年代才学会制造火药和运用火攻的。又过了二十年,他们才有了管形火器。

当旭烈兀西征时,在波斯剌夷城住着一位大学者,叫纳昔剌丁·徒昔(1201—1274年)。蒙古汗闻其盛名,要旭烈兀得到他时把他送往汗廷。1256年,旭烈兀在攻占剌夷城时果真得到了纳昔剌丁·徒昔,不过没有遣送他东行,而是把他留在自己身边了。旭烈兀在攻下巴格达以后,常驻帖必力思城南的马拉盖。1258—1259年,在旭烈兀的支持下,纳昔剌丁·徒昔在马拉盖建立了一所规模巨大的天文台。有一些精通天文历算的中国学者,对于阿拉伯天文学是有所了解的,早在成吉思汗西征时,随征的耶律楚材就研究过西域历法。1260—1264年,忽必烈在开平设有西域星历之司。1267年,扎马鲁丁编成《万年历》,忽必烈曾予以颁行。同年扎马鲁丁制造了七件"西域仪象",即七件阿拉伯式的仪器,包括多环仪、方位仪、平纬仪、斜纬仪、天球仪、地球仪和观象仪。它们的波斯语名称、形制和用途都保存在《元史·天文志》中了。这些仪器开拓了中国学者的眼界。其中有的仪器是先进的,在中国第一次出现。如地球仪,用木头做成圆球,七分绘有绿色的水,三分绘有白色的陆地,"画江河湖海,脉络贯穿于其中",还画作小方井,以"计幅员之广袤,道里之远近"。现代地球仪上水陆比例是70.8%∶29.2%,可见扎马鲁丁制造的地球仪是具有一定科学性的。

1271年,元朝在上都设立北司天台,扎马鲁丁制造的"西域仪象"就放在这里使用。当时,北司天台分左中右三台,是人们关注的地方,"紫极三台光景接,洪钧万象岁年深"。1272年,秘书监成立。次年,北司天台划归秘书监管辖,扎马鲁丁又兼知秘书监事。在秘书监中藏有十几种"回回书籍",都是阿拉伯文的,涉及天文、历算、地理、历史、医学、哲学、文学、相学、机械学、点金术和占卜学等许多方面。其中的《兀忽烈的四劈算法段数十五部》,可能就是古希腊欧几里德的《几何原本》十五卷,《麦者司的造司天仪式十五部》可能就是古希腊托勒密的《天文学大成》,这两部书都是由纳昔剌丁·徒昔译成阿拉伯文的。还有《积尺诸家历四十八部》,那无疑是阿拉伯天文历法的汇集。"积尺"是阿拉伯语,意为历数书。这些阿拉伯文书籍,无疑是由扎马鲁丁等伊斯兰学者带到中国来的。

中国和伊斯兰国家间的医学交流在元朝时也在继续进行。11世纪的阿拉伯医学家伊本西拿(即阿维森纳)已经在他的名著《医典》中,广泛采用了中国的脉学。1313年,拉施特进一步编纂了一部《中国医药百科全书》,从这部著作可以得知当时有一些中国的医书和医疗方法传入了伊利汗国。例如,拉施特在叙述脉学时就提到了晋代名医王叔和,而他正是《脉经》的作者。当时,唐代医学家孙思邈的《千金要方》也被译成波斯文,针灸疗法以及姜茶、大黄、肉桂等药材也已传到西亚。另一方面,回回药物和医疗方法同样在中国流传。

在大都和上都设有专门的回回药物院。当时,有一部医书叫《回回药方》,共三十六卷,北京图书馆至今还保存着它的残本四册。从这些残本可以知道,《回回药方》包含了内科、妇科、儿科、外科、正骨、针灸及药剂学等广泛的医学内容。回回医术在元代的名声是很高的,民间流传着一些回回医生妙手回春的故事。元代人王沂的《老胡卖药歌》颂扬了一位"久客江南"的回回老医生,说他"一生技能人不及","海上奇方效如昨"。

阿尼哥是尼波罗(今译尼泊尔)国王的后裔,生于1245年,卒于1306年。1260年,忽必烈让八思巴在西藏建造金塔。当时,尼波罗是良工荟萃的地方,其国王奉忽必烈的诏书,选派了八十个工匠来到西藏。技艺高超的阿尼哥也入选,他虽然年方十七,却自告奋勇担任了领队。第二年金塔建成,八思巴把他推荐给了忽必烈。元廷放着一个得自宋朝的针灸铜人,但已经损坏,谁也修不好它。1265年,阿尼哥把这个铜人修好了,忽必烈非常欣赏,从此让他参与一切重要修建工程。1273年,元廷设诸色人匠总管府,由阿尼哥负责。1278年,他升任大司徒,领导将作院事务。他在中国一共主持营造了三座佛塔、九座大寺、两座祀祠和一座道宫。他把印度式的白塔传到了中国。以现仍矗立在北京的阜成门内妙应寺(元始建时称圣寿万安寺)白塔为例,全塔共五层,自下往上,第一层方形表示地,第二层圆形表示水,第三层三角形表示火,第四层伞形表示气,第五层螺旋形表示生命的精华,这是以印度的一种宇宙观(地水火气是万物的基础)作为建筑思想的。阿尼哥又擅长造像,分铜铸和泥塑两种。他塑造的梵式佛像与原来中国的汉唐式佛像是迥然有别的。从元代起,梵式佛像就逐渐取代了汉唐式佛像。他还精于织像,忽必烈皇帝去世后,他根据忽必烈的面容,织成了图像,比画的更加逼真。他的铸造技术达到了极高的水平,郭守敬设计的天文仪器,大多数是由他负责制造的。元人十分推崇阿尼哥的技艺,称他"每有所成,巧妙臻极";"金纫玉切,土木生辉"!

自开平即位为大蒙古国大汗起,忽必烈就秉着"立经陈纪"的原则,开始新政权建设,"内立都省,以总宏纲;外设总司,以平庶政"。首先任祃祃、赵璧、董文炳为燕京路宣慰使,以巩固后防基地。4月1日,始立中书省,以王文统为平章政事,张文谦为左丞。5月,置十路宣抚司,以赛典赤、李德辉为燕京路宣抚使,徐世隆为副;宋子贞为益都、济南等路宣抚使,王磐为副;原河南路经略使史天泽为河南宣抚使;杨果为北京等路宣抚使,赵炳为副;张德辉为平阳、太原路宣抚使,谢瑄为副;孛鲁海牙(廉希宪之父)、刘肃并为真定宣抚使;姚枢为东平路宣抚使,张肃为副;中书左丞张文谦为大名、彰德等路宣抚使,游显为副;粘合南合为西京路宣抚使,崔巨济为副;廉希宪为京兆等路宣抚使。且颁行条格,"欲差发办而民不扰,盐课不失常额,交钞无致阻滞"。7月,改燕京宣慰司为燕京行省,又以祃祃为行中书省事,王文统、赵璧为平章政事,张易为参知政事。1261年5月,忽必烈对中书省和燕京行中书省进行了大改组和调整。以不花、史天泽为中书右丞,忽鲁不花、耶律铸为左丞相,廉希宪、塔察儿(与诸王塔察儿非同一人)为平章政事,张文谦为左丞,张易为右丞,杨果、商挺为参知政事。而以右丞相史天泽,平章王文统、廉希宪,右丞张易行省事于燕京。从这一批高级官僚的名单里,我们可以看到:开平汗廷和地方的行政长官,最初几乎完全是一批汉人儒士;即使是畏兀儿人孛鲁海牙、廉希宪父子和契丹人粘合南合,也都是汉化较深的少数民族。如廉希宪,从青年时代就奉忽必烈之命,师事王鄂,"笃好经史,手不释卷",忽必烈称他为"廉孟子"。1261年,中书经过调整后,增入了蒙古世胄不花、忽鲁不花和塔察儿等三人。他们都是年事颇轻,没有实际政治经验和行政能力,只能起象征性作用的人物。

与此同时,忽必烈也加强军队的组建。蒙古制度,诸王贵胄均各有怯薛。但当时直属于忽必烈的护卫部队不是很大的,南征时的东路大军也只是临时抽调组成。忽必烈即位后,5月,征诸道兵六千五百人,赴京城宿卫,又抽调原随史天泽出征(属西路)的严忠济万户、济南路军(张宏所部)及脱赤剌、幼查剌等部队,至京城充担城防军,用这些部队组成了直属的宿卫军(名为武卫亲军),任董文炳、李伯祐(史天泽姻亲)为都指挥使。构成忽必烈军事力量的支柱中,除诸王与弘吉剌、亦乞列思、忙兀、兀鲁兀、扎剌亦儿等五部投下外,汉人军阀中,史天泽以右丞相而受命节制所有河南军民,此外尚有亳州张柔,归德邸浃,睢州王文干、解成、张荣实,东平严忠嗣,济南张宏等七万户。上述材料表明,在行政与军事两个重要方面,和以前的蒙古国相比,组成忽必烈新政权——元朝的民族成分已经有了很大的变化。

第二节　忽必烈与儒学

❖ 忽必烈早期学儒用儒

金元鼎革，战乱连年，在蒙古铁骑的强有力攻击下，大批儒士颠沛流离，或者葬身沟壑，或者沦为驱奴，儒士及他们所载承的中原传统文化遭到了极大的摧残。以耶律楚材为代表的少数汉族儒人，曾以其理财、卜筮、医术等技艺赢得了成吉思汗、窝阔台汗的信任。他们利用充任蒙古大汗侍从的便利，向蒙古统治者竭力宣传儒学的意义和功用，还说服蒙古朝廷实行"戊戌选士"，解脱了部分儒士的奴籍，使儒士继僧道之后，开始享有了一定的优待。还在1222年左右建起了燕京夫子庙。元朝末年张昱诗曰：

太祖雄姿自圣神，一时睿断出天真。

要将儒释同尊奉，宣谕黄金塑圣人。

但是，在蒙古四大汗国时期，最高统治者对儒学、儒士的接受和认同程度，仍极为有限。

蒙哥大汗曾说，"孔老之教，治世少用，不达性命，唯说现世，止可称为贤人"，佛教则可以"穷尽生死善恶之本，深达幽明性命之道，千变万化，神圣无方"。在蒙哥大汗看来，儒学在释、道、儒三教中远不及前二者哲理神圣和贯穿今生来世，也难以收到祈天祝福的效益。

总之，蒙古四大汗国时期，儒学的地位被贬低，绝大多数儒士没有受到应有的重视和任用。

忽必烈是第一位主动接触和学习汉地儒学的蒙古贵族。1252年北方名士元好问、张德辉欲尊其为"儒教大宗师",忽必烈愉快地接受下来。在此前后,忽必烈的金莲川幕府中也曾汇集了一批汉族儒士。这些儒士学术志趣不尽相同,但无不殚精竭虑地向忽必烈献上儒学治国之道。王鹗进讲《孝经》、《尚书》、《易经》和古今之变、齐家治国的道理。赵璧把《大学衍义》译为蒙语,在骑马时为忽必烈陈说。窦默则首论三纲五常,还引起了忽必烈"人道之端,无大于此"的共鸣。忽必烈先后任命名儒许衡为京兆儒学教授,张德辉为真定路提举学校官,又根据张德辉的请求,颁降令旨,让地方官府严格执行蠲免儒户兵赋的条例。忽必烈藩邸分地京兆和代答剌罕管辖的邢州,实际上主要是以儒士和儒术来治理的。忽必烈还接受高智耀"以儒为驱,古无有也。陛下方以古道为治,宜除之,以风厉天下"的建议,命令高循行州县,释放四川和淮河一带被掳为奴的儒士数千人。

儒学和儒士为忽必烈提供了来自汉地王朝的非常丰富的政治经验,提供了直接治理汉地的基本蓝图和有效方略。这对忽必烈成为少数民族君主中统一南北和以汉法治汉地的第一人,无疑具有非常重要的意义。

圣代崇儒意非轻,征车相望半儒生。

忽必烈即大汗位后的最初一两年,较多藩邸儒士被委以重任,担任了中书省宰执和宣抚使等。如中书省平章赵璧、右丞廉希宪、左丞张文谦,燕京宣抚使李德辉、副使徐世隆,益都济南等路宣抚使宋子贞、副使王磐,北京等路宣抚使杨果,平阳、太原路宣抚使张德辉,真定等路宣抚使刘肃,东平路宣抚使姚枢等。在当时中书省正副宰相中,上述人员占一半,十路正、副宣抚使中占五分之二强。

尤其可贵的是,忽必烈还特意命令皇子真金从名儒姚枢、窦默受《孝经》,讲授完毕,忽必烈十分高兴地赐食招待姚、窦二人。至元八年(1271年),又降旨新任国子祭酒许衡教蒙古生四人,后增至七人。这几名蒙古生又都是忽必烈亲自拣选出来的,坚童、太答、秃鲁及康里人不忽木均在受业行列。忽必烈曾亲自观赏他们所书字,亲自试验所学成效,对优良者予以嘉奖。忽必烈还特意嘱咐许衡,用心辅导怯薛长、中书省右丞相安童。

对忽必烈的这种安排,元朝人苏天爵称颂道:"世祖圣明天纵,深知儒术之大,思有以变化其人而用之,以为学成于下,而后进于上,或疏远未即自达,莫若先取侍御贵近之特异者,使受教焉,则效用立见。"

苏天爵语,不无阿谀奉承之嫌,但反映的情况,多数是真实的。无论忽必烈是否有意,若干年后,真金、不忽木、安童等均得到不同程度的儒化,并成为朝廷中儒士的政治代表或支持者。

比起持有"儒家何如巫医"和"不蹈袭他国所为"偏见的蒙哥大汗,忽必烈对儒学治国齐家之道,似乎情有独钟。忽必烈曾经说:"孔子言三纲五常。人能自治,而后能治人,能齐家,而后能治国。"由于较早受到儒术的影响,忽必烈对孔子的学说也能够言其要领,娓娓道来了。

然而,这只是事情的一个方面。应该承认和正视,忽必烈对儒学始终没有完全信奉和尊崇,而仅仅是有选择地学习和吸收。

❖ 忽必烈强调儒学的应用性

当廉希宪读《孟子》，怀书进见，阐扬性善义利之说时，忽必烈誉其为"廉孟子"。而当至元七年（1270年）廉希宪因忤旨罢相赋闲，忽必烈询问廉居家何为，左右回答"读书"时，忽必烈当即批评道："读书国朕所教，读之不肯见用，何多读为？"可见，忽必烈对学儒读经，基本要求能为其治国经世所用。能用则受称道，不能用则受批评。

在忽必烈身边的几名儒臣中，张文谦、姚枢、赵璧、廉希宪四人治国经世之才稍显，能为忽必烈解决一些实际问题，相对而言，他们四人还能受到一定的重用。

忽必烈对北方理学领袖许衡的态度则逊色得多。一次，忽必烈直率地批评许衡：

"窦汉卿独言王以道，当时汝何为不言？岂孔子教法使汝若是耶？汝不遵孔子教法自若是耶？往者不咎，今后勿尔也。是云是，非云非，可者行，不可者勿行。我今召汝无他，省中事前虽命汝，汝意独未悉，今面命汝。人皆誉汝，想有其实，汝之名分，其斟酌在我。国事所以无失，百姓所以得安，其谋谟在汝。谓汝年老未为老，谓汝年小不为小，正当黾勉从事，毋负汝平生所学。"

宋元时期儒学已发展为理学，许衡就是北方理学宗师。尽管许衡在汉族儒臣心目中是学术领袖和旗帜，尽管至元初，许衡也曾上疏论及立国规模、中书大要、为君难、农桑学校、慎微等五事，但他空言性理较多，替忽必烈解决朝政实际问题颇少。有些说法本来就比较冗长深奥，又需要借助翻译为中介，忽必烈很难听懂，更谈不上接受。

即使忽必烈自择高明翻译,也难免发生言不逮意或语言不伦等情况。对许衡这套不讲实用的理学说教,忽必烈自然不喜欢。忽必烈指责许衡未直言王文统问题,指责他年富力强而屡次推辞所委任的官职,指责他负盛名而不务实,不是没有道理。

儒学只是忽必烈接触到的汉地文化的重要组成部分,并非全部。他接触的汉地文化还包括传统官职、王霸之术、阴阳历数、道教及汉地佛教等。无论忽必烈的藩邸旧臣,抑或即位以后招罗的文臣,实际不只是纯粹的儒士,还有不少擅长王霸之术、阳历数、诗赋文辞、管理财赋,或者佛、道、儒兼通者。这些人员都在忽必烈面前竞相施展自己的才能,争取忽必烈的青睐或注意。忽必烈对这类人的重视和赏识往往不在纯粹的儒士之下。例如:

刘秉忠学贯儒、佛、道,尤精通音律、算数、推步和仰观占候,还娴熟治国之术。忽必烈称赞他"事朕三十余年,小心缜密,不避险难,事有可否,言无隐情。又其阴阳术数之精,占事知来,若合符契。"他与忽必烈"情好日密,话必夜阑,如鱼得水,如虎在山",又是一般儒士难望其项背的。

金末状元王鹗,"以文章魁海内","一时学者翕然咸师尊之"。忽必烈对他格外优待,每每赐座,呼状元而不名。虽然他也曾给忽必烈进讲修身齐家治国平天下之道,但忽必烈最看重的却是他的华丽文章。包括《中统建元诏》在内的许多大诰命和大典册,无一不是出于王鹗之手。

原南宋太学生叶李因率同舍生八十三人伏阙上书抨击贾似道缪司台鼎,病民误国,忽必烈闻其奏章,抚掌称叹,爱其刚直,大加褒扬。

特命御史程钜招至京师,赐座赐宴,允许五日一次入宫议事,很快提拔为尚书省右丞,赐赍甚多,成为忽必烈后期地位最高,最受宠信的南人官员。

忽必烈对人才的衡量尺度,除了为己所用外,就是对奇异杰出技能的喜好。这种喜好并不以儒学为界限,儒学也罢,其他也罢,只要属于奇异杰出技能,忽必烈就一概抱着极大兴趣和热忱去关注,去重视。出于这种喜好,忽必烈的心目中自然不会独尊儒学,自然不会完全信奉儒学。

儒学和儒士不能满足忽必烈黩武嗜利的需要,有时反而成为障碍,这也是他对儒学不十分信赖、热衷的重要原因。

在每次大的军事征伐前夕,儒士们多半基于仁义、仁爱理念,跳出来反对忽必烈的作战计划。

如忽必烈率兵渡江攻鄂州之际,郝经上书说:"彼无衅可乘,未见其利。唯修德以应天心,发政以慰人望,简贤以尊将相,敦族以壮基图……兴文治,饬武事,育英才,恤疲氓,以培植元气。藏器于身,俟机而动,则宋可图矣。"郝经的意思不外是,以文治德政为本,停兵以待,不必急于攻南宋。这种明显违背蒙哥大汗三路围攻南宋计划的意见,自然不会被忽必烈采纳。

攻克襄阳后,忽必烈准备兴师渡江灭亡南宋。许衡却以为不可,还强调"惟当修德以致宾服,若以力取,必戕两国之生灵"。如此近于迂腐的意见,符合许衡理学家的性格,但对急于平定江南、建功立业的忽必烈来说,又是万万不能接受的。

至元十九年(1282年),忽必烈将要大举渡海征日本,王磐谏止说："日本岛夷小国,海道险远,胜则不武,不胜则损威,不伐为便。"当时发兵日期已定,忽必烈对这类说三道四甚是震怒,他斥责王磐说："此在吾国法,言者不赦,汝岂有他心而然耶？"王磐辩解说："臣已八十之年,又无子息,有他心欲何为耶？"方消除了忽必烈的疑心和不满。

赵翼批评忽必烈嗜利黩武。实际上忽必烈的嗜利和黩武,往往密不可分,军事征伐必须有巨额军费的支持,为了顺利进行军事征伐,忽必烈势必重用理财之臣,以搜敛财富。此外,诸王岁赐和官吏俸禄也依赖充足的财赋支持。而儒臣不仅对军事征伐持消极态度,对忽必烈重用的理财官员也一概反对。中统初年,王文统以中书省平章掌管财政,为忽必烈政权筹办了较充裕的钱谷经费,一度颇受忽必烈的重用。儒臣许衡、姚枢极言治乱休戚,必以义为本。窦默甚至在忽必烈面前直接斥责王文统,"此人学术不正,久居相位,必祸天下",还当即举荐许衡可以为宰相。许衡、窦默等显然把他们和王文统的分歧,当作传统的义、利之争的继续。殊不知王文统协助忽必烈为国理财,成绩显著,功大于过。忽必烈对许、窦、姚三人一味崇义斥利的意见并不赞同,所以,三人均被逐出政府枢要,改任国子祭酒、大司农、翰林侍讲学士等闲职。王文统被杀后,忽必烈使用回回人阿合马理财。尤其是在阿合马升任中书省平章,忽必烈对他更加倚重的情况下,儒臣和阿合马的冲突也日益尖锐。由于忽必烈的偏袒,儒臣指责批评阿合马的种种努力均告失败。如张文谦屡次在忽必烈面前议论阿合马害政,却因阿合马嫉恨被迫辞去御史中丞之职。许衡奏劾阿合马专权无上,误国害民,又反对阿合马以其子掌兵柄,指出:

"父典民与财,子又典兵,乃反侧之道。"谁料忽必烈将此言转告了阿合马。许衡为避祸,主动辞掉中书省左丞。另一名儒臣廉希宪也因多次与阿合马抗衡,被排挤至北京和江陵行省。

儒臣们讳言财利,无以副忽必烈裕国足民的愿望,对理财懵然无知,迂腐僵化,也是忽必烈疏远他们的背景之一。许衡曾在《楮币札子》内指责纸币:"制法无义,则古先圣王知其为天下害必不可行也。"至元十二年(1275年)二月,在议论江南新征服地区是否废交会改行中统钞时,姚枢认为:"江南交会不行,必致小民失所。"徒单公履又云:"伯颜已尝榜谕交会不换,今亟行之,失信于民。"忽必烈的裁决是:姚枢、徒单公履"不识事机",应当依照阿合马的提议,迅速更换宋交会。南宋灭亡在即,废交子、会子,不仅可以避免当地货币因政权更迭发生混乱,而且有利于完成大统一。姚枢等顽固阻止此事,难怪忽必烈批评他们"不识事机"。

元朝人孔齐说:"世祖能大一统天下者,用真儒也。用真儒以得天下,而不用真儒以治天下。"

忽必烈对儒学、儒士的态度,又受到李璮之乱和阿合马被杀事件的影响而前后变化很大。李璮之乱发生以前,尽管王文统对儒臣有所压制,但张文谦、廉希宪等继续留任中书省等枢要机构,忽必烈与许衡、姚枢、窦默等儒臣的关系仍比较近密。李璮之乱发生后,忽必烈对汉官有所疑惧,开始重用阿合马等回回人理财,并以其牵制汉官。阿合马擅权柄国近二十年,在他被杀前夕,儒臣全部被排挤出中书省,许、姚、窦等著名儒臣老死过半,七零八落。阿合马被杀后,忽必烈对汉官的疑惧进一步加深,儒臣也在此列。后来,虽然有太子真金、右丞相安童、近侍不忽术等受儒学影响较深的非汉族人员继续活跃在政治舞台上,但至元二十二年(1285年)左右,忽必烈身旁汉官已寥若晨星,朝廷大臣中的儒臣集团,实际上已不复存在了。为此,王恽不胜感慨地说:"国朝自中统元年以来,鸿儒硕德,济之为用者多矣……今则曰,彼无所用,不足以有为也。是岂智于中统之初,愚予至元之后哉?"

❖ 忽必烈热心儒学教育与拒绝科举

自耶律楚材获得成吉思汗的信任后,儒学和儒士的处境开始略有转机,燕京国子学和各地的官办、民办儒学逐渐有所恢复。在历任蒙古大汗中,忽必烈是第一位热心地举办朝廷和地方儒学教育的。

张德辉曾说服忽必烈重新兴办真定庙学,许衡奉命提举京兆学校。此外,重要谋臣刘秉忠曾向身为藩王的忽必烈献策:"古者痒序学校未尝废,今郡县虽有学,并非官置。宜从旧制,修建三学,设教授,开选择才,以经义为上,词赋论策次之。"这条建议尽管因忽必烈总领漠南军国重事使命的中断,暂时未见明显成效,可对忽必烈即大汗位以后,兴办儒学教育影响很大。

至元六年(1269年)七月,应张文谦、窦默奏请,忽必烈正式设置了国子学,任命许衡为第一任国子祭酒,选拔贵胄子弟入学受业。至元二十四年(1287年)闰二月,又增设国子监,掌国子学之教令。国子学和国子监的正式设立,使元朝廷开始有了儒学最高学府。

中统二年(1261年)八月,忽必烈听取翰林学士承旨王鄂的意见,特诏各路设立提举学校官,选博学老儒王万庆、敬铉等三十人充任,训诲在学诸生,作成人才,以备选用。这意味着北部地区地方官办儒学的全面恢复和重建,一定程度上改变了蒙古统治者不重视儒学文治的偏向。

忽必烈平定江南后,南宋原有的地方官学大体被沿袭下来。至元二十四年(1287年)设立江淮十一道儒学提举司,专掌儒学教育的人。

儒学教官始于宋代。忽必烈实现南北统一后,中央和地方各级教官的制度化得以确立,即国子学设祭酒、司业、博士、助教,各道(后改行省)设儒学提举司正、副提举,路学设教授、学正、学录、散府学和上、中州学设教授,下州学设学正,县学设教谕。至元二十一年(1284年)还专门颁布了《教官格例》,作为管理教官的办法。儒学教官的普遍设置,客观上与元朝的诸色户计职业分类体制相对应,忽必烈将其制度化,一定程度上也为儒学教育发展提供了比较好的条件。

忽必烈即大汗位初,曾召许衡于上都,询问科举如何,许衡回答:"不能。"忽必烈赞和说:"卿所言务实,科举虚诞,朕所不取。"据说,至元十一年(1274年),忽必烈曾让朝臣讨论过科举行废问题,而且拟定了比较具体的条目程式,但一直没有实施。

忽必烈拒绝科举的态度,既受汉地厌恶金宋文士溺于奔竞场屋、唯务诗赋空文的舆情影响,也与他固守选官域内蒙古贵族的特权利益有关。早在金莲川藩府时期,读经穷理的理学家和热衷诗赋的金源文学群在兴趣理念等方面就是有裂痕的。元朝建立后,这两个群体虽然在恢复科举上多抱赞成态度,但在试经义抑或试诗赋问题上又分歧很大。忽必烈对科举取士并不感兴趣,或许他意识到科举考试是汉人士大夫的"专利",于维护蒙古特权不利。所以,他有意无意地利用这两个群体的分歧,阻止开科举士。

徒单公履建言诗赋开科举士,忽必烈特意诏命姚枢、窦默、杨慕懿等杂议,杨慕懿等立即指责"日为赋诗空文"的弊端,忽必烈马上赞同,并作为拒绝科举的依据。徒单公履得悉忽必烈尊崇佛门中的教宗(指天台、法相、华严等宗)而压抑禅宗,乘机进言:儒人也有教、禅之别,主张以诗赋科举取士的,类似佛门中的教,道学则类似佛门中的禅。忽必烈听罢,果然对喜好经学和性理之学的姚枢、许衡大发雷霆,甚至命令他们和一位中书省左丞"廷辩"。恰巧董文忠从外面进来,忽必烈竟质问道:"汝日诵《回书》,亦道学者。"董文忠连忙解释:"陛下每言,士不治经讲孔孟之道,而为诗赋,何关修身,何益治国!由是海内之士,稍知从事实学。臣今所诵,皆孔孟之言,焉知所谓道学!而俗儒守亡国余习,求售己能,欲锢其说,恐非陛下上建皇极,下修人纪之赖也。"经过忽必烈亲近宿卫董文忠这番解释,忽必烈才算停止了对理学家姚枢、许衡的指责和申斥。

忽必烈对儒士中的读经之士和热衷诗赋者,态度并不一样,但标准只有一个,那就是实用。他曾经对藩邸旧臣赵良弼说:"高丽小国,匠人棋人皆胜汉人,至于儒人通经书,学孔孟,汉人只是课赋吟诗,将何用?"忽必烈这里说的汉人,显然是指原金朝统治下热衷诗赋的北方汉人文士。忽必烈厌恶"只是课赋吟诗",是因为他们于治国修身无用。徒单公履借佛门教、禅之别,一度攻击理学家奏效而引起忽必烈对姚枢、许衡的不满,也是因为他们空言性理,讳谈兵赋。很明显,忽必烈既重视儒士,又嫌其迂腐的复杂心理,说来也简单,就是儒士儒学不能完全满足其"为我所用"的政治需要。

在忽必烈热心地举办儒学教育和拒绝科举的复杂政策下,居然出现了"九儒十丐"的说法,这又作何解释呢?

"九儒十丐"的说法,出于南宋遗民郑思肖《大义略叙》。原文是:鞑法,一官,二吏,三僧,四道,五医,六工,七猎,八民,九儒,十丐,各有所统辖。僧为僧官统僧,道士为道官统道士。

首先,郑思肖所云自"官"到"丐"的排序,大抵是元朝职业户计的分野,当时的户计各色,的确包含了官、吏、僧、道、医、工、猎、民、儒等类别,而且是各类官署,自治其人。所缺漏的主要是"军"。上述排序中的"九儒十丐",只是郑思肖按职业户计的胪列,并非官方的正规等级制度。因此,不能全面反映忽必烈时期儒士的实际地位。

其次,忽必烈时期的儒士,虽然能享受儒户定籍、免除差役、选拔充当教官及儒吏等待遇,但唐宋以来儒士赖以仕进登龙的科举迟迟未开,大多数儒士"学而优则仕"的门径被堵死。而在地方教官中,唯教授有资品(从八品、正九品),学正、学录、教谕、山长等,均属无资品的流外职,其薪俸每月仅在米三石、钞三两以下。更有甚者,多数下层教官升迁极慢,进入流品的机会渺茫,不免有"热选尽教众人做,冷官要耐五更寒"之类的哀叹。就仕进只限于中下层教官及吏员的大多数儒士来说,其地位确实是比较低的。儒士虽然未必卑下到第九位,但比僧、道肯定是低的。汪元量"释氏掀天官府,道家随世功名。俗子执鞭亦贵,书生无用分明"的诗句,并不是没有根据之说。

第三节　忽必烈推行汉法

早在青年时代，忽必烈就热心于学习汉文化，并开始倾心于儒术。最初，他接触汉文化，了解儒学，主要是通过一些汉人（或汉化的契丹人）的僧徒、道士、医生及通译人员的介绍实现的。早在窝阔台、贵由时代，忽必烈作为一个藩王，尽管并无统理中原汉地的职权，但他对汉地的了解和对儒学的认识，以及同汉人儒士的关系，都已卓异于一般的蒙古贵族了。

1251年六月，忽必烈受命总领漠南汉地军国庶事。1252年，忽必烈在桓州金莲川开设"金莲川幕府"。1260年三月一日在开平府即位，成为大蒙古国第五任大汗。在这十年中，如果说金莲川开府是忽必烈从理念上初步学习和认同汉法的话，那么，邢州治理政绩就是以汉法治汉地的成功试验。通过这次试验，忽必烈开始懂得：蒙古人的统治方法在汉地要碰壁，藉中原士大夫，以汉法治汉地，才是出路。因为邢州安抚使张耕、刘肃二人都是儒士，忽必烈由此"益重儒士，任之以政"，进一步扩大了对汉地士大夫的任用。

1260年三月，忽必烈在与阿里不哥的斗争中继承大汗位。四月，他颁布了即位诏。他在诏书中指明，成吉思汗创业以来的五十余年中，武功迭兴，文治多缺；表示"爰当临御之始，宜新弘远之规"，决心"建极体元，与民更始"。他大力推行汉法，使大蒙古国面目一新。

忽必烈推行的汉法，其主要内容有以下四点：

第一，建立年号、国号和礼仪制度，并把都城移向中原地区。即位不久,1260年五月,他就宣布建元"中统",采用中国传统的王朝年号纪年。

第二,建立国家机构和职官制度,确定中央集权的封建专制统治。前已述及,大蒙古国有自己的一套国家制度,但比中原王朝的体制简略得多。在征服中原的过程中,木华黎、窝阔台也沿用一些金朝旧制,但没有一定的规程。忽必烈即位以后,命刘秉忠、许衡考定前代典式,参照当今情况,逐步确定了国家机构和职官制度。在元朝中央,1260年四月,就正式建立中书省,执掌政事。中书令后由皇太子兼领,实际负责的是右、左丞相,平章政事和左右丞。1263年设立枢密院事,主管军务,枢密使也由皇太子兼领,实际负责的是知枢密院事、同知枢密院事和枢密副使。1286年设立御史台,长官为御史大夫,副职为御史中丞,掌握对百官的纠察。灭亡南宋后,增置江南行御史台,后又置陕西行御史台。另设大宗正府,仍置札鲁忽赤(断事官),但渐渐只管理蒙古公事。在地方上,忽必烈即位之初就设置宣抚司,后改宣慰司,主持日常民事政事,上隶行中书省,下辖路府州县。又设提刑按察司(后改为肃政廉访司),分别隶属于御史台或行御史台。遇有征伐,在特定地区设置行枢密院,是临时机构。忽必烈定立制度,使官有常职,位有常员,食有常禄,而且尽量录用了故老旧臣、山林遗逸和具有才学的人。

在建立国家机构和职官制度的同时,为了加强中央集权,忽必烈还在两个方面采取了措施。一方面,他限制诸王勋贵的特权,禁止他们的越规违制行为,如不许任意使用驿传,不许擅取官物,不许擅征赋役,不许擅招民户,等等。另一方面,他逐步削弱了汉人世侯的特权。

第三,实行劝农政策,使农业得到恢复和发展。忽必烈在1260年设置十道宣抚司时,就规定宣抚使有劝农的职责。后来的宣慰司、行中书省都是这样。从1261年起,又在中央建立了劝导督察农事的机构,先称劝农司,后改为司农司、大司农司。这个机构的主要职责是"劝诱百姓,开垦田土,种植桑杰"。从1264年起,规定以"户口增,田野辟"作为考课官吏的首要标准。而且历年采取一系列措施招集逃亡、鼓励开发屯田、兴修水利,限制"抑良为奴",禁止军队占农田为牧场和践毁庄稼,禁止擅兴妨碍农时的不急的劳役。到13世纪60年代末70年代初,中原地区长期遭到破坏的农业生产基本上得到了恢复,有的地方甚至得到了发展。这种情况使中原文明的保存和延续有了可靠的物质基础,使蒙古社会制度的封建化有了新的物质内容。

第四,承认和提倡以儒学为主体的汉族传统文化,并设立国子学,用汉文化教育勋戚子弟。潜藩时期的忽必烈已经深受儒家的影响。他所延聘的儒士不断向他讲述儒学的道理。1252年,元好问与张德辉启请他为"儒教大宗师",他欣然接受。他的分地在京兆,他于1255年二月任宿儒许衡为京兆提学,广设学校。即位后,他对儒学大师们尊礼有加。中统初年,即以王鹗为翰林学士承旨,让他起草了许多重要诏书;不久以后,成立翰林国史院,由王鹗主持。1261年五月,授姚枢为大司农,许衡为国子祭酒,窦默仍任侍讲学士。许衡与王文统有矛盾,离京到河东怀州、孟州一带教授生徒。1267年四月,忽必烈在上都重建孔子庙。同年十月,又命许衡为国子祭酒。此后,许衡长期在燕京主持国子监的教育工作。蒙古诸王勋贵和七品以上朝官的子孙充任国子生。三品以上朝官又可推举"民之俊秀者"为陪堂生。1277年增设蒙古国子监,从此蒙汉两个国子监并列,但汉国子监毕竟继续维持下来了。在忽必烈的支持下,各地的学校也有了恢复和发展,这就有利于中原传统文化的保存和儒士的培养。

忽必烈推行汉法,表现了蒙古游牧民族在征服中原后,必然要适应发展进程比较高的中原汉族农业封建文明的历史趋势。在这个方面,忽必烈是蒙古贵族中的杰出代表。就他来说,接受并推行汉法,以便使蒙古对中原的统治长久存在下去,这点是相当自觉的,尽管他还有保守的一面。正是由于大行汉法,忽必烈使建立在草原上的大蒙古国终于转变成了统治全中国的元王朝,使元朝初期出现了比较稳定的"中统至元初治",并在这个基础上进而灭亡南宋,实现了中国历史上一次新的大统一。这是忽必烈的最大历史功绩。

第四节　忽必烈建立行省制度

中国地方行政区划中的行省制起源于元朝忽必烈统治时期。当时,元朝的版图超过了汉、唐盛世。据《元史·地理志》记载,元朝的地域"北逾阴山,西极流沙,东尽辽左,南越海表"。尤其是西北方面,伸展到了难以计算里数的地方。我们中国今天的辽阔疆域,就是在元朝时基本上定下了轮廓。

在中国实施行省制度,是元朝开国皇帝忽必烈的一大贡献,为统一中国奠定了基础。

元朝的中央政务机构中书省直辖河北、山东、山西,这些地方称为"腹里"。其他地方划为十个行中书省,分别称为岭北、辽阳、河南、陕西、四川、甘肃、云南、江浙、江西和湖广。行中书省简称行省,又简称省。元朝建立之初,在中原地区设行省作为临时的军政机构。忽必烈灭亡南宋以后,将行省的设置逐渐固定下来,而岭北行省则设于元成宗铁穆耳大德十一年(1307 年)。

元朝的行省是皇帝的派出机构,其官员配置与中书省大体相同,品级也相当,设丞相一员、平章政事二员、右丞一员、左丞一员、参知政事一员。但是为了防止外职过多,行省的丞相职务往往是空缺的。行省的职责是"统郡县,镇边鄙,与都省为表里。……凡钱粮、兵甲、屯种、漕运、军国重事,无不领之"。行省的主要官员直接向皇帝负责。全国行省以下设有路、府、州、县。

元朝自忽必烈皇帝起,将行政管辖范围扩展到了全国的边陲地方,即岭北、辽阳、甘肃、云南和湖广等省的边区。那些在唐朝时只设羁縻州甚至国力不及的地方,忽必烈皇帝都如同内地一样设置了行政机构,征收赋税。例如辽阳行省下设有达达路,管辖黑龙江下游、乌苏里江两岸以及骨嵬(今库页岛);岭北行省下设益兰州等五部断事官,管辖唐麓岭(今唐努山)以北谦河、昂可剌河(今叶尼塞河中下游、安加拉河)流域。云南全境划为行省,有如内地,就像元朝诗人所写的那样:"滇池檄西南,疆理亦中州。"

除了已设行省的地方以外,忽必烈皇帝还对新疆、西藏等地进行了有效的行政管理。如新疆地区,蒙古兴起时,天山南北一带有畏兀儿亦都护(王)的政权,治所在哈剌火州(今吐鲁番偏东),依附于西辽。1209年,畏兀儿亦都护主动归附成吉思汗后,大蒙古国统治者一直比较优待畏兀儿,仍让亦都护管理内部事务,而派达鲁花赤进行监督。成吉思汗西征以后,别失八里地区以西至阿姆河流域是察合台的封地。1251年,蒙哥大汗曾设别失八里等处行尚书省、阿姆河等处行尚书省于今新疆东部、西部及其以西地区。忽必烈即位以后,他与阿里不哥之间的斗争和以后西北诸王的叛乱,使天山南北战事频繁。为镇压西北诸王的叛乱,忽必烈以阿力麻里(今霍城西北)为军事重镇,并一度在这里设置行中书省(1275—1277年)。忽必烈灭亡南宋后,进一步加强对天山南北的治理,1281年设北庭都护府于哈剌火州,1283年又设别失八里、和州等处宣慰司。元朝在这里设站赤,立屯戍,行交钞,征赋税,其治理方式基本上同内地一样;不过,畏兀儿的首领还负责军站差役的摊派和处理内部的争讼。此外,塔里木盆地南缘的斡端(今和田)等地,也是忽必烈与西北叛王争夺的场所,从

13世纪70年代末起,忽必烈派兵进驻,1286年设置罗卜(今若羌、怯台、阇鄽和斡端四驿)。后来,大约在元泰定帝也孙铁木儿(1324—1328年)时,天山南北归由察合台汗国管辖。

从9世纪中叶起,西藏地区长期处于割据纷争的局面,这种情况一直延续到蒙古兴起的时候。13世纪40年代时,驻在凉州(今甘肃武威)的蒙古宗王阔端与西藏喇嘛教萨迦派座主萨迦班智达建立了密切联系。1253年,忽必烈从凉州延请八思巴到他在漠南桓州的王府。他即位后即封八思巴为国师,后又称帝师,主要依靠八思巴实现对西藏的治理。至元初,他设总制院,后改为宣政院,由他任命的帝师执掌。宣政院有两重任务,一方面要管理全国释教僧徒,一方面要管理西藏的"军民财谷事体"。在藏族聚居地方,宣政院设有多处宣慰司都元帅府,管辖西藏地方。其中主要是吐蕃等处宣慰司都元帅府,管辖今青海一带地方;吐蕃等路宣慰司都元帅府,管辖今甘孜及昌都地区;乌思、藏、纳里速·古鲁孙等三路宣慰司都元帅府,管辖西藏地方。在藏语中,"乌思"指前藏,"藏"指后藏,"纳里速·古鲁孙"意为阿里三部。治理藏地的官员一般由藏人担任,但都必须经宣政院或帝师推举,而后由皇帝任命。对西藏地方的官员,往往"军民通摄","僧俗并用",这就是西藏政教合一制度的发端。由于帝师长驻大蒙古国国都,所以通过帝师的荐举,元朝朝廷又在萨迦寺内委任一个"本钦"(行政长官),实际主持西藏政务。在前藏和后藏,元朝廷又划分了十三个万户,任命了藏族的万户长,他们都归"本钦"管辖。

忽必烈即位后,将西藏地方正式纳入元朝王朝的行政管辖之下,委派国师八思巴实现对西藏的治理。

吐蕃（西藏）王朝是唐朝时期中国的一个民族政权，是中国历史的一个组成部分。吐蕃王朝在中国历史上和当时的中亚历史上都扮演了十分重要的角色，是唐朝中国历史的有机组成部分。离开唐朝与吐蕃史，唐代中国史就不完整。从藏族一代英王松赞干布先启其端，经过赤松德赞，到赤热巴中，都与唐朝始而联姻，继而联盟，是妇孺皆知的史实。公元823年，唐朝与吐蕃共同在拉萨树立长庆会盟碑，其汉藏两文再三强调"舅甥二主，商议社稷如一"，"叶同社稷如一"，或"令社稷叶同如一"、"叶同社稷如一家"。"社稷"就是国家的意思。

唐朝与吐蕃之间，既有联合，又有争夺，大体上是以和平往来与文化交流为主要趋势，也就是汉藏两民族在黄炎、姬姜、汉羌等各个历史时期所凝结成的民族历史关系基础上的进一步发展，也可以说是我们多民族统一国家在建立过程中阶段性的巨大成果。

元朝将西藏地方正式纳入中央王朝的行政管辖之下。13世纪初，成吉思汗在中国北部建立大蒙古帝国，1247年，西藏宗教领袖萨迦班智达贡嘎坚赞同蒙古皇子阔端在凉州（今甘肃武威）议定了西藏地方归顺的条件。1271年，忽必烈改"大蒙古"国号为"大元"，并于1279年统一了全中国，西藏成为中国元朝中央政府治理下的一个行政区域，成为全国的十三个行省之一。

元朝中央政府在西藏推行一系列政策，实施人口普查、设置驿站、征兵征税等，充分行使了有效管理，即使是从近代国家行政管辖的角度来看，都可以毋庸置疑地认定西藏是中国的一个组成部分。元朝距今已有七百余年，世界上有多少国家保持了延续七百年不间断的历史？

自元朝以后,历经明、清、民国,直至中华人民共和国建立,西藏始终置于中央政权的管辖之下,这些都是人所共知的历史事实。

忽必烈平定大理王国。1252年,蒙哥大汗命令其弟忽必烈统率十万军队进攻云南,平定大理王国。1253年,忽必烈大军从宁夏经甘肃入四川,然后兵分三路:西路军由兀良合台率领,路经今松潘、理塘、稻城、中甸一带;东路、中路由今茂州、鱼通、泸定、汉源到西昌后分兵,东路军由抄合、也只烈等率领,路经今德昌、会理;中路军由忽必烈率领,路经今盐源、宁蒗,抵金沙江后,"乘革囊及筏以渡"。据《元史·镇海传》记载,镇海子勃古思从忽必烈征大理时,曾"结浮桥于金沙江以济师"。可见忽必烈征大理时,"乘革囊"者并非全部。忽必烈大军随即进军大理,灭了云南的地方割据政权大理王国。1254年,忽必烈还师,留大将兀良合台镇守云南。

忽必烈进军云南所采取的路线,说明他充分利用了蒙古骑兵军事组织的特长,因而能出奇制胜,这在中国历史上是前所未有的。这条路线经过甘肃和川西草地,越过川滇间的高山峡谷人烟稀少之地,如入无人之境,加上蒙古骑兵不畏劳苦,行动迅疾,出其不意,很快取得胜利。在进军过程中,忽必烈还改变了蒙古军一贯的"屠城"政策,以争取人心。尽管大理国主杀害了忽必烈事先派去劝降的使者,将使者的尸首挂在树上,并且进行抗拒,但忽必烈在攻下大理城时,仍然下了"止杀"的命令。元代程文海撰写的《平云南碑》,见《元史·世祖本纪》及《元史·姚枢传》,这里面讲的就是忽必烈进军云南的事迹。

兀良合台在镇守云南期间,继续征服其他未降附的部落。1255年,兀良合台奉蒙哥大汗命令,打通与四川驻军的通道,攻取了乌蒙

(今昭通)等地,在叙州(今宜宾)大败南宋的水军,一直打到重庆、合州(今合川)。1258年,蒙哥大汗发动了三路进攻南宋的战争。蒙哥大汗亲率军队,自川西出师,忽必烈进攻鄂州(今湖北武昌),而驻军云南的兀良合台奉命经今广西南部北上进攻潭州(今湖南长沙),三路军会合的地点就定在长沙。这一计划因蒙哥大汗战死于四川合州(今合川),忽必烈北上继大汗位而未实现,但兀良合台仍率领蒙古"四王"的精锐骑兵,加上征发的云南各民族军队,途经广西、湖南,在静江府(今桂林)、潭州大破南宋军后,一直打到鄂州(今湖北武昌),然后渡江与大军会合。(《元史·兀良合台传》)

1279年,即在平定云南二十六年后,忽必烈最终灭亡了南宋。在此期间,云南构成了包围南宋的一个犄角,在包围和灭亡南宋中具有重要的战略地位。

第五节　忽必烈命赛典赤抚定云南

忽必烈曾经说:"云南朕所经理,未可忽也。"云南曾为藩王时期的忽必烈亲自征服,也是他在成吉思汗子孙中值得炫耀的一份大军功。在位三十五年间,忽必烈对云南地区的治理一直格外重视。

1267年八月,忽必烈就封皇五子忽哥赤为云南王,赐第四等金镀银印驼纽,统辖大理、鄯阐(昆明)、茶罕章(今丽江地区)、赤秃哥儿(今贵州西部)、金齿(保山、德宏、临沧、思茅、西双版纳等地区)等处。又设立大理等处行六部,掌管行政,以阔阔带为尚书兼云南王傅,柴桢为尚书兼府慰,宁源为侍郎兼司马。

忽哥赤是朵儿别真哈敦所生,在庶子中年龄居长,不仅得以较早受封出镇云南,还能和燕王真金、安西王忙哥剌、北平王那木罕三皇嫡子一道获白银三万两的赏赐。

由于蒙古军占领云南以后,一直是都元帅为首的军事统制,兀良合台、宝合丁等都元帅实际掌握着云南的最高统治权。忽哥赤封云南王出镇该地,自然容易引发最高统治权谁属的纠葛。

三十七部都元帅宝合丁,专制多年,有窃据西南的野心,对云南王忽哥赤的受封十分嫉恨。1271年,宝合丁与尚书阔阔带合谋,趁设宴之机,置毒酒中,毒杀云南王忽哥赤;还贿赂王府官,不得泄露。

王府文学张立道闻讯,急忙赶去见忽哥赤,被守门者阻拦。张立道愤怒地与守门者争执。忽哥赤听到张的声音,特意让人把张召入,还令张以手指探察口中被毒酒腐蚀的皮肉。当天夜里,忽哥赤死亡。

宝合丁意得志满地坐上忽哥赤的交椅,又派人向王妃索取云南王印。

忽必烈接到密报,命令忙兀部旧勋博罗欢等到云南按问此事,杀掉了元凶宝合丁及王府官员受贿者。忽必烈又亲自听取张立道关于忽哥赤被毒害的奏告,泣数行下,嘘唏良久,又称赞张立道:"汝等为我家事甚劳苦。"在选派博罗欢处理云南王忽哥赤被毒杀案件时,忽必烈煞费苦心,知人善任。博罗欢则恪尽职守,不辱使命。

原先,中书省四次举荐赴云南治狱人选,忽必烈均不满意。线真丞相推荐忙兀部勋臣博罗欢,且以"败事,臣请从坐"担保。忽必烈才表示认可。博罗欢觉得事关重大,于是推辞说:"臣不爱死,第年少目不知书,惟恐误事。"忽必烈回答:"朕方恃卿求皇子死,尚书别帖兀而知书。惟可使之簿责其事,是否一委自卿,明日慎无归咎辅行也。"又嘱咐博罗欢饮酒以敌云南瘴气。抵达大理前四五驿,宝合丁遣人推黄金六箧前来欢迎。博罗欢想到,宝合丁握兵徼外,若拒绝接受,恐怕会导致叛变。于是,好言安抚。最后,查明了毒害皇子案件,杀掉了宝合丁等,重新将黄金归还官府。

云南王忽哥赤被杀案件,似乎让忽必烈领悟到一条经验教训:单纯的皇子宗王出镇,不足以应付云南等处较为复杂的政治军事形势,在皇子宗王出镇的同时,还应该有行省重臣具体治理。赛典赤·赡思丁抚治云南,就是根据这一经验教训而作出的安排。

赛典赤·赡思丁(以下称赛典赤),回回人,伊斯兰教什叶派创始人阿里后裔。成吉思汗西征时,赛典赤率众归附大蒙古国,充宿卫,历任丰、净、云内三州都达鲁花赤,太原、平阳二路达鲁花赤,燕京断事官等。忽必烈即位后,又升任燕京宣抚使,中书省平章政事,陕西、四川行中书省平章等。他善于理财,办集经营,甚为切当,又轻财安民,颇有人望,被称为有良德者。

1274年,忽必烈任命赛典赤为云南行省平章政事。临行前,忽必烈对他说:"云南朕尝亲临,比因委任失宜,使远人不安,欲选谨厚者往抚治之,无如卿者。"

赛典赤深知云南局势复杂,社会不安,治理抚慰,决非易事。为了不辜负忽必烈的希望和信任,赛典赤受命以后,立即访求云南地理,绘制山川城郭、驿舍军屯、夷险远近等为地图,以此作为抚治云南的准备。

忽必烈平定云南后,留有蒙古宗王镇守。当时,镇守云南的蒙古宗王脱忽鲁,受其部下的蛊惑,以为赛典赤的到来是为夺他的权,特意预备兵甲作防范。赛典赤采取了一方面尊重宗王,一方面逐步加强行省权力的策略。他主动派遣长子纳速剌丁去见宗王脱忽鲁,禀告说:"天子以云南守者非人,使诸国背叛,故命臣来安集之,且戒以至境即加抚循。今未敢专,愿王遣一人来共议。"脱忽鲁听罢,责骂其部下:"吾几为汝辈所误。"次日,脱忽鲁果然派遣撒满、位哈乃两名亲臣前来,赛典赤设宴款待,又将忽必烈所赐的金宝、饮器转赠给他们。二人大喜过望。赛典赤对他们说:"二君虽为宗王亲臣,未有名爵,不可以议国事,欲各授君行省断事官,以未见王,未敢擅授。"一名亲臣先回去禀告,脱忽鲁听罢大悦。

赛典赤令宗王派遣断事官参与议事的做法,完全符合蒙古国燕京等处行尚书省的旧例,消除了脱忽鲁权力被夺的担心,故宗王乐意接受。这样,宗王置断事官,又使其行政权力纳入行省管辖框架。

除位哈乃(又作月忽乃)外,赛典赤又让长子纳速剌丁担任断事,杨连任都事,组成了长官以下的办事机构。自中书省译史随从赛典赤转任至云南行省的西域人怯烈,也被任命为幕官,后升为左右司员外郎。由此,行中书省获得了施政主导权,云南行省政令开始一听赛典赤所为。

行省建立以前,云南境内主要是都元帅为首的军事统制,军权握于三十七部都元帅之手。其高级军政机构又是宣慰司、都元帅府及元帅府并立,军政号令不统一,权力相当分散。赛典赤提议:宣慰司兼都元帅府及元帅府事,从官署上,把他们统一起来,又一并听云南行省节度。这项奏请得到了忽必烈的批准。不久,赛典赤任命阿鲁(又作爱鲁)、纳速剌丁为云南诸路宣慰使都元帅,杨连为宣慰使副都元帅。

至元十二年(1275年)和至元十五年(1278年),经朝廷同意,赛典赤先后签取落落、蒲纳洪等处军二万,交付行省,以供征讨。于是,通过宣慰司都元帅,行省控制了境内大部军事权,原先都元帅为首的军事统制也被行省所取代。

原大理国内的行政建制,部分为唐以来的州县,部分为诸蛮部落,合为三十七部。蒙古军占领后,包括原有州县在内的三十七部,移植蒙古军民合一的旧俗,设万户、千户管领行政事务,这似乎是汉唐以来西南郡县化趋势的一种倒退。赛典赤奏请忽必烈批准,着手将各地的万户、千户改造为路、府、州、县。元人赵子元说,赛典赤所设置的路,计有二十余个,州县计一百余个。又精简当地冗官,每年节省俸金九百余两。原大理国王后裔段实,也被任命为大理路总管。

改置路、府、州、县,进一步完善了行省在当地的经济体系和基础。赛典赤还将云南行省治所正式设于地处滇中的中庆路(今昆明),作为新的政治、经济、文化中心。这既利于统摄全局,又可以摆脱大理段氏和前蒙古都元帅旧势力的羁绊。

在发展生产和屯田方面,赛典赤也建树颇多。滇池方圆五百里,夏季暴雨泛滥成灾,不仅淹没周围的田地,还殃及中庆路城郭。赛典赤在大理等处巡行劝农使张立道的协助下,调集民夫二千,一方面疏浚上游源头以蓄水,一方面开掘通导下游出水口以泄水,构成一个良好的储存排泄系统,避免了水患,还获得良田万顷。当地白族人文明程度较高,已经知晓蚕桑,但尚未懂得饲养的良法,张立道首次教授他们内地的先进方法,收益达到以前的十倍,云南民众由此更加富庶。农桑水利的发展,引起边远山区罗罗人的仰慕,他们相继主动归降。

赛典赤又命令中庆路达鲁花赤爱鲁整顿永昌一带的土地疆界,增加了相当多的纳税土地。爱鲁还奉命清查中庆路所属州县户口,检得隐漏户一万余,以其中4197户立民屯,官给田170双(一双为四亩),自备私田2602双。这一时期,赛典赤所主持的屯田还有威楚、大理、鹤庆、曲靖、临安等六处,总计屯田33774双,14572户。起初,赛典赤所定的屯田租额为每亩二斗,大约相当于当地民间田租的一半。举办屯田,使荒田开垦,民众安居乐业,官府控制的赋税对象也随之增多了。

赛典赤在任期间,云南的驿站交通亦有很大发展。至元十三年(1276年),他奉诏开通从中庆路至乌蒙的驿道,命中庆路达鲁花赤爱鲁率军前往督办。两年间,水路皆置,共设站赤九处。乌蒙以北的士官仰慕赛典赤的宽厚仁慈,故对在该地加设驿站提出附加条件:"使我属赛典赤则可立站。"朝廷同意了他们的要求,得以在乌蒙以北另设五站。

赛典赤担心山路险恶遥远,盗贼出没,骚扰行旅,于是依据地势设立若干镇,每镇设土酋吏一人,百夫长一人,负责驿道安全。行人若被劫掠,要追究这些人的责任。驿站的设置,对改变云南地区各自为政的状况和保证行省权力的贯彻,均有积极意义。

汉唐以来,云南虽有中原文化的传入,但丧葬婚嫁不遵礼仪,子弟不知读书之类的落后情况仍很严重。身为穆斯林的赛典赤,在云南努力传播汉地先进的礼仪风俗和儒学文化。他向当地群众教授拜跪之节、婚姻行媒和丧葬棺椁祭奠。在张立道的辅佐下,赛典赤创建孔子庙和明伦堂,购买经史,拨授学田,又首次在大理和中庆路设置儒学提举,建学舍,劝士人子弟以学,迎蜀儒为师,行释菜礼,使云南儒学文化有了一定的进步。

另外,赛典赤奏请忽必烈批准,在云南暂不实行纸钞,顺应诸部之俗,特许"以贝为钱"。

赛典赤对境内的少数民族及其首领,采取了怀柔安抚的政策,收到了良好效果。

赛典赤来到云南上任后,即委任大理国王后裔段实为大理路总管。后又因段实平定舍利畏叛乱和击败缅国象骑等有功,赛典赤奏闻朝廷,赏赐金锭及金织纹衣,迁官大理蒙化等宣抚使。

萝槃甸发生叛乱,赛典赤率兵前往征讨。途中,赛典赤面带忧色,随从问其原因,他说:"吾非忧出征也,忧汝曹冒锋镝,不幸以无辜而死;又忧汝曹劫掳平民,使不聊生,及民叛,则又从而征之耳。"

军队到达萝槃城下,城民三日不降,诸将请求攻城,赛典赤不许,派遣使者晓谕情理。萝槃部主虽然表示愿意俯首听命,过了三天仍未投降,诸将奋勇请求进攻,赛典赤依然不允许。将士兵卒有主动登城进攻的,赛典赤大怒,立即鸣金制止,召万户斥责说:"天子命我安抚云南,未尝命以杀戮也。无主将命而擅攻,于军法当诛。"接着命令左右将擅自攻城者绑缚,诸将叩头,请求城下之时再作发落。萝槃部主闻讯后说:"平章仁厚如此,吾拒命不祥。"遂举国出降,有关部将卒也获得释放。于是,西南诸夷翕然款附。酋长每次谒见,照例有献上的礼物,赛典赤统统分赐给随从官员,或者分给贫穷民户,自己丝毫不取。又备酒食犒劳酋长,送他们衣冠袜履,更换其草鞋草衣,酋长们异常感激喜悦。

赛典赤还能以德报怨,善待反对过自己的当地土官。数名土吏对赛典赤怨恨不已,去京师诬告他专擅僭越。忽必烈对身旁的侍臣说:"赛典赤忧国爱民,朕洞知之,此辈何敢诬告!"随即命令械系送回赛典赤处惩治。回到云南,赛典赤宽大为怀,命令解脱他们的枷锁,晓谕说:"若曹不知上以便宜行事命我,故诉我专僭,我今不汝罪,且命汝以官,能竭忠自赎乎?"那些人叩头拜谢说:"某有死罪,平章既生之又官之,誓以死报。"

与云南相邻的交趾(又作安南)较早归附了元朝,但对蒙元皇帝苛刻的内属国条件始终不乐意顺从接受,故叛服不常,和元朝的关系往往很紧张。赛典赤派人谕以顺逆祸福,且约为兄弟,交趾国王大喜,亲自到云南,赛典赤出城迎接,待以贵宾之礼。交趾国王深受感动,请求永为藩臣。至元十六年(1279年),赛典赤卒,年六十九。交趾国王派遣使者十二人以系麻代之丧服,前来祭奠,祭文中有"生我育我,慈父慈母"之语,和当地送葬的百姓一样,号泣震野。

赛典赤死后,忽必烈十分怀念他在云南的功绩,特意降诏:云南行省官员尽守赛典赤,不得辄改。忽必烈又担忧云南行省官对诸夷缺乏抚绥之方,故采纳近臣的举荐,任命赛典赤长子纳速剌丁为云南行省左丞,主持政务,不久升职为右丞和平章政事。纳速剌丁奉行其父的成规,主要做了三方面的事情:(1)精减官署,划一事权。纳速剌丁建言:云南境内有行省,又有宣慰司和都元帅府,近期宣慰司已经奏罢,而都元帅府尚存,行省既然兼领军民,都元帅府也应当废罢;云南官员子弟入质朝廷,大官子弟理当遣为人质,其余应罢免;精减哈剌章(大理)冗官,每年可省俸钱九百四十六两。(2)减轻赋役,祛除弊政。纳速剌丁又上奏:云南行省规措所造金箔贸易,损害民众,应罢止;屯田课程由专人主管,每岁能获得五千两的收入;放松道路之禁,畅通百姓往来;禁止负贩之徒随从征伐,禁止搜刮民财;为饮食费用,允许民众砍伐树木,货卖贸易;戒饬使臣,勿扰民居,建立急递铺以节省驿骑。(3)率军征讨招抚诸夷。纳速剌丁担任云南诸路都元帅时,曾带领军队抵达金齿、蒲、骠、曲蜡、缅国,招安夷寨三百个,登录户口十二万零二百。又规定租税,设置驿站,建立卫兵,并获得忽必烈的金银、锦衣等赏赐。尤其是在进攻缅国的作战中,以少胜多,战绩显著。至元二十三年(1286年)四月,升任平章政事的纳速剌丁,又奉忽必烈谕旨,分拨哈剌章、蒙古军一千人,赴交趾前线援助皇子脱欢。以上前两条,虽属于上奏建议,但大部分已被忽必烈批准并付诸实施。纳速剌丁大抵继承了其父抚治云南的政策,既宽厚为怀,又不断改进行省建立发展中的一些弊病和不足,基本上实现了忽必烈的嘱托与希望。

至元二十八年(1291年),纳速剌丁调任陕西省平章,翌年去世。而后,其子弟多人长期任职于云南行省,口碑很好。

云南行省由忽必烈亲自批准建立,赛典赤·赡思丁父子在忽必烈朝主持云南政务长达十八年。可以说,赛典赤·赡思丁父子是在忽必烈皇帝的支持下,抚治云南功劳最大,影响最大的人物。

第六节　忽必烈命帝师八思巴与宣政院统辖吐蕃

大蒙古国对吐蕃(西藏)地区的大规模经略,始于窝阔台大汗子阔端。忽必烈建立元朝以后,治理吐蕃地区的突出建树是:首次以宣政院直辖的方式,将吐蕃纳入中央政府的支配之下,首次在吐蕃地区建立以帝师为首脑的政教合一体制,首次以喇嘛教为纽带结成了大蒙古国皇帝与吐蕃政教上层之间的稳定联系。

忽必烈将吐蕃地区纳入元朝中央政府支配之下,设置宣政院及其所属吐蕃地区各级官府。

宣政院原名为总制院,至元元年(1264年)设置,至元二十五年(1288年)兼任总制院使的桑哥丞相,为"崇异"提高其地位,奏改为宣政院,职司依然是掌管天下佛教,兼治吐蕃之境。

宣政院及其前身总制院,都是忽必烈朝设立的管辖吐蕃地方的最高官署,秩从一品,与中书省、枢密院、御史台并为朝廷四大官府,得以自选其官的径自上奏。它开始即以帝师总管,下设使、同知、副使等若干。由于宣政院之名来自唐朝皇帝接见吐蕃使臣所用宫殿,其实际管辖吐蕃的权力和职责似乎更重要些。

宣政院管辖吐蕃的职司为军民兼领,全面负责该地区的军、政、财、刑各种政务。正如元朝人所云:"自河之西,直抵吐蕃西天竺诸国邑,其军旅、选格、刑赏、金谷之司,悉隶宣政院所属。"

宣政院属下是直接管理吐蕃地方事务的三道宣慰司,即吐蕃等处宣慰司都元帅府、吐蕃等路宣慰司都元帅府、乌思藏纳里速古鲁孙等三路宣慰司都元帅府。其下有元帅府、宣抚司、安抚司、万户府、千户所等。从宣慰使到万户的官员,由帝师或宣政院举荐,皇帝予以任命,万户和千户通常委以当地僧俗领袖,允许世袭。例如,乌思藏纳里速古鲁孙等三路宣慰司都元帅府下属十三万户,实际为十三个地方势力集团。原先十三万户没有高下尊卑之别,各自为政,互不统属,分别管理自己的地盘和属民,忽必烈有意扶植萨迦派,才使萨迦万户上升为十三万户之首。

首席宣慰使亦即吐蕃人所称"本钦",掌管所属军政事务。他作为朝廷任命的行政长官和当地政教合一体制下的世俗首长,负责直接管辖各万户,可以征调各万户的民夫,可以统率所属万户的军队。对犯罪万户,也可以审讯、处罚,乃至撤职。兼任萨迦万户宣慰使本钦,有权管理其他十二个万户。宣慰使本钦释迦桑布曾调集十三万户的人力修建萨迦大殿。

忽必烈即位不久,即派遣总制院使答失蛮前往吐蕃进行第一次设立站赤和清查户口的工作。临行,忽必烈亲自向答失蛮下达圣旨云:

答失蛮听旨,吐蕃之地,人民勇悍……现今吐蕃之地无王,仰仗成吉思汗皇帝之福德,广大国土俱已收归我朝统治。萨迦喇嘛也接受召请,担任我朝的上师。上师八思巴伯侄,本是一方之主,其学识在我等之上,如今也在我朝管辖之下。答失蛮,汝品行良善,速前往萨迦一次,使我听到人们传颂整个强悍的吐蕃已入于我薛禅皇帝忽必烈治下……路上所需各种物品,俱由御库官员拨给。自萨迦以下,可视道路险易,村落贫富,选择适宜建立大小驿站之地,仿照汉地设立驿站之例,建立驿站。

这样,忽必烈皇帝命答失蛮主持总制院事务,并在吐蕃地区进行了第一次设立站赤和清查户口。答失蛮奉忽必烈皇帝圣旨和帝师法旨,率领随从,携带来往路途所需和御库所颁赏赐吐蕃僧俗官员的物品,前来吐蕃。他们先到达朵思嘛,依次经过朵甘思,最后抵达萨迦寺。沿途召集各地僧俗民众,宣读圣旨和法旨,颁发堆积如山的赏赐品。遵照忽必烈的旨意,答失蛮从汉藏边界到萨迦之地,共设立了二十七个大驿站,乌思藏设十一个大驿站,并具体规定了各万户为驿站提供祇应的办法。大驿站之外,另设一定数量的小站,专用于出兵时提供军需供应。之后,忽必烈皇帝又特派大臣额济拉克,以同知之职前往萨迦,掌管吐蕃地区全境设立的二十七个大驿站。据史书记载,额济拉克是忽必烈皇帝派往吐蕃的第一位佩戴金牌的官员,赴吐蕃之前,曾任职于忽必烈远征大理之际的沿途驿站。他生性好善,对萨迦派和佛教十分敬仰,在吐蕃任职期间,对乌思藏恩德甚大。

吐蕃地区驿站管理与内地相似,自成系统,设站的地方往往成为一块较为独立的区域,不归属当地万户管辖。如遇到灾荒战乱时,朝廷还可以直接拨付所在站赤的供应补给。如至元二十九年(1292年)九月,因必里贡叛乱,忽必烈特别以诏令发给乌思藏五站各马一百匹,牛二百头,羊三百只的价银。

忽必烈朝对吐蕃的清查户口,共进行了三次。第一次是在1260年,与答失蛮在吐蕃设立二十七个站赤同时进行。第二次是在1268年,元朝廷派遣阿衮、弥陵二官员负责,清查的对象,除了户口,还包括土地。第三次是在1287年,忽必烈派遣御史和肃阿努汗与宣慰司本钦宣奴旺秋一同进行户口清查。

当时,户口计算以帐(户)为单位,夫妇二人,子女二人,奴婢二人,合计六人为一小帐(户)。按照此种计算方法,乌思藏纳里速古鲁孙地区第一次清查户口的结果为36453户。清查户口之初,曾经划分过世俗民户和寺院属民,二者的比例是四比六。以上统计户口数,只限于承担官府赋役的万户、千户所属世俗民户,不包括寺院属民。需要强调的是,吐蕃地区的万户、千户、百户的十进位组织编织,是随清查户口而引入的蒙古制度。具体到乌思藏纳里速古鲁孙等三路宣慰司都元帅府下属十三万户,就是在八思巴主持下划分的,包括调整和确定各万户的辖区,委任万户长和千户长等。

设驿站和清查户口,实属为将吐蕃置于"薛禅皇帝忽必烈治下",并实施有效管理的基本措施之一。

在忽必烈对吐蕃地区的经略和治理中,奠定萨迦派"政教合一"体制是一项非常重要的建树。简言之,所谓萨迦派"政教合一"体制,就是以帝师兼萨迦派教主为吐蕃政教最高首脑,白兰王或萨迦本钦为行政主管,萨迦款氏家族成员及亲信为核心,僧职和世俗官员互相配合,共同统治吐蕃的体制。

忽必烈即位后,尊八思巴为帝师,与八思巴结成了福田和施主的关系,元朝廷开始重点扶植和支持萨迦派,"帝师之命与诏敕并行于西土"。萨迦派随之成了最受元朝官方垂青的吐蕃宗教派别,帝师兼萨迦教主八思巴也成为吐蕃地区和全国佛教的最高领袖。

1264年,八思巴携其弟白兰王恰纳多吉启程返回阔别二十年的萨迦。五月一日临行,忽必烈授予他一道珍珠诏书。全文如下:

长生天气力里，大福荫护助里，皇帝圣旨：

晓谕众僧人及俗民等：

此世间之完满，是由成吉思汗之法度而生，后世之福德，须依佛法而积聚，明察于此，即可对释迦牟尼之道生起正见。朕善知此意，已向明白无误之上师八思巴请授灌顶，封彼为国师，任命其为所有僧众之统领。上师亦又对敬奉佛法、管理僧众、讲经、听法、修习等项明降法旨。僧人们不可违了上师之法旨，佛教最根本的是善于讲论佛法，年轻心诚者学法，懂得教法而不能讲经听法者可依律修习。如此行事，方合乎佛陀之教法，亦合乎朕担任施主、敬奉三宝之意愿。

汝僧人们如不依律讲经、听法、修习，则佛法何在？佛陀曾谓："吾之教法犹如兽王狮子，体内不生损害，外敌不能毁坏。"朕驻于通衢大道之上，对遵依朕之圣旨、善知教法之僧人，不分教派一律尊重服事。如此，对依律而行的僧人，无论军官、军人、守城官、达鲁花赤、金字使者，俱不准欺凌，不准摊派兵差赋税劳役，使彼等遵照释迦牟尼之教法，为朕告天祝祷着。朕并颁下圣旨使彼等收执。僧人之佛殿及僧舍里，金字使者不可住宿，不可索取饮食及乌拉差役。寺庙所有之土地、河流和水磨等，无论如何不可夺占、收取，不可强迫售卖。僧人们亦不可因有了圣旨而违背释迦牟尼教律而行。

朕之诏书于鼠年孟夏一日在上都写来。

在这道被称为珍珠诏书的文献中，忽必烈首次向吐蕃僧俗民众公布了元朝皇帝依佛法，接受八思巴灌顶，并与萨迦教主结成施主与福田关系的事实，公布了封八思巴为国师，命他统领一切僧人和管理吐蕃政教的旨意，进一步强调了"帝师之命与诏敕并行于西土"。在这个意义上,珍珠诏书也是一道授权八思巴在吐蕃地区建立隶属于元朝的政教合一统治体制的旨意,为八思巴颁布法旨管理吐蕃僧俗民众提供了政治依据。

蒙哥大汗时期,大蒙古国宗王纷纷在吐蕃地区寻求自己的势力范围。吐蕃佛教各派和一些地方首领,相继从蒙古大汗和诸王处获得诏书和令旨,似乎有各自领属的势头。这种情况下,要让他们服从萨迦教主八思巴的管理,颁布元朝皇帝的授权书,自然是必要的。由于忽必烈两次受灌顶时,先后将乌思藏地区十三万户和吐蕃全境奉献给八思巴为供养地,帝师八思巴至少在法理上拥有了对上述地区的管领权。据史书说:"由于此上师(八思巴)的功业,雪山环绕之吐蕃地方,不向皇帝之御库交纳贡赋、差税和兵役。"整个吐蕃地区享有的这种罕见的优惠,似乎不是忽必烈批准帝师奏请后的简单恩典和豁免,大抵是与上述奉献供养地有关。

因为乌思藏乃至吐蕃全境均成为帝师八思巴的供养地,其地的贡赋、差税和兵役,就应由帝师等萨迦派首领享用,而无须上缴朝廷。八思巴在吐蕃期间,还设立了包括司礼、服饰、宗教、文书等执事在内的十三种私人侍从官,组成了名曰"拉章"的机构。此机构及其侍从,很大程度上模仿元朝皇帝的怯薛,又结合吐蕃地区的情况加以改进。

"拉章"组成后,帝师八思巴也有了管辖政教的"教廷"。通常,帝师八思巴担任政教首脑,其职权有四:一是依据元朝皇帝的封授,作为藏传佛教的最高首领,对各教派的寺院、僧人行使管辖权。二是依据元朝皇帝的授权,掌管吐蕃地区的行政机构。三是举荐或任命本钦等吐蕃地区的各级官员。四是通过萨迦本钦,处理吐蕃地区的行政、户籍统计及诉讼等事务。八思巴死后的近二十年间,先后有四人嗣为帝师,即八思巴之弟亦怜真为第二任帝师,八思巴之侄答耳麻八剌剌吉塔为第三任帝师,八思巴门徒亦摄思连真为第四任帝师,八思巴侍者乞剌斯八斡节为第五任帝师。亦怜真等四位嗣帝师,在继承帝师之位的同时,也成为吐蕃地区政教首脑,并具有对吐蕃全境的管领权。

吐蕃政教合一体制建立初期,充当行政主管的是八思巴弟白兰王恰纳多吉。1264年夏,八思巴和其弟恰纳多吉在蒙古军队的护送下,启程返回吐蕃。不久,恰纳多吉被忽必烈封为白兰王。他是元朝方面委任的第一位吐蕃三区行政首长,也是帝师和萨迦派教主八思巴的代理人。通过八思巴和白兰王恰纳多吉兄弟搭档,元朝廷和帝师在吐蕃的政教合一体制得以初步建立。史书中说,忽必烈封恰纳多吉为白兰王,赐金印,把墨卡顿公主嫁给他,让他穿蒙古服装,任命他为吐蕃三区的总法官。在吐蕃地方,"帝师"和"王"的职位,最早就是在他们兄弟二人当权时出现的,二人对吐蕃民众恩德至大。三年后,恰纳多吉突然死亡,白兰王充当首长遂告一段落。

1267年,经八思巴举荐,萨迦派的代理教主释迦桑布很快被忽必烈任命为吐蕃地区的首席长官——萨迦本钦。本钦持有忽必烈赐予的印信和官职,按照朝廷的命令,在吐蕃地区清查户口和设置驿站,同时依然作为帝师和萨迦派的代表执掌政权。

1268年后,释迦本钦释迦桑布逝世,本钦一度由公哥监卜接任。此人虽为近侍,但不受八思巴喜欢。1274年,为安顿治理吐蕃地区事宜,八思巴再次返回吐蕃。忽必烈派遣太子真金率军队护送。八思巴曾在曲弥举行七万人参加的大法会,太子真金代表忽必烈充任施主,负责法令的费用,并给予每名与会僧人黄金一钱的布施。元朝军攻灭南宋之际,远在萨迦的八思巴特意给忽必烈写了奏章,表示祝贺。八思巴此次回到吐蕃所做的最重要的事情,当然是在忽必烈的支持下重新调整本钦人选。八思巴罢免了原先他任命的公哥监卜,委任尚尊为新本钦。公哥监卜心怀不满,公然对抗。

忽必烈听到太子真金对上述情况的奏报后,感到事关元朝和萨迦派在吐蕃统治的大局,于是果断决定予以佑护。忽必烈派遣原任八思巴侍从速古儿赤桑哥率领十万大军进入吐蕃讨伐,迅速击败对抗者,处死了公哥监卜。而后,桑哥赴萨迦拜见了八思巴,以示尊敬。

第三任本钦尚尊之后,八思巴还举荐秋波岗噶哇、强仁接任本钦。强仁本钦深得忽必烈赏识,获赐水晶印,并兼任首席宣慰使。

忽必烈对帝师八思巴为首的吐蕃政教合一体制,十分支持。在派兵干预前,本钦公哥监卜对抗八思巴,处死公哥监卜后,忽必烈派遣专使召八思巴回大都。八思巴自吐蕃抵达大都时,忽必烈命令王公宰辅士庶,出城一舍,专门搭建大香坛,设置大净供,"香华幢盖,大乐仙音",罗拜迎接。街衢两旁,五彩缤纷,万众瞻礼。以此表示元朝廷在重新调整本钦人选的情况下,对帝师八思巴的尊礼和政治护持。

前述桑哥所率军队的一部分还长期留驻在吐蕃,负责当地的军事镇戍与警戒。又改进乌思藏站户赴藏北驻站祇应的办法,命藏北驻屯的蒙古军拨出人员兼掌当地站赤,乌思藏站户只需派人运送驿站所需马匹牲畜及其他物资。这样,元朝不仅正式驻军于吐蕃,还直接掌管了吐蕃北部与内地相连的各驿站。这种来自朝廷的军事支持,对维护新建立的吐蕃政教合一体制,对元朝廷居上的控驭,都颇有意义。

1269年,忽必烈封皇七子奥鲁赤为西平王,驻吐蕃等处宣慰司(朵思麻)治所河州路。拉施特在《史集》中说,皇七子奥鲁赤是朵儿别真哈敦所生,云南王忽哥赤的同母弟。忽必烈把吐蕃地区赐给了奥鲁赤。奥鲁赤死后,又把吐蕃地区授予其子铁木儿不花。

实际上,忽必烈诸皇子分封之际,已改行宗王出镇,吐蕃地区只是西平王奥鲁赤的镇戍区,而非其封地,他对吐蕃地区仅负有镇护监管的责任。皇子西平王奥鲁赤以吐蕃为其镇戍区,也是代表忽必烈控驭吐蕃的一种特殊方式。

西平王奥鲁赤不仅对朵思麻地区可以进行就近监督和镇护,对乌思藏地区也同样进行监督和镇护。1290年,萨迦派与止贡派发生激烈冲突,奥鲁赤之子铁木儿不花应萨迦本钦旺连的请求,率军进藏与萨迦军队联手进攻止贡派,烧毁止贡寺院,杀止贡僧俗民众一万余人。这应该是西平王奥鲁赤父子行使其对整个吐蕃地区镇护监督权的典型事例。

元朝皇帝以喇嘛为纽带,与吐蕃政教上层之间结成了稳定的联系。这是历史上前所未有的,很大程度上又是从宗教信仰的层面,将原本为征服与被征服、中央与地方的关系,整合为施主与福田、皇帝与帝师的关系,大大增强了元朝皇帝与吐蕃政教上层之间的趋同性和一致性。这种纽带,在当时的历史环境下是至关重要的,是吐蕃第一次置于元朝中央政府统治下必不可少的。后来,它还被清朝统治者借用继承过来,成为清朝统治西藏的法宝之一,沿用了数百年。

第七节　忽必烈派郝经出使南宋议和失败

中统元年(1260年)三月,忽必烈在开平即位。忽必烈在即位后的最初几年里,为了集中力量对付阿里不哥反叛,下令撤回了随从他渡江围攻鄂州的蒙古军和汉军主力。后来,又相继任命史天泽为江淮诸翼军马经略使,李璮为江淮大都督,史权为江汉大都督,负责与南宋边境的防务,并实施以防为主的策略,力求使元、宋双方大体保持和或休战状态。

中统元年(1260年)四月,忽必烈采纳廉希宪"遣信使,谕以息兵讲和"的建议,派翰林侍读学士郝经佩金虎符为国信使,翰林待制何源、礼部郎中刘仁杰为副使,出使南宋,告以忽必烈即大汗位,且就履行昔鄂州和议中南宋方割地纳币等承诺进行谈判。

郝经为中州名士和政论家,也是忽必烈藩邸重要谋臣之一。在忽必烈渡江攻鄂州前夕,郝经就主张不要过早与南宋展开大规模军事冲突,而后,郝经又是劝说忽必烈中止攻鄂和及时北撤的主要谋臣。忽必烈选择他为使者,是非常恰当的,也表明当时忽必烈对与南宋议和确实抱有诚意。

临行前,郝经入见陛辞,忽必烈赏赐葡萄酒,亲自面谕道:"朕初即位,庶事草创,卿当远行,凡可辅朕者,亟以闻。"郝经遵旨奏上有关立政大要的便宜十六事,对元初的国政多有裨益。郝经又请求与一二名蒙古人偕行,忽必烈未予批准。降诏曰:"只卿等往,彼之君臣皆书生也。"

《元史·郝经传》还说，郝经奉使南宋，也有受中书平章王文统嫉妒、排挤等背景。

郝经一行进入南宋境后，适逢李璮擅自进犯南宋淮安军，被击败，因此，南宋两淮制置使李庭芝责怪郝经议和无诚意。

南宋丞相贾似道则一直隐瞒昔日鄂州城下许以割地、纳币的真相，反而令其门客廖莹中等杜撰贾似道在鄂州的护城之功，蒙蔽和欺骗南宋帝赵昀及其他朝廷大臣。此时，贾似道非常害怕郝经的到来会泄漏鄂州媾和的真相，于是命令将郝经秘密拘留在真州（今江苏仪征）忠勇军营新馆。

忽必烈见郝经出使南宋去而不返，杳无音信，十分焦急。先后于中统二年（1261年）五月和中统四年（1263年）二月派崔明道、王德素等为使者，诘问南宋稽留郝经的原因。

被禁锢的郝经也数次上书李庭芝、贾似道和南宋皇帝，极陈战和利害及祸福存亡之理，请求入见或归国，前后累计数十万言，都未得到南宋方面的实质性答复。

对于郝经出使南宋，贾似道心怀鬼胎，既不上报，也不正面答复，一拖再拖，致使郝经被南宋扣留长达十六年之久。

郝经等所居馆舍，棘墙阴户，昼夜环兵击柝，守卫巡逻。随从数十人，久被羁困，多有怨言。越七年，又发生随从人员之间反目斗殴之事，数人死于非命。郝经及其他六人移处别馆，继续在真州忠勇军营中受煎熬。

相传十四年后，郝经在受禁锢的馆舍中驯养了一只大雁。大雁每次见到郝经，都会兴奋地鼓翼引吭，若有所诉。或许是对求得自由

的渴望,郝经亲手题诗于尺帛:

> 霜落风高姿所如,归期回首是春初。
>
> 上林天子爱弓缴,穷海累臣有帛书。

郝经在帛书中,还题有如下附言和落款:"中统十五年九月一日放雁。获者勿杀。国信大使郝经书于真州忠勇军营新馆。"其系年写作中统十五年,明显是羁留南宋期间,全然不知中统五年已改至元年号的缘故。

第二年三月,此大雁果然为负责养鹰驯兽的虞人在汴梁金明池所获取。当年二月,迫于伯颜率大军渡江的压力,郝经终于被贾似道释放,回到大都城。或许是因为郝经已经北归,虞人并未将雁书及时上奏忽必烈皇帝。至元十三年(1276年)正月,雁书暂时为安丰教授王时中收藏。直到四十年后的元朝仁宗延祐五年(1318年),集贤院学士郭贯出任淮西廉访使之际,才上奏朝廷,并由中使取回京师。当时,仁宗皇帝命令将雁书装潢成卷,又令翰林集贤文臣缀文题记,然后藏于秘监(东观)。当时,有名的文臣王约、吴澄、袁桷、邓文原、虞集等均有题作。

至于《辍耕录》所言雁书被较快献于忽必烈,忽必烈恻然地说"四十骑滞江南,曾无一人雁比乎",就属于"好事者附会之谈"了。明朝初年宋濂早已辨其真伪。

尽管如此,"一寸蜡丸凭雁寄,明年春尽竟生还"的故事还是可信的。

至元十一年(1274年),郝经自真州北归时,已身患疾病。忽必烈闻讯,立即命令枢密院和尚医近侍前往迎接慰劳,并予医治。沿途父老瞻望其病体甚是衰弱,无不唏嘘流涕。

至元十二年夏,郝经一行抵达大都,觐见忽必烈于赴上都途中。忽必烈赐宴行殿,赏赐有差,命其留居家中治病。可惜的是,时至七月,郝经在大都溘然病逝,年仅五十三岁。王恽《哭郝内翰奉使》诗痛悼郝经英年早逝:

大河东汇杞连城,之子南来气宇盈。

……

义契重于平昔友,斯文公与后来盟。
苦心问字唐汉愈,全节归来汉子卿。

……

十六年间成底事,长编惟见史华名。

郝经出使南宋议和,本来可以由这位对南宋稍存亲善的人物进行南北沟通,或许能给南宋、元朝双方带来较长时间的和平与休战,然而被贾似道掩过报功之术一手破坏,元朝与南宋继续南北分治的可能或前景随之被葬送。1279年二月,忽必烈武力平定南宋,统一中国。

第八节　忽必烈灭亡南宋

1234年，大蒙古国与南宋的军队联合攻破蔡州，金朝帝完颜守绪自杀，金朝灭亡。南宋出兵收复汴京失败。秋，窝阔台大汗召开蒙古诸王贵族大会，议征伐南宋。1235年，窝阔台大汗遣子阔端、阔出等南下征伐南宋。1276年正月，南宋帝赵㬎遣使上表投降元朝。五月，赵㬎帝到达上都，忽必烈召见后，废其帝号，封瀛国公，至此南宋灭亡。1279年三月，元朝军攻崖山，南宋大臣陆秀夫抱新立幼帝赵昺投海而亡。

从1234年大蒙古国征伐南宋算起，至1276年五月南宋帝赵㬎到达上都投降元朝为止，大蒙古国与南宋之间的战争持续了四十二年之久。

1275年年底和次年年初，元朝伯颜大军兵临城下，南宋朝廷再三遣使求和，自责贾似道"失信误国"。南宋方面表示可称侄纳币，称侄不许，可称侄孙，再不许，可称臣，"只是乞存境土"。1276年正月，议和未成，伯颜大军已从平江进驻临安（今杭州，南宋国都）东北的险地皋亭山，阿剌罕、董文炳也来会合。南宋帝赵㬎无可奈何，遣使上表投降元朝，表示削去帝号，献奉州郡，"为宗社生灵祈哀请命。伯颜大将接受了降表，入临安城巡视，观潮于浙江，而后驻军于湖州"。二月，伯颜在临安设两浙大都督府，命忙兀台、范文虎入城视事；又命张惠、阿剌罕、董文炳等入城点核军民钱谷簿册和仓廪，收缴百官诰命官印；又命人收取御用器物、符玺和宫中图籍、珍宝。三月，伯颜大将北返,以董文炳、阿剌罕经略浙、闽未下州郡,以阿塔海等入宫宣诏,送赵㬎及宋太后北上。

消灭南宋王朝,统一江南,一直是蒙古统治者的战略目的。但由于蒙哥大汗指挥的进攻南宋战争选错了主攻方向,以致劳而无功,反遭失败。这样,完成这一历史任务的重任自然便落在忽必烈的肩上。

在蒙哥大汗重点攻蜀战略计划失败以后,摆在忽必烈面前的议题是,采用什么样的正确战略,在战略转变的过程中,大体上经历了三个阶段:

(一)在忽必烈率军南征的途中,他初次听到有的谋臣僚属对蒙哥大汗战略决策的非议,以及关于调整战略决策的主张。如忽必烈率军至相州时,杜瑛献计说:"若控襄樊之师,委戈下流,以捣其背,大业可定矣。"军至小濮,商挺对蒙哥大汗把主攻方向定在巴蜀颇有微词,说:"蜀险远,万乘岂宜轻动。"忽必烈当即表示赞同:"卿言正契吾心。"军至荡阴,戍守邓州的游显前来迎见。游显曾任宪宗蒙哥大汗宿卫,当蒙哥大汗率军至散关将入蜀时,他曾劝阻说:"巴蜀水则江流悍急,陆则陟降山险,舟车皆不可施。利(指利州)馈继甚艰,大军出此,恐非万全之策。不若取道关东夷途,直临江汉。"蒙哥大汗不听,认为"左方之帅,朕已付之,业已至此",势难挽回,"其有时宜,即彼言之"。游显这次是否把这一切禀告忽必烈,不可得知。但从"自今凡所欲言",可与廉希宪"偕以入告"的记载得知,他的建议是能直接面陈忽必烈的。郝经在蒙哥大汗攻蜀"师久无功",且"既闻"他死于合州的"凶讣"之时,进《东师议》,详细剖析了蒙哥大汗在选择攻南宋战略主攻方向上的失误,与此同时,他还提出改变战略主攻方向的建议。他认为,南宋人素来主张"有荆襄则可以保淮甸,有淮甸则可以保江南"。为此,"今当从彼所保以为吾攻,命一军出襄、邓,直渡汉水,造舟为梁,水陆济师。以轻兵缀襄阳,绝其粮路,重兵趋汉阳,出其不意,以伺江隙。不然,则重兵临襄阳,轻兵捷出,穿彻均、房,远叩归、峡,以应西师"。但由于当时忽必烈仅为御弟,无权决定战略,这些主张只好留在登极后参考选用。

(二)忽必烈即位后,"问以川蜀之事",一些谋臣僚属自然会再次把南征途中的议论主张上奏。近臣来阿八赤向忽必烈历陈其父术速忽里建言,牵制四川,以精锐出荆楚,乘势以定江南,未被蒙哥大汗采纳,反被斥之为迂的始末情况。忽必烈听后抚掌说:"当时若从此策,东南其足平乎! 朕在鄂渚,日望上流之声势耳。"戍守邓州的汉将郭侃,这时也在所上的"平宋之策"中说:"宋据东南,以吴越为家,其要地则荆襄而已。今日之计,当先取襄阳。既克襄阳,彼扬、庐诸城,弹丸地耳,置之勿顾,而直趋临安,疾雷不及掩耳,江淮、巴蜀不攻自平。"但由于当时忽必烈忙于与阿里不哥争位和平定李璮叛乱,以巩固政权、安定北方为急务,还来不及调整攻南宋战略,因此,这些建策和主张,也只有留待日后来施行。

(三)到了至元初年(1264 年)前后,随着阿里不哥的归附,李璮叛乱的平定,使忽必烈解除了攻南宋的后顾之忧;驻守河南的蒙古、汉军,在巩固后方基地的情况下,逐步把进攻的矛头集中到南宋的荆襄战区。这样,实现攻南宋战略主攻方向转移的条件终于成熟了。正是在这种背景下,忽必烈开始召见一些熟知边事的将领,"问以征南宋之策"。如中统三年(1262 年)冬,召见南宋四川降将杨大渊,杨大渊建言,"取吴必先取蜀,取蜀必先据夔"。这一建议仍未跳出蒙哥大汗的战略决策圈子,显然不合时宜。至元四年(1267)十一月,召见南宋四川另一员降将刘整,"奏攻宋主略,宜先从事襄阳"。至元六年(1269年)召统领沿边诸军的总领万户史权至阙下,史权对曰:"襄阳乃江陵之藩蔽,樊城乃襄阳之外郭,我军若先攻樊城,则襄阳不能支梧,不战自降矣。然后驻兵嘉定,耀武淮、泗,事必有济。"

从上述可见,改变蒙哥大汗时代攻守的主攻方向,首先从长江中游的襄樊进行战略突破,这几乎已成为忽必烈时代君臣朝野的共识。但是,在诸多的献策中,以刘整的建议最值得重视。这是因为:首先,刘整本人在归降前,是南宋西边的一员骁将,他"尽知国事虚实"。中统二年(1261年)六月,举其所驻之泸南重镇神臂城(今泸州市东南六十里之大江北岸)送款求降,造成震惊蒙古和南宋双方的重大事件。他在四川"无故而降",一度曾引起诸将的怀疑,认为"不可信也"。同样,由他在朝廷提出先攻襄阳的方略,也不能不使得朝臣们为之猜忌,以致当他进言"臣愿效犬马之劳,先攻襄阳,撤其捍蔽"之时,"廷议沮之"。其次,刘整的"方略"确有许多可取之处。概括起来,他提出了以下几个问题:

(一)时机问题。与大蒙古国实力日益增强形成鲜明对比,刘整认为"今宋主弱臣悖,立国一隅",这正是"天启混一之机",如果"圣朝有天下十七八",对南宋置之于一隅而不问,岂不是"自弃正统耶!"

(二)利弊问题。刘整主张"先攻襄阳,撤其捍蔽"的依据在于,他认为"攻蜀不若攻襄,无襄则无淮,无淮则江南可唾手下也"。又说:"襄阳吾故物,襞弃弗成,使宋得窃筑为强藩。如得襄阳,浮汉入江,则宋可平也。"他还强调指出:"襄阳破,则临安摇矣。若将所练水军,乘胜长驱,长江必皆非宋所有。"在《宋史》卷四六《度宗纪》上,记载有这样一件事:1272年底,刘整故吏罗鉴带着刘整的"书稿一帙","自北复还",投奔南宋。在这些书稿中,有刘整手书的"取江南二策:其一曰先取全蜀,蜀平,江南可定;其二曰清口、桃源,河、淮要冲,宜先城其地,屯山东军以图进取"。奇怪的是,在这份对策中却没有他所上奏的"先攻襄阳"方案。这可以解释为,罗鉴所带走的书稿如果不是刘整为混淆南宋视听而做的精心安排,就必定是他在决定"先攻襄阳"方案的过程中,为了做对比研究而整理的陪衬方案或被筛选淘汰的过时方案。由此可见,刘整的奏言,是经过了充分论证的。

(三)步骤问题。与以前提出过同类主张的其他廷臣谋士不同,刘整是南宋西边骁将,他不仅了解南宋军国虚实,而且还因其早年曾在京湖制司下面担任过军校的经历,对襄樊水城、防务状况以及守将的性格爱好特点都了如指掌。因此,他能提供执行这一方略分两步走的实施方案:

第一步,筑堡以围襄阳。镇守鄂州的南宋守将吕文德,素有威名和实战经验。蒙古军如在襄阳有所行动,难逃吕文德的干预过问。为此,刘整向忽必烈献计,根据吕文德贪财好利的弱点,"可以利诱"之。忽必烈如计施行,遣使献银带于吕文德,请求在襄阳城外置榷场互市。吕文德许之,于是蒙古遂借互市置榷场的名义,在樊阳城外面的鹿门山外筑土墙,内筑堡垒,乘势在襄阳城外建立了立足的军事据点。接着又在白鹤城增筑了第二堡,势力日渐扩大。吕文德知道后,顿足失悔,叹息说:"误朝廷者,我也!"

第二步，精练水军。在此之前，北方汉将王仲仁、董文炳等虽曾受命"造战船，习水战"，但因缺乏经验，不得要领，成效不大。而刘整犹"善于教练战士"。原南宋四川宣抚使李曾伯十分赏识他的这一才能，说如果"使湘兵得其教练三两年，皆可为精卒"。刘整降元后，鉴于当时蒙古军和北方汉军"战不如宋"的弱点，建议由他"造战舰，习水军"。忽必烈后来果然用其所长，命陕西行省造战舰五百艘付刘整，并派刘整和都元帅阿术在汉江一线精练水军。刘整遂"造船五千艘，日练水军，虽雨不能出，亦画地为船而习之"。不久，"得练卒七万"。

上述分析表明，刘整的献策已非一般纸上谈兵，而是适应日渐成熟的攻南宋形势，为配合战略重点和主攻方向的转移所提供的一份切实可行的方案。因此，尽管廷议阻挠，而忽必烈却能以一个政治家、军事战略家的眼光，对此给予足够的重视。他不顾"廷议"的反对，充分肯定这一方案，并明确表示："朕意决矣。"忽必烈不但采纳刘整的建言，攻襄阳，练水师，而且更授予他镇国上将军、都元帅，寄予南征的重任，让他在攻南宋战争中发挥智勇双全的军事才能。

南宋与元朝战争的历史过程表明，自从元朝改变主攻方向，首先攻陷襄阳以后，整个元朝灭亡南宋的战争进程大大加快。正因为先攻襄阳，一举击中了南宋的要害，所以后人评论说："宋之亡盖自襄樊始。"正因为刘整在促成忽必烈采取先攻襄樊的方略中发挥了重要作用，提供了可供实施作战的具体方案，所以《元史》称其"首建取襄阳之策，果立勋效"；元人揭傒斯说："非刘整之叛，无以周知渡江之谋……元遂用其策以灭宋"；明人也站在宋人的立场上，指责刘整曰：

"为划策陷襄阳、淮南、临安,遂俱不守,亡宋贼臣刘整罪居首。"

根据上述过程的酝酿,改变攻南宋战略主攻方向的构思日渐成熟了。在这种情况下,忽必烈终于下令调兵包围襄阳、樊城,由此揭开了元朝灭亡南宋的战略进攻序幕。南宋、元朝襄樊之战,从至元五年(1268年)九月开始包围襄樊,至元七年(1270年)冬完成战略包围;从至元九年(1272年)春开始,对樊城开始总攻,到至元十年(1273年)正月樊城陷落,二月南宋将吕文焕以襄阳投降元朝为止,整个战役持续了五年之久。襄樊战役是南宋防线全面崩溃,以至灭亡的转折,由此带来了南宋、元朝战局的根本性变化。

在元朝对南宋已处于战略优势的形势下,许多大臣皆以"声罪南伐为请",忽必烈为此降召谋臣姚枢、许衡、徒单公履等问计。徒单公履对曰:"乘破竹之势,席卷三吴,此其时矣。"一些将领也纷纷上书催促伐南宋:"汉水上流已为我有,顺流长驱,宋必可平。""宋兵弱于往昔,今不取之,时不能再。"

忽必烈为什么在攻陷襄樊后一段时间,不下令全线攻南宋呢?据《汉藏史籍》记载,这时忽必烈虽急于开疆拓邦,以发扬光大其祖先的尚武传统,但苦于找不到斩将搴旗的统帅之才,所以迟迟不见行动。为君之道,贵在择帅。千军易得,一将难求。忽必烈深深懂得,在确定和实现攻南宋战略重点和主攻方向转移后,任命能够提挈全军的统帅人物就是关键。蒙哥大汗征南宋,有勇无谋,只知"御驾亲征",不知善择良帅,居中制驭,其失败的教训殷鉴未远,记忆犹深。复加之这次总攻,即将统帅的是一支二十万大军的队伍,所要灭亡的是一个立国三百余年,"人心坚固"的南宋王朝。若不慎择统兵主帅,其后果注定是难以设想的。

在忽必烈同朝廷大臣商量统帅人选的过程中,一位年仅39岁的蒙古族青年成为众望所归者,他就是日后在南宋、元朝战争中叱咤风云的军事统帅伯颜。至元十年(1273年)谋臣姚枢上奏:"如求大将,非右丞相安童,知枢密院伯颜不可。"至元十一年(1274年),史天泽也说:"此国大事,可命重臣一人如安童、伯颜,都督诸军,则四海混同,可计日而待矣。臣老矣,如副将,犹足为之。"另据《汉藏史籍》记载,率先把伯颜推荐给忽必烈的,是掌管太宫内膳的能官玉昔帖木儿。在一次宴会上,伯颜又深得国师八思巴的赏识。于是,八思巴又在忽必烈面前竭力推荐伯颜,认为伯颜就是忽必烈深思已久的将帅之才,可以委以灭亡南宋大业。在众多大臣的推荐下,忽必烈终于表态说:"伯颜可以任吾此事矣。"

伯颜,蒙古八邻人,出身于蒙古的名门望族,是成吉思汗开国功臣的后嗣,其父臣属于拖雷家族。伯颜从小生长于西域,曾随旭烈兀参加西征。至元初年,伯颜作为旭烈兀使团的成员,由伊利汗国来到中国。当时,年仅30岁的伯颜被忽必烈看中并留在身边。从此,他成为忽必烈的亲侍大臣,历官中书左丞相、右丞,至元七年(1270年)始迁枢密院副使、同知枢密院事,主持襄樊前线伐南宋军政大事。忽必烈既拜伯颜为平南宋的统帅,又给了伯颜极大的信任和权力。至元十一年(1274年)三月,成立荆湖、淮西二行中书省,以伯颜、史天泽为荆湖行省左丞相。八月,为了号令统一,改淮西为行枢密院,仍保留荆湖行省。这样,伯颜不仅是元朝军的统帅,而且是征南宋前线最高行省长官。伯颜受命"将蛮子国土取来",临行前又请示说:"我至蛮子地界后,大军之事务或有疑难,当遣人请旨,当我遣使往陛下请旨等候圣断之时,大军进止当如何决定?"忽必烈又授权道:"除照我之命令行使外,其余汝可先自决定,并可委派各执事官员。"这一便宜行事的授权,在后来忽必烈派使者告诉给伯颜的话是:"将在军,不从中制,兵法也。宜从丞相(伯颜)言。"由此可见,忽必烈不仅善于择帅,而且御将得法。而伯颜确实也多谋善断,智勇双全,治军有方。正是在他们君臣的相知和默契配合下,元朝军终于在灭亡南宋战争中上演了一出威武雄壮、有声有色的话剧。

伯颜是中国古代战争史上一位杰出的军事统帅,他"深谋善断,将二十万众伐宋,若将一人,诸帅仰之若神明。"他不仅具有御将治下的杰出才能,而且更在平南宋战争中创造性地表现出克敌制胜的指挥艺术。下面着重介绍伯颜在指挥作战中的突出表现:

(一)机动灵活。至元十一年(1274年)九月,伯颜率军自襄阳出师后,第一道关口就碰上了汉水边上"恃江为围"和"兵粮食足"的坚城郢州(今湖北钟祥)。诸将求战心切,急于破此城以立头功。伯颜经过调查得知,郢州下流黄家湾堡以西,有沟渠阔数丈,南通藤湖,距汉江仅数里。时逢淋雨水涨,战舰可由此绕开郢州而入汉江。为此,他决定避免强攻,自陆地拖船入湖,迂行以渡汉江。他告诉要求攻城的将领说:"用兵缓急,我则知之。攻城,下策也,大军之出,岂为此一城哉。"于是,遂舍郢不攻,挥军顺流而下。后来,郢州一直坚城守至至元十二年(1275年)四月才投降。这证明当初伯颜的决策是正确的,如果贪恋一城之得,定会耽误忽必烈的渡江大计。

(二)伺隙捣虚。伯颜既舍郢而去,于十月破沙洋州,十一月进逼复州(今湖北沔阳)。伯颜分析说:"倘复州不肯归附,亦不宜攻击。自今时日相逼,前去大江不远,我军悉战力争,不在于斯,在于渡江耳。"复州投降后,伯颜率军至阳逻堡,与南宋军激战,三天也没攻下。伯颜密谋于平章,对副帅阿术说:"南宋军队以为我军'必拔此堡,方能渡江'。由于'此堡甚坚,攻之徒劳'。不若'泛舟直趋上流,为捣虚之计'。"阿术如计施行,率铁骑三千偷渡,果获成功。伯颜在此役中,身先士卒,披坚执锐,亲冒矢石,临行于阵,指挥若定。军中有将士受伤,伯颜亲为慰问,赐药治疗,因而士卒无不用命,以一当百。十二月十五日,伯颜登临武矶山(阳逻堡),见大江南北皆是元朝军,喜不自胜。诸将举酒称贺道:"自大元开创以来,丞相出师,一鼓而下江北,乃建大元丕洪之业,不世之功,非丞相其孰能与于此。"伯颜谦虚地表示:"殆非我一人之智,乃圣天子洪福,诸将之力也。"

(三)智能取胜。至元十二年(1275年)二月,伯颜率元朝军入池州(今安徽贵池),向丁家洲(今安徽铜陵东北)进发。南宋丞相贾似道建都督府于芜湖,督诸军马十三万,号称百万,驻扎于丁家洲,以孙虎臣为前锋,淮西制置使夏贵以战舰二千五百艘横亘江中。军威森严,势如云屯,准备以其优势兵力迎战元朝军。伯颜见状,认为"众寡不敌,宜以计胜"。于是,即命军中做大筏数十个,采薪刍置于筏上,扬言要焚烧南宋船,使南宋日夜严备,未敢稍懈。接着又命左右翼万户,率骑兵夹江而进,炮声震百里,以分散南宋军注意力。然后指挥战舰,合势冲击南宋军,两岸骑兵助攻,树炮击其中坚。阿术奉命挺身登舟,亲自掌舵,冲向敌船,舳舻相荡,乍分乍合。在元朝军三路夹攻之下,南宋军不能支。夏贵先以扁舟遁逃,并向贾似道船惊呼:"彼众我寡,势不可支矣。"贾似道闻言,仓皇失措,连忙鸣金收兵。伯颜率元朝军追杀,掳获战船、军资器械,不计其数。丁家洲一战,伯颜以智取胜,南宋的有生力量遭受惨重损失,所谓"十三万军,一时溃散"。

（四）乘胜进军。丁家洲战役后不几天,元朝军又占领了建康(今南京)。建康为江东重镇,由于元朝军控制江东,进逼两浙,使南宋首都临安处境日蹙,"则江东之势去矣"。正当伯颜部署继续进兵时,四月,忽必烈突然颁诏,以"时暑方炽,不利兴师"作为理由,命其暂时息军,俟秋再举。五月,又诏伯颜赴阙。伯颜返回上都,了解到这里北方叛王势力威胁朝廷,所以忽必烈命其息兵,改命他领军北征,以解其危。究竟是继续进兵灭亡南宋,还是北征平叛呢？伯颜以一个军事家的胆识分析认为,平南宋是统一一国之举,只有乘胜进军,才能收到全功。现在,南宋人如鸟兽四散,"今已扼其吭,少纵之则逸而逝矣";而"北边之事,尚可徐图"。伯颜没有盲目听从忽必烈"先北后南"的旨意,而是根据前线的实际情况,力陈继续进军,灭亡南宋,以竟全功的意见,最终促使忽必烈转变看法,放弃要伯颜率军先平蒙古诸王叛乱的决定。君臣相知,统一意见,进一步加快了灭亡南宋的步伐。七月,忽必烈以伯颜为中书右丞相,令其南返,"率诸将直趋临安",集中力量,尽快灭亡南宋,统一全国。

政治招谕,亦即政治招降,是配合军事进攻,减轻抵抗,争取人心的一种有效手段。深谙此道的忽必烈,从即位前远征云南和即位后在巴蜀地区推行的政治招谕中懂得,制止杀戮,优待南宋降官降将,安定南宋民心,是保证军事进攻胜利,收取军事进攻所无法得到的效果的重要条件。特别是在元朝对南宋本土发动全面总攻的形势下,为了不使江南原来的社会经济结构遭到更大的破坏,为了保存南宋所在临安的历史文化免遭战火的焚毁,严格实行政治招谕的方针显得尤其重要。所以,忽必烈在兴师攻南宋之初,就摆出一副吊民伐罪的姿态。至元十一年(1274年)六月,他在《兴师征江南谕行省军官诏》中宣布:"今遣汝等,水陆并进,布告遐迩,使咸知之。无辜之民,初无预焉,将士毋得妄加杀掠。有去逆效顺,别立奇功者,验等第迁赏。其或固拒不从及逆敌者,俘戮何疑。"七月,伯颜陛辞,即将率师伐南宋。忽必烈谕之曰:"惟逆战者如军律,余止杀掠。古之善取江南者,惟曹彬一人。汝能不杀,是亦一彬也。"在整个平南宋战争中,忽必烈就是本着这一方针督促伯颜执行的。归纳起来,其具体做法是:

(一)利用南宋降将扩大政治招谕影响。以南宋襄阳降将吕文焕为军前先锋,令其率部下到长江沿线未下之州,"临城谕之,令彼知我宽仁,善遇降将,亦策之善者也"。由于"沿江诸将多吕氏部曲",他们看到元朝厚待吕文焕,便消除了对元朝招降政策的疑虑,因而莫不"望风降附"。

(二)利用南宋军将扩大元朝的军事声威,瓦解南宋军的斗志。元朝军攻破阳逻堡,南宋守将夏贵纵兵奔逃。部将请求伯颜派兵追击,不可令其逃逸。伯颜说:"阳逻之捷,吾欲遣使前告南宋人,而夏贵代吾使,不必追也。"他显然是有意让夏贵奔逃,以便通过他的溃败,使尚在坚守的下游南宋军感受到元朝的强大军事攻势的威力。伯颜在大军云集鄂州时,又遣吕文焕向守将招谕说:"汝国所恃者,江、淮而已,今我大军飞渡长江,如履平地,汝辈何不速降?"这样,元朝在军事上的节节胜利和强大声威,终于威慑了南宋军,瓦解了他们的斗志,这对于减轻南宋军的抵抗程度,加快平南宋战争的进程具有重要作用。

(三)制定宽待降官降将,安定江南的政策。鄂州是元朝军飞渡长江后第一个投降的重镇,忽必烈在鄂州归降后,及时规定"新附官品级"。伯颜承制授南宋鄂州民兵总制王该知鄂州事,权知汉阳军王仪、知德安府来兴国"仍旧任"。接着,忽必烈又在招谕江、黄、鄂、岳、汉阳、安庆等地在诏书中宣布:"令农者就耒,商者就涂,士庶缁黄,各安已业。"至元十二年(1275年)四月,南宋湖北制置副使高达,以江陵出降。五月,忽必烈在授他为参知政事新职后,又颁诏谕说:"昔我国家出征,所获城邑,即委去之,未尝置兵戍守,以此连年征伐不息。夫征国家者,取其土地人民而已。虽得其地而无民,其谁与居!今欲保守新附城壁,使百姓安业力农。蒙古人未之知也,尔熟知其事,宜加勉旃。湖南州郡,皆汝旧部曲,未归附者何以招怀,生民何以安业,听汝为之。"这一诏谕,从统治江南,安业力农的高度,充分肯定了南宋原有官员的地位和作用,明确宣布保护他们的既得利益,发挥他们的特长,这对于号召南宋境土内的官员归降会产生很大作用。

(四)重申止杀之令。至元十年(1275年),元朝在"西起蜀川,东薄海隅"的南宋土地上,共"降城三十,户逾百万","自平江南未有如此之神捷者"。但是,也有一些"军官不思国之大计",纵兵"利财剽杀",以致造成"降城四壁之外,县邑丘虚,旷土无民"的现象。这样,必然引起南宋军民加剧抵抗,所以,"自夏徂秋,一城不降"。针对这种情况,姚枢从治乱的高度提醒忽必烈,劝他切不可因为平南宋妄杀,激起更加剧烈的抵抗,以免造成削弱自己在江南统治基础的严重后果。为此,忽必烈采纳姚枢的建议,"宜申遣公干官,专辅伯颜,宣布止杀之诏。有犯令者,必诛无赦"。当伯颜率军攻下建康时,忽必烈即遣国信使廉希贤佩金虎符传旨:"诸将各守营垒,毋得妄有侵掠。"伯颜遵旨,召集部将,反复强调:"诸军不得辄入人家,扰害百姓,犯者重罪。""严禁诸军不用(得)抄掠生口、侵夺人财、焚烧民屋。如有犯者,即以军令从之。"由于有这些命令和措施,在元朝灭亡南宋战争中,元朝军取南宋城数百,只有沙洋、常州、静江三次屠城的记录,可以说将大规模的杀戮现象减少到最低限度。

(五)和平招降临安(今杭州)。伯颜统率的三路元朝军日益迫近南宋首都临安城的时候,出现了"诸将利掳掠,争趋临安"的情况。伯颜问计于颇知兵法的书生孟祺。孟祺说:"宋人之计,惟有窜闽尔。若以兵迫之,彼必速逃,一旦盗起临安,三百年之积,焚荡无遗矣。莫若以计安之。"于是,伯颜遂遣使至临安约降,以稳住南宋廷君臣。伯颜部将董文炳率军登抵盐官(今浙江海宁西南),因多次招降不见南宋军答复,副将请求攻城屠杀。董文炳制止说:"此县去临安不百里,声势相及,临安约降已有成言,吾轻杀人,则害大计,况屠一县耶。"董文炳所说的大计,就是要以和平方式迫使南宋廷投降。在元朝强大的军事攻势和政治招抚面前,南宋谢太后终于决定在至元十三年(1276年)正月十八日,赍传国玉玺及降表至皋亭伯颜军前请降。元朝军以和平方式接管了临安城。三月十五日,元朝军入宫向谢太后宣旨,"免系颈牵羊之礼",并召南宋君臣入朝。伯颜随即偕南宋幼主赵㬎及其他官人北上。五月,忽必烈在上都接受南宋幼主赵㬎朝拜,授幼主赵㬎为开府仪同三司、检校大司徒,封瀛国公。南宋平,得府三十七、州一百二十八、关监二、县七百三十三。十一月,忽必烈命中书省檄谕中外,江南既平,南宋宜称亡宋,南宋国都称杭州。

元朝之所以能够灭亡南宋,主客观的原因是多方面的。金朝人没有灭亡的南宋,被元朝的开国皇帝忽必烈灭掉了;在大蒙古国诸大汗中,灭亡南宋的不是窝阔台和蒙哥,而是忽必烈,这决不是偶然的。从战争的主观指导角度观察可以发现,忽必烈能够在即位后,确立灭亡南宋的战略目标;正确处理各种矛盾,排除对南宋战争的干扰;交替运用和战手段,保持战略的主动地位;改变战略方面,以先攻襄阳为战略突破口;建立南进的战略基地;在骑兵、步兵之外,新建水军和炮军兵种;依靠汉军作为作战的主体;切戒妄杀,争取人心;善于择帅御将;政治重于军事等等。正因为忽必烈能够吸取历代帝王治国取天下的经验,以汉人之道治汉人,推行了一整套与蒙古传统不尽相同的攻南宋政策和策略,较为符合征服和统治江南汉地的实际和需要,所以他能最终取得成功。从这个意义上讲,忽必烈成为继秦皇、汉武、唐宗、宋祖之后,又一个统一中国的创业之主,是历史发展的必然结果。

据史书记载,忽必烈曾经询问降元朝南宋将领管如德:"我何以得天下,宋何以亡?"管如德回答:"陛下以福德胜之。"可见,忽必烈皇帝注重思考经验教训,是难能可贵的。

第九节　忽必烈平定蒙古诸王叛乱

蒙古诸王叛乱是困扰忽必烈的几大难题之一,这是大蒙古国的诸王分封制、幼子继承大汗位、忽里台选大汗制度遗留的恶果。黄金家族的每个男子,只要有一定能力,都以为可以被推举为大汗;而分封制又使之得到了部分土地、百姓、财富和军队,从而为其兴兵叛乱提供了条件和可能。西北方诸王,又对忽必烈用汉人、行汉法一直抱着对抗的态度,因而,蒙古诸王叛乱,在整个元朝一代都是一个难以解决的问题。

至元六年(1269年),在忽必烈南下灭南宋的关键时刻,窝阔台孙海都与察合台后王忙哥帖木儿大会于塔剌思河上,结成联盟,准备共同对付伊利汗国(忽必烈弟旭烈兀所建)。约定得手后,三分河中地区,三分之二归八剌,三分之一归海都和忙哥帖木儿。并派遣使者至上都,质问忽必烈:"本朝旧俗与汉法异,今留汉地,建都邑城郭,仪文制度遵用汉法,其故何如?"甚至提出,忽必烈若不改弦更张,他们将联合起来,对其进行讨伐。后来,八剌进兵阿姆河,海都违约未至,八剌被伊利汗国阿八哈可汗打败,含恨而死。海都乘机吞并了八剌的势力,从此成为雄踞漠北的一大势力,企图将大蒙古国大汗位从拖雷系手中夺回到窝阔台系。正是为了对付海都,忽必烈诏皇子北平王那木罕驻阿力麻里。那木罕打败了察合台后王的军队,海都乘机立八剌之子都哇为察合台汗国可汗,其力量进一步加强了。

至元十二年(1275年)正月,元朝廷下令追缴海都和八剌的金银符印,取消其宗王资格。但同时又派贵族昔班为使者,劝海都罢兵,海都不予理睬。不久,诸王火忽叛变,与海都联合,南疆一带,几乎尽为叛王所有。那木罕不断从阿力麻里派急使入朝,希望朝廷迅速调兵遣将,进行北征。同年,马可·波罗叔侄从西方的威尼斯来到元朝大都,他们经过海都占据的阿力麻里城,带来了那木罕的亲笔信件,还带来了更为可怕的消息。据马可·波罗说:"海都共有六万骑兵,其部众皆善战之士,训练有素,号令专一,赏罚分明,部队勇于作战。"年轻的那木罕根本不是海都的对手,建议忽必烈派老将前往。忽必烈认为,漠北是本朝的根本之地,不能落到叛王手中,于是采取先南后北的策略,命令伯颜领兵迅速攻克临安(今杭州),灭掉南宋。同时,派右丞相安童辅佐那木罕,共守漠北。

至元十三年(1276年)夏,随从那木罕北征的蒙哥大汗之子昔里吉,阿里不哥之子明里铁木儿、玉木忽儿,以及曾经叛降过诸王的蒙古将领脱里帖木儿等发动叛乱。他们奉昔里吉为主,拘系那木罕,捕安童送于海都处。忽必烈调南征主力北上,汉军都元帅阔阔带、李庭,大将阿术、相威等大败叛军;伯颜、土土哈在鄂尔浑河畔大破昔里吉军,收复了哈剌和林。后来,叛王内部发生分裂,伯颜大军又加强攻势,从叛诸王无以自存,先后于至元二十年(1283年)归降元朝廷。

后来,又有乃颜叛乱。乃颜是成吉思汗幼弟铁木哥的玄孙,东道诸王首领塔察儿之孙。他继承了铁木哥和诃额仑夫人的分地及塔察儿的封地,占据了东北大部分地区。其国土占东道诸王领地的十分之九,军队号称十二万,军力强盛,一直不肯向忽必烈称臣,一心要自立为大汗,于至元二十四年(1287年)发动叛乱。其他东道诸王哈赤温后王纳合儿、合丹,哈撒儿后王失都儿,以及成吉思汗庶子阔列坚后王也不干等都参与了这次叛乱。他们还与海都等西北诸王联络,构成了对元朝中央的严重威胁。忽必烈不顾七十余岁高龄,决定御驾亲征。他先派钦察名将土土哈进军土拉河畔,肃清了也不干等叛王;又派伯颜进驻哈剌和林,切断乃颜与海都的联系;同时,派出使者做东道诸王的工作,劝他们与乃颜解除联盟。这年五月,忽必烈自上都出发,亲率四十万蒙汉大军,带病亲征乃颜。乃颜听说忽必烈御驾亲征,急忙命令军队退至撒儿都鲁一带,在那里集结兵力,准备与忽必烈决战。乃颜是一位基督教徒,他的旗帜上绘有十字架。他有十二万兵马,号称四十万,以战车环卫为营。忽必烈令汉军以步兵持长矛,在炮火掩护下发起进攻。双方炮火连天,箭矢如雨,喊杀声惊天动地,士兵、战马死伤累累。马可·波罗记录了当时战场的情况:"由是双方部众执弓弩骨朵刀矛而战,其迅捷可谓奇观。人们只见双方发矢蔽天,有如暴雨。双方骑卒坠马而死者为数甚众,陈尸满地。死伤之中,各处声起,有如雷震。"结果,乃颜兵败被杀。乃颜余党合丹等继续北逃,流窜辽东、江西、高丽间,皇孙铁穆耳与土土哈、李庭等率军进击,至元二十八年(1291年)将其最后消灭。

乃颜叛乱平定后,忽必烈即将叛王的分民、财产没收,另分与他人;又命在乃颜故地立肇州城(今黑龙江肇源西),并将其所领部分蒙古军分置于河南、江浙、湖广、江西诸省。经过这次打击,东道诸王的势力大为削弱,受朝廷所置行省的节制。

第十节　忽必烈平定山东益都行省长官李璮叛乱

李璮是李全的义子,发动叛乱时是著名的汉人世侯,任山东益都行省长官、江淮大都督。在金朝末年,李全于1214年12月起兵反金,是山东红袄起义军领袖;1218年,归附南宋;1227年五月,又以青州投降蒙古,为山东淮南行省长官。1231年,李全攻南宋的扬州,死于军阵,由李璮袭为益都行省长官。到1262年,李璮发动叛乱时,他统治益都一带已有三十余年,拥有重兵。

1261年冬,忽必烈打败了阿里不哥,但还没有把他彻底摧垮。这年,忽必烈驻在漠南越冬,继续全神贯注于北面的战事。但就在这时,山东发生了李璮叛乱。

蒙古统治者招纳和利用汉人世侯,在中原地区逐渐建立了蒙古贵族地主的联合统治。但是,在权益上双方是存在矛盾的,而与其他世侯相比,李璮更自有打算。他认为这是一个"干戈烂漫"的乱世,"狐居兔穴,暮烟残照",蒙古统治者统治中原,不见得已成定局。他不甘心屈居于蒙古汗权之下,一直在等待时机,以成就自己的帝王事业。蒙古统治者屡次征调他的兵,他总是"诡辞不至"。蒙哥大汗去世后,忽必烈与阿里不哥争斗,内地防务空虚,使李璮感到"易腔改调"的机会出现了。

李璮发动叛乱是做了准备的。他不断扩大兵力,并擅自发兵修益都城堑。他的幕僚和岳父王文统做到中书平章政事,两人秘密来往,勾结已久。他同其他汉人世侯也有私下的联系。他按例将子李颜简入质,但从益都至京师质子营暗设私驿。1262年正月,李璮密召李颜简乘私驿逃回山东。

1262年二月,李璮终于发动叛乱,以海州、涟水等三城(今江苏东海县以东至涟水沿海一带)献给南宋,杀尽蒙古戍军后,挥兵北进益都。消息传到漠南开平城,忽必烈立即筹划对策。他问老幕僚姚枢:"你看如何?"姚枢回答说:"李璮倘若直捣燕京,控扼居庸,那是上策;与宋联合,固守扰边,是中策;出兵济南,等待世侯响应,是下策。"忽必烈又问:"如今这个叛贼将如何行动?"姚枢说:"李璮必出下策,他只能等待被俘。"于是,忽必烈命诸王哈必赤率领各路蒙古、汉军,从漠北前线转师向南,讨伐李璮。

不出姚枢所料,李璮果然进据济南,但没有更积极的行动。这是因为李璮虽握有重兵,但毕竟没有强大到足以直捣燕京,他就把希望寄托在其他世侯的响应上了。至于李璮与南宋的关系,彼此之间是谈不上信任的。李璮与元朝廷反目后,南宋乘机利用,授以保信、宁武军节度使,督视京东、河北各路军马,封齐郡王,但并未给予实际上的支援。他们之间,只不过是互相利用而已。

李璮进据济南时,似乎是信心十足的。他"投笔书怀",写了《水龙吟》一词,末尾两句是:"凭谁驱扫,眼底山河,胸中事业?一声长啸,太平时相将近也,稳稳百年燕赵。"然而,这只是他自己心目中的假象。当时,各路蒙古、汉军已在向济南进逼。其他汉人世侯,除个别人外,不但没有起来响应,反而都服从忽必烈的调度,参加了讨伐李璮的队伍。世侯们认为,忽必烈的统治基本上是可以接受的,而且忽必烈仍有强大兵力,他们意识到,为了保全和发展自己,与其反对他，不如继续追随他。

四月，忽必烈增派史天泽到山东前线节度各路军队。史天泽到达济南，对哈必赤说："李璮诡计多端，又有精兵，不宜与他硬拼，应当长期围困。"从四月三日起，各路将士开河筑环城。五月时，李璮已被困在济南，不能复出。到六月中，城内粮绝，军心涣散。李璮知道覆亡在即，于七月二十日投大明湖自尽，未死被俘。史天泽、张柔、严忠济（严实之子）等，怕李璮吐露他们之间过去的关系，立刻把他在军前处死了。

李璮叛乱，历时不到半年。虽然如此，它的影响却是很大的。忽必烈从此感到，尽管统治汉地当用汉法，但汉人不能完全信赖。他最重用的王文统竟是李璮一党，他当即予以诛杀。他对推荐过王文统的刘秉忠、廉希宪、商挺、张易等也都产生了怀疑。李璮与其他汉人世侯的秘密交往，他也看得很清楚，于是决心削夺世侯的权势。不过，当时的大局并不稳定，南有南宋，北有阿里不哥，而且世侯们势力很大，如今他们又心存顾虑，而对他们却仍需利用。所以，忽必烈慎重处置叛后事宜，一面安抚济南一带军民，奖励未参加叛乱的李璮部属；一面不追究过去与李璮的来往关系，连史天泽等擅杀李璮也置之不问。然后，在稳定局势的基础上，忽必烈果断地剥夺世侯的权力，一步一步地采取下列措施：1262年十二月，在各路实行军民分职，"管民官理民事，管军官掌兵戍，各有所司，不相统摄"。1263年正月，诸路奥鲁官（管理军需后勤）不再隶属于万户，凡奥鲁官内有各万户子、弟及私人的，一律罢免。二月，诏各路私造军器者处死。同年决定，汉人世侯子、弟，不得预政，已任官的一律罢免。1264年十二月，取消世侯的世袭制,立迁转法。1265年二月,以蒙古人充各路达鲁花赤,汉人充总管,回回人充同知,定为制度。

李璮叛乱后,汉人世侯们很不自安。但是,他们不可能再步李璮的后尘,而只想投合忽必烈的心思,以消除忽必烈对自己的疑虑。史天泽当时声望最高,他就带头主动请求削权,使忽必烈顺利地实行了上述措施。上述规定,确定了蒙古人在全国各地的政治领导地位,也注意发挥汉族地主和回回人的作用,建立起了蒙、汉、色目人的联合专政。但同时也为元朝的四等级制埋下了伏笔,最后导致民族矛盾激化,元朝短命而亡。这大概就是李璮事件给忽必烈带来的负面影响。

第十一节 忽必烈制定元朝军事制度

忽必烈在即位前,奉蒙哥大汗之命,统军进行过两次大战:1252年七月,统军十万,平定大理国,获胜;1258年十一月,统军征鄂州,与南宋签订议和书。忽必烈即位后,与阿里不哥进行过两次大战:1260年九月,忽必烈统军与阿里不哥大战,将其击败;1261年十一月,忽必烈统军大败阿里不哥于昔木土脑儿,阿里不哥北遁。

国内史学家评价,"忽必烈是一位伟大的战略家及军事家"。为了完成他一统天下的鸿志,首先灭掉了腐败无能的南宋政权,继而又征剿安南、缅甸、日本等国,同时也将吐蕃、高丽、大理等都攥在了自己的手心。元朝的统一是中国历史上空前的大统一,结束了宋、辽、夏、金、蒙几个政权长达三百多年的血腥征战,使元朝的疆域广袤无际:"北逾阴山,西极流沙,东尽辽左,南越海表。"如果说中国目前的地域辽阔,民族众多,那么,元朝的统一有着不可磨灭的历史功绩。作为大元帝国的创始者忽必烈,也因此彪炳史册,万古流芳。

忽必烈建立的元朝军队建制,采用蒙古传统的十进制,将军队编组为牌(十户)、百户、千户、万户。元朝的军队分为蒙古军、探马赤军、汉军和新附军,基本上是按民族等级分编的。

从窝阔台至忽必烈时期的探马赤军,其民族成分不断扩大,包括了唐兀、吐蕃、阿速、钦察等族人,以至一些汉人。

新附军就是原来的南宋军队,但也进行了改编。

"典军之官,视军数为名。"元朝的军官,自下而上,称牌头、百户、千户、万户和都万户;万户、千户,又都设达鲁花赤;同时,有称元帅、都元帅、招讨和都指挥使的。军官是世袭的。对军官的考核,有五个方面的内容:治军有法、镇守无虞、铠仗精完、差役平均、军无逃窜。禁止军官占使和"不恤"士卒。但是,实际上军官对应役军人的占使和剥削是十分严重的。

蒙古军和探马赤军都是骑兵。蒙古族和一些色目人,以及汉人(包括契丹和女真)中,从事放牧的人,15岁以上、70岁以下的男子,都编组起来,"上马则备战斗,下马则屯聚牧养"。不过,从忽必烈时期起,由于汉军大量增加,遇有征战,蒙古人中大致上是二丁签一。

汉军主要是步兵,也有骑兵和水兵。汉军起先多数是汉人世侯所属的军队,以及契丹军和女真军。蒙古灭亡金朝以后,蒙古统治者又几次在中原签民充军,编入军籍。有时规定二十丁签一。至元十一年(1274年)时,北方共196万余户,其中军户占六分之一,即三十几万户。签军时,一般是签丁多力强的中户,但中户不足时,也扩大到下户。元朝重视军籍的稳定。一旦签编为军户,便不能变更。户主死亡,或逃避军役,都由次丁(兄弟、儿子)继补;没有次丁的,以少壮驱丁代替。户绝,再由民户中签补。这是一种编定军籍的征兵制度。

军户免去科差,田四顷以内,免纳赋税,杂泛差役与和雇和买,也可以减免。军户的主要封椿义务是承担军役。军役往往远离乡土,当役军人除口粮、物料、衣装外,自备鞍马、军需和路费,负担是相当重的。所以,军户中有独军户,也有和军户。和军户就是二三户,甚至五户合为军户,由一丁力强的户出丁充军,称正军户;其余的户出钱物津贴,称贴军户。正军户和贴军户是"同户当军",其中正军户是"军头"(户头)。正、贴军户所共同负担的本户士卒的费用,称封椿(或作装)钱。

新附军是由南宋军队改编的,因而保留了南宋募兵制的因素,与汉军不同。新附军士卒全家老小餐领口粮,士卒死后,留下的家人,仍由官府赡养。但同时,他不享受四顷以内田地免税的待遇,要按亩数纳地税,并承担杂泛差役。

元朝政府规定,由专门机构管理军人的家属,称为"奥鲁"(蒙古语,营盘)。蒙古军和探马赤军的奥鲁官,隶属于千户、万户;汉军的奥鲁官原先也隶属于千户、万户,后来由地方长官兼领。奥鲁官的职责是管理军户、签发军役和征收封椿钱。

元朝的全部军队,分为宿卫和镇戍两部分。宿卫,除了原来已有的怯薛,忽必烈皇帝又建立了卫军。在1262—1279年,先后建立了右、左、中、前、后五卫亲军。卫的长官称都指挥使。卫相当于万户。以后,忽必烈及其后继者陆续增置卫军,至元朝末年共设有三十四卫。卫的士卒,都要挑选"勇悍者"来充当。最早的五卫是汉人卫军,后来有不少是色目人卫军,如唐兀卫、阿速卫、康礼卫、钦察卫、西域亲军等,而右都威卫,则是由探马赤军组成。卫军的主要任务是保卫大都、上都,以及附近地区和作为中央军队征伐宗室的叛乱等。从制度的演变来看,卫的混合性质特别值得注意。"卫"的名称来自唐代制度,卫的长官"都指挥使"的名称来自宋朝制度,而卫下的建制(千户、百户和牌)则又出于蒙古国制度。

除了宿卫军以外,元朝诸军镇戍在全国的战略要地、边疆,镇戍的部署,"视地区之轻重而为之多寡"。这在忽必烈时期已形成基本格局,以后未予变动。蒙古军、探马赤军、汉军和新附军交叉驻防,在腹里和河南行省,多驻蒙古军和探马赤军,在长江以南多驻汉军。但新附军一般不驻长江以北。驻在各地的镇戍军,由各行省两个长官统辖,一般为蒙古人和色目人。

宿卫军和镇戍军,都是国家的正规军,"内外相维,以制轻重之势"。此外,还有一些"乡兵",即地方军队。另外,在京师和州县,都设有"弓手",负责防盗、捕盗。弓手从当差户计,每百户中取中户一名充当,本户的差发税粮免去,而由其余九十九户分摊。弓手属京师的兵马司和州县的巡检司管辖,只是地方治安人员。

元朝枢密院,掌管怯薛以外的全部军队。枢密院统领卫军,监领各行省管军的长官。宋朝的枢密院由文官担任,而且只有调遣权。金朝的都元帅府——枢密院长官不限于文官担任,但权力与宋朝大致相同。元朝枢密院的权力扩大了,不仅有调遣权,而且直接管领军队,任用军官。也就是说,在元朝时,兵部的一些权力划归了枢密院,兵部只掌管郡邑的邮驿屯牧了。在元朝中央,军权集中到枢密院,而枢密院的主要长官,只能由蒙古人、色目人担任;要地镇戍军的将帅,多数由蒙古宗王担任。所以,元朝的兵制,既保证了兵源,使用了汉人、南人中的军事人才,又使蒙古贵族和色目人上层控制了军权。

忽必烈作为一位伟大的战略家、军事家,为元朝制定了一套完整的军事制度。忽必烈亲自指挥的战争,据史料记载有四次,并不多。一般来说,他的军事才能,更多地表现在战略上,而不是战术上。1253 年伐云南之役,越雪山,过草地,践幽谷,历穷乡,艰难险阻,以至侍从多饥饿困惫。作为军事统帅,忽必烈的这种坚忍不拔、不畏万难的精神是值得佩服的。然而最令人惊叹的,还是从侧后对南宋迂回,以便一举灭亡南宋的远大战略安排。专家、学者至今仍然很难理解,蒙古军究竟为什么能出此奇兵。根据《史集》记载,兵进云南这手高棋便是忽必烈首先提出,经过蒙哥大汗批准的。(《成吉思汗的继承者》第223页)

忽必烈于1259年进攻鄂州时,在八月已得到蒙哥大汗病逝的消息。在这主丧国摇的时刻,他仍然不听谏阻,以偏师孤军,不当进而进。郝经就对他"自出师以来,进而不退",表示很不理解。其实,从单纯军事观点看,忽必烈对于整个战争的败局和他自己孤军深入的危险是不会不清楚的。他之所以甘心冒险,出偏师孤军,不当进而进,不外乎三个方面的考虑:一是忽必烈原已被蒙哥大汗剥夺了军权,必须利用这个机会,亲赴军前,才有可能掌握东路这一支军队,为下一步争夺大汗位准备实力。二是接应由云南北上,转战千里,处境危殆的兀良合台军。这支军队中包括察合台之孙阿必失哈及左手诸王五十人(《成吉思汗的继承者》第248页),接应他们平安北返,就可以在即将举行的选举大蒙古国大汗的忽里台上得到他们的支持,造成自己竞选上的优势。三是耻于无功而返。这在崇拜英雄主义的蒙古人中也有助于树立自己勇敢无畏的形象。可见,在这种貌似冒进的鲁莽行径后面,老谋深算的忽必烈实已从战略上着眼,为追求一个"大有为于天下"的宏大计划准备了重要的阶梯。

在军事上,忽必烈大量使用汉军,建立了一个大大依存于汉军势力的军事体制。忽必烈在同漠北的阿里不哥争位时,不可能掌握更多蒙古军力量。因此,他只能用身边的怯薛、参加攻鄂州之役的汉军,以及从汉地选拔的骁勇之士充任的侍卫亲军构成的武装力量。这支力量,既是忽必烈政权的强大支柱,也是他借以挫败阿里不哥的得力工具。据统计,驻防燕京的汉军就有三万多人,攻占哈剌和林城,参加决战的部队多数为汉军。在这次征战中立了大功的汉人将领有:史天泽、董文炳、郑江、李仕佑、孔元、刘复亨、皇毅、蔡珍、鲜卑准等九人。在昔木土脑儿之战后,为防御阿里不哥南犯,忽必烈亲率怯薛、武卫军和汉军七万户拒敌,以汉军为主力。七万户为张柔、邸浃、王文干、解诚、张荣贵、严忠嗣、张宏,他们都是跟随忽必烈参与攻鄂州之役的汉人将领,在帮助忽必烈应付汗位争夺危机中又发挥了重要作用。

第十二节　忽必烈制定元朝法律

❖ 法律制度

至元八年(1271年)以前,中原汉地断理狱讼,基本上参用金朝泰和律定罪量刑。至元八年(1271年)以后,忽必烈颁布了当时尚书省奏定的条画,同时禁止使用金泰和律。但是,这个条画大概也只是收集了一些诏敕和条格,还不能算作新律。至元二十八年(1291年),忽必烈命何荣祖"简除苛繁,始定新律",编定了《至元新格》,在至元二十八年(1291年)五月,忽必烈奏准颁行。

《至元新格》在元代法制史上,具有非常特殊的地位。它以当时陆续颁行的各种法规为依据,按照一般法典所通行的行文格式和体裁重新撰写,并加以系统地分类编次而成书。全书共分十目:公规、选格、治民、理财、赋役、课程、仓库、造作、防盗、察狱。每目之下,分列十数条,这些条文都具有行政法或其他有关门类的法规的性质。《至元新格》全书,今虽不存,但其条文被著录于《通制条格》、《元典章》等者即达百条。由于它的全书原文仅"不数千言",所以,这百条引文当已基本反映该书全貌。从形式上来讲,《至元新格》确实是按照一般法典规格编写而成的,这在整个元代法制史上属于仅见之例。但是,从内容上讲,它又过于单薄,非但几乎完全没有涉及刑法,其规模距离一部真正的行政法、民法或财政法的法典亦仍相当遥远。因此,《至元新格》的成书和颁行,并没有从根本上解决元代法无定制的问题。

元朝成宗铁穆耳时期,复命何荣祖更定律令,他共择取三百八十条,"一条有该三四事者",名为《大德律令》。成宗曾诏"元老大臣聚听之",但郑介夫在大德七年(1303年)奏章中指出,《大德律令》"论舛甚多"。大概就因为这个原因,最终没有颁行。

元朝惠宗妥懽帖睦尔时期,元廷又重倡修律之议。1350年冬,欧阳玄"奉敕撰定国律,撰选格序"。这里所说的国律,当不仅指刑法典,因为欧阳玄为之作序的,分明是构成行政法典一部分的"选格"。

《大元通制》全书共2539条,分为制诏94条、条格1151条、断例717条,此外,尚有别类577条。

《至正条格》的性质与《大元通制》相同,包括制诏(150条)、条格(1700条)、断例(1509条)三部分。关于这部书的名称,参与纂集之役的朵尔直班曾经提出过异议。他说:"是书上有祖宗制诰,安得独称今日年号(指至正)。又律中条格乃其一门耳,安可独以为书名。"但是"时相不能从,唯除制诰而已"。(《元史》卷一三九《朵尔直班传》)所以,这部书只有条格和断例两部分颁行天下。《至正条格》,全书已经佚失。

元朝法制的第一部重要的史料,是元文宗图帖睦尔时期修成的《经世大典》。自天历三年(1330年)四月起设局编修此书,到至顺二年(1331年)五月告竣,先由赵世延,继由虞集实际主持纂修。全书分帝号、帝训、帝制、帝系、治典、赋典、礼典、政典、宪典、工典等十篇。编纂原则,是"仿六典之制","参酌唐宗会要之体,会粹国朝故实之文",即将各部门档案文书收集起来,分类编次并从文字上略加修饰润色,使之"通国语于《尔雅》,去吏牍之繁辞"而已。(虞集:《经世大典序录》,《国朝文类》卷四〇)事实上,要在一年零一个月的时间内,完成这部八百八十卷的巨著,不这样做也是不可想象的。

《经世大典》十篇中除记载"君事"的前四篇外,其余六篇实际上大致相当于吏、户、礼、兵、刑、工六部的典制集录,这就给后来编写《元史》各志带来很大的方便。《元史》各志,基本上是从《经世大典》有关部分摘录下来,拼缀成章的。

《经世大典》原书今已佚失。流传到现在的,只是保留在《永乐大典》残卷中的一小部分,著录于《国朝文类》各篇序言和其他少数材料中。

据《元史》卷一〇二《刑法志》一,以及其他有关史料,元代的五刑体制是:笞刑、杖刑、徒刑、流刑、处死。关于死刑,元朝初时定为绞、斩二等。以后又正式在刑制中增加凌迟处死一项,限于惩治属于"大恶"的若干种罪行。据《经世大典序录·五刑》,后来,死刑"有斩无绞"。元人沈仲纬编著的律字教本《刑统赋疏》仍有"死刑二等",绞斩之说。

各级官府对于犯人的定刑权限为:诸杖罪,五十七以下,司(录事司)、县断决;八十七以下,散府、州、军断决;一百七十以下,宣慰司、总管府断决。配、流、死罪,依例勘审完备,申关刑部待集体与议,共同署押,称为"圆署"制度。只有路、府所置推官,由于是专门董理刑名,其余诸色事务,可以不参加会议通署。凡有罪囚,先由推官鞫问,问明案情后,再由全体行政官员"通审圆署"。所隶州、县发生的刑案,如超出当地官府决断权限,也由路、府推官负责审理。

从忽必烈即位到至元八年（1271年），元朝在刑法施行方面，除对五刑体制作了某些折代调整外，基本上维持着原来的状况。其次，至元八年（1271年）十一月，废《泰和律》后，大量征引"旧例"作为量刑直接根据的情形不再出现，这可以从反面证明，过去循用的"旧例"确系《泰和律》律文。最后，《元典章》卷一七《户部》三《父母在许令支析》引"唐律：祖父母、父母不得令子孙分另别籍"；同时，又引"旧例：女真人其祖父母、父母在日支析及令子孙别籍者听"。这是元人以"旧例"特指金律的有力证据。

中统、至元之初，有关刑狱之事，除重刑结案申部上报外，一般案件亦许有司，"就便量情断遣"。因此，今天所能看到的至元八年（1271年）以前经省部裁决的案例，大体可分为两类：一类属于对重刑的处断。另一类是在量刑方面对《泰和律》加以折代更动的案例。这是各地量刑处断时对《泰和律》规定的刑罚作相减省折代的依据。

至元八年（1271年）以后，元廷废《泰和律》。但在有关立法文书中，仍有援引"旧例"律文的情况出现。这时候，不过是在制定新律令时参考"旧例"中所体现的传统法度，而不是以"旧例"作为处理公事的直接法律依据，因此它与至元八年（1271年）以前的情况是不相同的。

❖ 选择官吏制度

大蒙古国至元元年（1264年）八月，忽必烈新立条格，省并州县，定官吏员数，分品从官职。十二月，罢诸侯世守，立迁转法。（《元史》卷五《世祖纪》二）至此，任命、迁调各级官员的权力，基本上收归中央。至元十四年(1277年)八月,中书省又奏准《循行选法体例》,颁行有司,由是对内外官员铨注、迁转、升等的规定更加详明、系统。

根据忽必烈制定的"成宪",枢密院、御史台、宣政院三大系统用人得自选闻奏。此外,百官的任免进退,一般都须经过中书省系统。职官升迁,从七品以下属吏部,正七品以上属中书省,三品以上不拘常调,不由政府决定。六品至九品之职,由中书省牒署拟授,称为"敕授";一品至五品由皇帝下制书任命,称为"宣授"。(《元史》卷八三《选举志》三)

官员的迁转升等,分为三个系统,随朝诸衙门及行省、宣慰司官,常例三十个月为一考,一考计一等;外任地方官,常例三年为一考,一般需要二至三考升一等,蒙古、色目官员不在此限;臣官只在管匠官范围内流转。随朝官员的升迁速度最快,所以在当时尤其视为"热选"。一般汉人,特别是南人,能得一官半职者,大都也不过是州县卑秩,要想升到从四品以上的品秩是十分困难的。因此,高级官僚阶层基本上为半世袭化的蒙古、色目贵族和极少数汉族官僚所垄断。从怯薛中不断地选拔人员,担任各种军政要职是保持这种垄断的重要途径之一。姚燧在大德年间评论当日入仕之途,首举宿卫,谓"由宿卫者,言出中禁,中书奉行制敕而已"。直到元末,朱德润论用人时仍说"凡入官者,首以宿卫近侍……盖近侍多世勋子孙"。而且这一部分人一旦入任,皆居于要津。所以,叶子奇慨叹,"天下治平之时,台省要官皆北人为之,汉人、南人万中无一二"。

元朝官员的来源,有科举、荫叙、推举三方面。但科举制度直到元代中期才恢复,规模也很小。荫叙制度初定于至元四年(1267年),

改定于大德四年(1300年)。按大德规定,正、从一品官员之子许承荫正、从五品官,正、从二品官员之子许承荫正、从六品官,以下依例递减,正、从五品官之子许承荫正、从九品官,六品、七品官之子只能承荫不入流品的吏职。品官子孙承荫,以一人为限。很明显,承荫为官的人数也不是很多的。除此之外,元朝官员主要来源于推举。推举的情况比较复杂。由宿卫出职,担任高级官僚,实际上就是推举的一种;皇帝对不属于宿卫的人员,经常颁特旨授职委任,因为区别于常选,所以称为"别里哥选"(蒙古语,译言符验),也属于推举的一种;此外,中下层官僚,大部分由掾史、书吏入流出职,占了由推举入官者的大部分。这是元代选拔官吏制度的重要特点之一。

金室南渡,蒙古自北而下,控制半个中国,"郡县往往荷毡披氀之人,捐弓下马,使为守令。其于法意之低昂,民情之幽隐,不能周知而悉究。是以取尝为胥曹者,命具之文书上,又详指说焉"。甚至"司县或三员或四员,而有俱不识一字者,一县之政,求不出于胥吏之手亦难矣"。其结果,"事之然不然、可不可,长贰不得独决于上,必于吏目折衷焉"。事实上,在很多情况下,吏甚至擅断了行政公事。"钱谷、转输、期会、工作、计最、刑赏、阀阅、道里、名物,非刀笔简牍无以记载施行,而吏始见用。……事定,军将有定秩,而为政者,吏或专之。"吏的势力急剧膨胀,以至后来在北方,"曰官曰吏,靡有轻贱贵重之殊。今之官即昔之吏,今之吏即后之官。官之与吏……每以字呼,不以势分相邻也"。元初由吏入流的途径便在这样的形势下自然畅通了。甚至一部分吏员,适应着选拔官吏制度未定而客观上又有补注阙员的需要,以惊人的速度获得晋升。

忽必烈统一全国后,官员日渐冗滥,对吏员入仕的规定就比较严格了。他们的晋升途径大致如下:从县吏历六十月经府州司吏而至路吏,然后经过公选,入廉访司作书吏(也有从儒人直接被推举为廉访司书吏的),历六十月可经行台书吏而升至御史台书吏,再历三十月为省部令史。自省部令史,或历九十月出职为从七品官;或历六十月而为省掾(行省、院、台令史,历三十月亦可为省掾),再九十月出职,则为从六品官。其他机构中的吏员晋升状况,大致与此相同。由县吏出职为七品官,需要经过二十年以上的漫长岁月,自北而南,人皆以吏为师。"民家子弟才及十四五岁,托吏投充",争当贴、书之类的见习吏员,"学习吏文,以求速进"。

由六部令史、行省掾或者都省掾出仕居七品之职,比从九品或八品职官依例迁调要快得多。做吏虽然其位卑而役重,然而"盈考优升,俾为捷径,人亦忘重劳焉"。所以,元代有许多人宁可已官而复至省、部为掾,由是"六部宣司史外,已官复掾者,又居其半"。究其原因,不外乎"为掾则一跃可至"七品,而"他官非十年不可其志,亦可悯也"。

❖ 科举制度

忽必烈即位以后,元廷围绕科举行废问题,曾展开反复讨论。其中比较重要的,是至元十年(1273年)之议。这次拟定的程式,曾于次年十一月间呈闻太子真金。其"条目之详,具载于策书"。《元史·选举志》谓世祖时,"事虽未及行,而选举之判已立",当即指此而言。但是终忽必烈之世,科举制度始终没有实行。成宗、武宗时,也一再议贡举"法度",但仍然没有结果。

元朝前期,科举长期停废的原因是多方面的。首先,忽必烈立国之前,蒙古国对中原的统治已长达半世纪之久。在这个时期,蒙古军政长官和汉人世侯都通过"承制宣署"及自行辟署两种途径选拔使用了大量军政官员。忽必烈更定官制时,"先帝朝廷旧人,圣上潜邸至龙飞以来凡沾一命之人,随路州府乡曾历任司县无大过之人,暨亡金曾入仕及到殿举人",都成了既定官员人选。因此,元朝开国之初,另辟取仕途径的客观需要,不像其他新王朝那么紧迫。其次,中统、至元之际,国家多事,"渡鄂渚,平内乱,讨贼壇,取江南,破襄汉,驾洋海,下占城,定高丽,问罪交州,扫清辽甸",大量的军费开支,使元政府面对严重的财政问题。忽必烈信用阿合马、桑哥等人以"理财助国",遭到朝中许多儒臣的反对。这就进一步加深了蒙古统治者对儒臣的隔阂,因此对于遴选"真儒"的科举制度十分冷淡。再者,在忽必烈疏远儒臣、科举制度拘泥不行的同时,由吏入仕逐渐制度化。由吏出身的官员往往精于簿书期令,比较符合理财之臣用以督责百姓、聚敛掊克的需要。这种用吏制度在形成的过程中,以越来越大的力量推挤了实行科举的可能性。最后,科举在长期推行过程中,其自身流弊日甚。元灭南宋后,一部分儒生甚至痛呼:"以学术误天下者,皆科举程文之士。儒也无辞以自解矣!"元初接近忽必烈的一部分理学家如许衡等人,由于忌恶宋金科场遗风,所以着重强调举办学校,作新人才,对立即恢复科举也不感兴趣。社会对以章句注疏、声律对偶之学取士的严厉批评,也加深了蒙古统治者对科举制本身的不信任。

由于上述种种原因,自忽必烈开国算起,元朝前期科举停废长达半个世纪之久。直到主张以儒治国的元仁宗爱育黎拔力八达即位，为整顿吏治，改革由吏入仕制度带来的某些弊端，才重新提出"求贤取士，何法为上"的问题。仁宗皇庆二年（1313年）末，元廷以行科举诏颁布天下，决定恢复科举制度。第一次考试，在仁宗延祐时举行，故以延祐首科见诸史文。

元代科举考试，每三年举行一次，分为乡试、会试、殿试三道。

"乡试"之名始于金朝。元地方一级考试沿用"乡试"之名，于八月举行。其科目，蒙古、色目人试二场：第一场经问五条，第二场策一道。至正时改经问五条为三条，另增本经义一道。经问只在四书内出题，增本经义一道，须在《诗经》、《尚书》、《周易》、《春秋》、《礼记》内明一经，难度增大了。汉、南人试三场：第一场明经；第二场古赋、诏诰、章表内科一道，至正时改古赋外于诏诰、章表内又科一道；第三场，策问一道。答题时四书、《诗经》采朱熹注，《周易》主程颐、朱熹之说，《尚书》用朱熹门人蔡沈之说，《春秋》用程颐私淑弟子胡安国作的传。这样，除《礼记》尚用古注疏，《春秋》许用《左传》、《公羊传》、《谷梁传》外，其他儒家经典一律以程朱理学的阐发附会为本。所以，袁枚曾惊叹："师友授受，宗于一门，会于一郡……何其盛也。"

乡试科场，全国共设十七处，从赴试者中选合格者三百名到大都会试。

至正十九年（1359年），又定寓试解额，依原额减半；此年并在福建初设，定额七人。

"会试"之名亦始见于金朝。元朝会试定于乡试二月举行，科目与乡试同。会试共取录一百人，其中蒙古、色目、汉人、南人各二十五名,参加殿试,其内容为试策一道。殿试诸生不再被黜落,只是以所对策第其高下,重新厘定等次,以"国人暨诸部"(即蒙古、色目人)为右榜,以汉、南人为左榜,唱名公布。两榜各分三甲。第一甲各一人,赐进士及第,秩从六品;第二甲赐进士出身,秩正七品;第三甲同进士出身,正八品。元统元年(1333年)殿试曾稍异其制,右、左榜第一甲各三人,皆赐进士及第。

元代科举考试,从延祐首科至元末,共举行过九次。其间由于伯颜擅权,执意废科,还曾停科两次。科举规模,无论就取录人数或进士的地位前途而言,与唐、宋相比,都是很不足道的。

❖ 赋税制度

忽必烈即位之后,进一步严格了"送纳之期、收受之式、封完之禁、会计之法"等有关规定。按至元间的定制,北方赋税主要有两项,即税粮和科差。

税粮分为丁税和地税两种。丁税每丁粟二石,地税每亩粟三升。诸色户计按照各种规定分别交纳地税和丁税中的一种。作为对儒户、僧道等的优待,规定他们纳地税,不纳丁税。军、站户也不纳丁税,并且可免四项地税,其余按亩征收。

包银在蒙哥时代定为四两,惟二两输银,二两折收丝绢、颜色等物。到中统四年(1263年),全部以钞输纳。至元四年(1267年)五月,又下令按缴纳包银的数额,每四两增纳一两,以给诸路官吏俸禄,是为俸钞。

南方的夏、秋二税。元代,江南赋税与南宋相同,即继续征收秋税和夏税。两税中,以秋税为主。秋税征取主要是粮食,南方若干地区也有以部分税折钞征收的。征科江南夏税之制,定于成宗元贞二年(1296年)。江南征收夏税的地区,分为两类。一类是世祖年间就已开始征收的地区,即江东和浙西。所以《元史·食货志》说:"世祖平宋,除江东、浙西,其余独征秋税而已。"另一类地区包括浙东、福建和湖广行省的北部。江西行省(包括今广东省部分地区)和湖广行省南部州向来未征收夏税。夏税的征收办法和数额,以南宋旧例为据,各地不尽统一。

忽必烈平宋后,对开垦南方公田和荒闲地的富户与一般百姓,由官府提供"工本",税率(实际上是租率)依南宋旧额酌减三分之一。后来,逐渐取消了"工本",但对"有心种田的百姓每",仍规定初年免税,次年纳半,第三年"三停内交纳二停",并且蠲免其他杂泛差役。大德年间,又诏令各处官司优抚不能还业的流民,"有官田愿种者,从便给之,并免差税五年"。在对官田佃民给予某些优惠的同时,元初官田的租额相对来说也是比较轻的。约从成宗末年起,逐渐形成"官田租重"的趋势,元代中后期官田剥削率达到百分之五十以上,有的地区甚至亩岁输谷二石二斗。不仅如此,这个时期,国家对于官田佃民的剥削,具有更加明显的超经济强制的性质,以致浙西地区"言及公田,孰不怨恨!言及公田,谁肯耕作!"

元朝的收入,还来自于各色税课,包括盐税、茶税、酒醋税、商税、市舶抽分、额外课,以及金银铜铁等课。《元典章》中,把上述各种名目税课全部著录于"课程"之下。

《元史·食货志·岁课》所著录的"天历元年岁课之数",实际上还是抽分所得,政府经营的铜冶,产量相对要高得多。例如,至大二年(1309年),上都、大都银冶提举司输银八十五锭,次年输银七十锭。而天历元年,腹里银课总额一共只有一锭半,官营产量不在其中是十分明显的。

第十三节　忽必烈统治时期阿合马专权及其被杀

阿合马,元朝初期大臣。回回人,出生于中亚费纳喀忒(原苏联乌兹别克塔什干西南锡尔河右岸)。初隶弘吉剌部按陈那颜,后随按陈女察必(顺圣皇后)入宫。忽必烈中统二年(1261年),为上都同知,次年领中书左右部,兼诸路都转运使,负责财赋。忽必烈至元元年(1264年),升中书平章政事。此后兼制国用使,改尚书省平章政事。至元九年(1272年),尚书省并入中书省,又为中书平章政事达十年之久。时值灭南宋前后,元廷费用浩繁,阿合马采取兴铁冶、铸农器官卖、增盐课、括户口、推行钞法、籍括药材等措施,使财政支出得以应付,因此,深得忽必烈宠信。阿合马专权横暴,打击异己,贪赃不法,引起太子真金和许多大臣不满,人民普遍愤恨。至元十九年(1282年)三月,益都千户王著与高和尚等乘忽必烈和真金去上都的机会,潜入大都,假称真金回宫,召阿合马至,杀阿合马及其党羽郝祯。王著和高和尚旋被捕杀。从1262年算起,阿合马主持财政达二十年之久,在元朝政治经济生活中影响很大。

阿合马之所以得宠于忽必烈,主要因为他"善于理财"。也就是说,他懂得如何大肆搜刮,增加朝廷收入,以满足忽必烈在财政上的巨额需求。首先是赋税,阿合马极力追征逋赋,加重了农民负担。征南宋战事不断,农民艰困,一些地方减免赋额,阿合马认为会使国用不足,坚持按旧额征收。此外,盐、茶、酒、醋的税额也不断增加。因此,在劝农政策下,恢复了的农业生产,没有给农民带来许多好处,而是经过阿合马之手充实了元朝廷的国库。其次是官办矿冶,其中铁冶的规模最大,与农业生产的关系也最密切。但是,阿合马实行官办铁冶,铸造农器官卖,价高路远,很不方便,甚至耽误耕作。再次是钞法,阿合马通过大量发行无本的纸钞来收进社会上的财富。于是,"钞轻物重",纸钞贬值,物价涌贵。1276年,江南平定后,阿合马又力促忽必烈在江南以中统钞更换南宋的交会,并实行盐与药材的官卖。

阿合马感到遵循汉法建立起来的国家机构,有碍于自己"理财",便千方百计地去控制、变更或削弱这些机构。1266年,增立制国用使司,他兼领使职。1268年,御史台新立,他害怕它的监察职能,屡屡奏请撤销,未能得逞,又百般钳制它发挥作用。这时,木华黎的后裔安童为相,站在汉法派一边,对他有很大的妨碍。1269年,他奏请升安童为太师,企图架空安童,但未得逞。第二年,他又奏立尚书省,以排挤和取代中书省的权力,他任尚书省平章政事。从此,他大肆排斥汉法派官员,而把自己的心腹安插到重要岗位。安童进行干预,他公然说:"大小事情都交给我办了,用什么人,应由我来挑选。"1272年,两省合并,表面上是尚书省并入中书省,实际上是阿合马以尚书省的班底去控制中书省。"一门悉处要津",他的子侄都担任了重要官职。如,1273年时,他的儿子忽辛是大都路总管兼大兴府尹;江南平定后,他的另一个儿子抹速忽,出任杭州达鲁花赤。他又广为收罗党羽,不少商贾向他行贿而取得官职。他广占美女,甚至献美女的人也可以得到高位。从忽辛开始,他的部属往往利用职权经商,而且侵盗国库大量财物。渐渐地,阿合马家族占有了大量的土地和财宝。

"权臣屡毁汉法"。阿合马的作为,是对忽必烈已经推行的汉法的大破坏。针对这种情况,一些汉法派大臣,如史天泽、张文谦、廉希宪、许衡等,纷纷起来抗争。但是,阿合马"多智巧言",史天泽等人往往辩不过他。双方的争执,都由忽必烈亲自裁断。有时候,忽必烈也抑止一下阿合马,但是,忽必烈认为,阿合马理财有成效,在这方面大多还是听从阿合马的主意。到了1274年,安童见阿合马擅权日重,企图匡救,毅然奏劾阿合马害国害民。忽必烈不予理会,反而称赞唯有阿合马是回回人中的相才。1275年,安童受命出镇北边,实际上被挤出了朝廷。在这前后,刘秉忠、史天泽、赵璧等又先后去世。在朝廷中,汉法派势力越来越弱,便又站到皇太子真金的旗帜下来,与阿合马抗衡。真金原来就任中书令兼枢密使,但实际上并不主持政事,一切由忽必烈亲自决定。1279年十月,在汉法派巧妙活动后,忽必烈终于同意,国家庶务由真金临决,而后向他报告。真金积极支持汉法,对阿合马十分厌恶。阿合马尽管专横跋扈,但却很怕这位太子。

阿合马专权暴敛,引起普遍的不满和怨恨。但是,阿合马一党控制了许多权力,凡是反对他们的人都遭到打击,甚至被迫害致死。1278年,中书左丞崔斌又奏陈阿合马的奸恶,忽必烈也开始觉察阿合马的问题,但还传话不得罢黜他。然而,第二年,崔斌竟被阿合马诬构罪名,惨遭杀害。崔斌之死,"天下冤之"。人们普遍意识到阿合马是国家大害,非除掉不可。1280年,廉希宪病危,真金派侍臣去慰问。廉希宪说:"我病已重,听天由命好了。我所担心的是,现在大奸专政,群小阿谀附和,误国害民,这才是大病。要赶快除掉他,否则,病情越来越严重,就不可救药了。"

1282年三月,忽必烈按惯例离开大都去上都,真金随同。阿合马、张易（中书平章政事兼枢密副使）等留守大都。益都千户王著看到人心愤怒，密铸一大铜锤，立誓以铜锤击毙阿合马。三月十七日夜，王著与高和尚合谋，联络八十余人，假称皇太子还京做佛事，进入大都。守宫员忙兀台、张九思、高觿等察觉有异，集合卫士进行防备。但张易听从王著矫传的皇太子令旨，发兵来到东宫。王著等到达东宫南门，呼唤阿合马出来迎接。阿合马刚一出门，王著当即把他抓住，用藏在袖中的铜锤砸碎了他的脑袋，又把阿合马同党郝祯叫出来杀了，把张惠囚禁了。这时，张九思、高觿等赶到，指挥宿卫出击，乱箭齐发，起事者溃散。王著挺身而出，泰然就缚。接着，高和尚也被捕。忽必烈闻报震怒，立即派枢密副使孛罗、司徒和礼霍孙等急赴大都镇压。二十一日，王著、高和尚、张易等都被处死。王著临刑时，"气不少挫而视死如归"。他大声说："我王著为天下除害，今天要死了，将来必定会有人记述我的事迹。"他死时年仅29岁。后来，王恽写了一首《义侠行》，对王著倍加颂扬。诗中写道：

陂陀燕血济时雨，一洗六合妖氛收。

丈夫百年等一死，死得其所鸿毛輶。

事发后，忽必烈从孛罗处得知阿合马许多奸恶，甚至侵吞了大量财宝，于是下令将阿合马戮尸，让狗吃他的肉。阿合马的子侄全部处死，他们的家产全部没收，同党也多被罢黜。但是，阿合马虽死，忽必烈仍然需要阿合马那样的人。尽管南宋已灭亡，忽必烈还想征服日本、占城、缅甸和爪哇等国。忽必烈对宗亲勋贵的赏赐更有常例，而且不断增长。因此，忽必烈继续需要"善于理财"的人来增加国库的收入。在这里，忽必烈仍然在某种程度上表现了蒙古贵族嗜好征战和掠夺的本性。这就是忽必烈消极、保守的一面,使他在晚年不能坚持推行汉法,并且留下了"黩武嗜利"的名声。忽必烈以后重用的卢世荣和桑哥,同阿合马一脉相承,甚至更有过之。1291年,桑哥被诛杀。

据《史集》记载:"真金也对他(阿合马)没有好感,甚至有一次用弓打他的头,把他的脸打破了。当他到了合罕处,(合罕)就问道:'你的脸怎么啦?'他回答说:'被马踢了。'(正好)真金在场,他就生气地说道:'你说得无耻,(这是)真金打的。'还有一次,他当着合罕的面狠狠地用拳头打了他(阿合马)。阿合马一直都怕真金皇太子。"

阿合马虽然是不可一世的权臣,但他毕竟是忽必烈和察必皇后的家臣、奴才,也等于是皇太子真金的家臣、奴才。惧怕皇太子真金,完全合乎蒙古贵族主奴隶属的传统。皇太子真金学儒读经较多,对汉法的认同与接受,明显超过其父忽必烈。在张文谦、廉希宪、许衡、安童与阿合马的冲突中,他始终站在阿合马为首的色目人理财臣僚的对立面,公开支持汉法派臣僚。在忽必烈对阿合马宠幸长久不衰,其政敌相继被排挤出朝廷要职的情形下,皇太子真金又成了唯一可以和阿合马抗衡的汉法派的领袖人物。

王著、高和尚杀阿合马,之所以能通过枢密副使张易调动右卫侍卫亲军参与,之所以能骗得平时防范甚严的阿合马引颈受死,正是利用了真金憎恨阿合马和阿合马最害怕皇太子真金这一众人熟知的情节。

真金虽然和暗杀阿合马无直接联系,但对张易等人颇为同情。张易被诛而免于传首郡县,就是皇太子真金向忽必烈说情的结果。

第十四节　忽必烈创制蒙古八思巴文字

大蒙古国、元朝时期,先后行用过两种蒙古文字。成吉思汗建立大蒙古国后,创制了蒙古畏兀文字。忽必烈皇帝建立元朝后,创制了蒙古八思巴文字。

忽必烈命八思巴制作的蒙古字颁行后,蒙古畏兀字不再作为元朝官方文字,但在民间仍继续行用。

忽必烈皇帝于1260年即位后,封授喇嘛教萨迦派首领八思巴为国师、帝师,命他制作蒙古文字。至元六年(1269年),由八思巴制作的蒙古新文字正式颁行。次年,忽必烈又改称蒙古国文字,史称蒙古八思巴文字。至元八年(1271年),忽必烈规定:"今后不得将蒙古文字道作新字。"从此,蒙古八思巴文字成为元朝官方法定文字。

八思巴(1239—1280年),原名罗古罗思·监藏(慧幢),7岁时就能诵读数十万字的佛经,号称圣童,长大后学识渊博。忽必烈认为,畏兀体蒙古文,只是一种文字的借用,不能算作蒙古族自己的文字,因而,他让八思巴创制了新字。八思巴在畏兀人文书奴等的帮助下,创制了蒙古文字,并在1269年由忽必烈皇帝下诏颁行天下。这种蒙古文字系依据藏文字母改制而成。藏文字母来源于梵文字母,横行拼写。八思巴制作的蒙古文字,为仿体,自上而下直写,自右向左行,当是参照了蒙古畏兀字和汉字的书写及构字方式。蒙古八思巴字,有字母41个,用以拼写蒙古语,也拼写汉语,字母基本通用,但有些字母在拼写蒙古语和汉语时,代表的音值不同。元朝人称这种蒙古字为"国字"。由于是八思巴主持创制的,世称为"八思巴字"。又由于字呈方形,也称为方体字。

用蒙古八思巴字拼写蒙古语,比原来的畏兀字准确得多。例如,蒙古畏兀文字,一个读 s 音的字母,又可以读作 sh,ds,c,z,zh,一字六音,很容易读混;但在蒙古八思巴文字中,这六个音分别用六个字母表示,分得很清楚。用蒙古八思巴字来拼写汉语,就当时水平来说,也是很精确的。而且,蒙古八思巴字是汉语拼音文字的一次尝试,是一个重大的创造。

忽必烈皇帝很喜欢蒙古八思巴文字。1269 年初,忽必烈皇帝下令,在全国推行蒙古八思巴文字,宣布以后他颁降诏谕以蒙古八思巴文字为主。同时,明确指出,全国各地少数民族通用的文字为副。1269 年七月,元朝廷作出决定,在全国各路、府、州设立蒙古文学,吸取地方官员子弟和民间子弟入学,教授蒙古八思巴文字。后来,元朝廷又规定,各路、府、州蒙古文学的教授、官员,比儒学教授的级别高一级。生员学成后,经过考试可担任学官或译史,以表示重视和鼓励。1281 年,元朝廷在大都设立蒙古国子学,选各民族官僚子弟入学,也着重教授八思巴文字。同年,元朝廷规定,凡是省、部、台、院的奏文和其他文书,都要用蒙古八思巴字书写。怯薛(护卫)和必阇赤(文书),在一百天内都要学会蒙古八思巴字。1284 年,元朝廷再进一步提出要求,各处大小衙门的表章,都要用蒙古八思巴字书写。

元朝廷以行政手段大力推行蒙古八思巴字,当时在一定范围内得到了推广使用。蒙汉各民族中,都有一些人学会了蒙古八思巴字。但是,蒙古八思巴文字的字形很复杂,书写起来也很不方便,因此,蒙古八思巴文字成了官方特用的文字,在民间没有得到普遍使用。

蒙古八思巴文字文献,现保留在中国各地的碑石和历代收藏的拓本,以及官印、钞币等文物上。广东南华寺保存的元仁宗圣旨原件,是现存元朝蒙古八思巴字的珍贵文献。《事林广记·蒙古字百家姓》、传写本《蒙古字韵》,将汉字与拼写汉语的蒙古八思巴字对照,是元朝的识字课本。此外,现在还可见到蒙古八思巴字"译写的藏语佛经的残片"。

元朝时期,蒙古八思巴字始终作为官方文字使用。元朝灭亡后,北元政权曾用以铸造官印。此后,蒙古八思巴字渐不通用。蒙古畏兀字,经过改革以后,在中国内蒙古自治区境内沿用至今。例如,蒙古文《内蒙古日报》、《实践》杂志等数十种报纸杂志,在全国蒙古族集聚区发行。

蒙古八思巴文字的使用时间只有一百来年,但是,它是我们祖国文化库藏中的一块闪烁着奇异光彩的瑰宝,现已成为史学家们研究的重要课题。

第十五节　元世祖忽必烈皇帝的历史功绩

1251年七月,忽必烈36岁时,受蒙哥大汗之命,总领漠南汉地军国庶事。从此算起,忽必烈一生中经历了四十四年的军事、政治生涯。

忽必烈皇帝在世八十年,在中国历代皇帝中实属长寿皇帝。他在大蒙古国大汗位上,做了十二年大汗(1260—1271年);建立元朝后,做了二十多年皇帝(1271—1294年)。忽必烈皇帝在位三十五年,他的最大历史功绩是:完成了统一中国大业。忽必烈是元朝的开国皇帝,他在位三十五年,占去元朝百年历史的三分之一。而且,元朝的大部分典章奠定于忽必烈统治时期。在这个意义上,可以说,忽必烈皇帝的历史,就是"半部元史"。

1271年十一月,忽必烈改"大蒙古"国号为"大元",这是忽必烈皇帝为统一中国迈出的第一步。

忽必烈即位后,结束了中国自唐末五代以来三百多年的四分五裂局面,并为元、明、清三朝六百多年的统一奠定了基础。历史证明,元朝的统一规模是中国历史上最大的,"舆图之广,历古所无"。《元史·地理志》中写道:自秦统一中国后,"汉、隋、唐、宋为盛,然幅员之广,咸不逮元"。元朝的疆土,"北逾阴山,西极流沙,东尽辽左,南越海表"。东南所至不下汉、唐。尤其在西北方向,不仅越过汉、唐,而且还伸展到难以里数计算的地方。因此,可以说,我们祖国今天的辽阔疆域,就是在忽必烈皇帝统治时期的基础上定下轮廓的。

忽必烈皇帝建立的元朝,改绘了自成吉思汗以来的大蒙古国的政治地图,地图包括三大汗国(钦察、察合台、伊利汗国)在内。其实三大汗国已经走上独立发展的道路。因此,三大汗国仅在名义上奉元朝皇帝为大蒙古国的大汗,而把自己作为元朝的宗藩之国。

成吉思汗建立的大蒙古国,以漠北草原为中心,以哈剌和林为国都。忽必烈即位后,以上都为国都;1272年二月,忽必烈皇帝下令"改中都为大都",并将中书省的署第建在大都。这样,大都燕京便正式成为元朝的首都,而上都开平则降为陪都、夏都,哈剌和林城降为岭北治所。

大都城坐北朝南,呈一个方整的矩形,南北较长。全城的中心点在积水潭(今什刹海)东岸的中心阁,南濒旧金口河废道(今东西长安街)。以中心阁为基准,向南至旧金口河,向西尽积水潭为距离,向东与北两侧对称展开,以确定全城的四至。周围总计两万八千六百米,分设城门十一座。正南居中为丽正门,左为文明门,右为顺承门。东西居中为崇仁门,南为齐化门,北为光熙门。西面居中为和义门,南为平则门,北为肃清门。正北之东为安贞门,之西为健德门。城墙夯土筑成,外傅苇帘,以防雨水侵蚀。城内区划方整有序,"街道甚直,此端可见彼端"(《马可·波罗行记》中册第335页)。"自南以至于北,谓之经;自东至西,谓之纬。大街二十四步阔,小街十二步阔,三百八十四火巷,二十九衖通。"(《析津志辑佚》第4页。"衖通"即"胡同",系蒙古语"忽同",意为"井"之音译)全城区分为五十坊。商业区主要集中在城中心的钟鼓楼和城西的羊角市一带。有米市、面市、羊市、马市、牛市、骆驼市、驴骡市、缎子市、皮帽市、帽子市、鹅鸭市、珠子市、沙剌(意为珊瑚)市、铁器市、柴炭市,等等。

皇城居全城的正南而稍偏西。环绕皇城的城墙称作萧墙或阑马墙,周围约二十里。宫殿主体分布在从城南墙的正门丽正门,直通钟鼓楼的正南北中轴线上。皇城南向的正门为灵星门。灵星门外至丽正门之间是广阔的宫廷广场,左右两侧为千步廊。入灵星门,前面横着三道白玉石桥(据史书记载,现在天安门前的金水桥,就是在明朝时移白玉石桥而建),河水从西面太液池东流过来,桥北便是宫城。宫城周围九里三十步,南向三门,居中的正门为崇天门,左为星拱门,右为云从门;宫城东西两向分别有东华门和西华门,北面是厚载门。宫城大体可分为前后两大组建筑群。前部为大明殿,其正门为大明门,南与崇天门相对。大明殿是皇帝登极、正旦、寿节与会朝的正衙。"青石花础,白玉石园磶,文石甃地。上藉重茵,丹楹金饰,龙绕其上。四面朱琐窗,藻井间金绘,饰燕石。重陛朱阑,涂金铜飞雕冒。中设七宝云龙御榻,白盖金缕褥,并设后位。诸王、百寮、怯薛官侍宴坐床,重列左右。前置灯漏,贮水运机,小偶人当时刻捧牌而出。木质银裹漆瓮一,金云龙蜿绕之,高一丈七尺,贮酒可五十余石。雕象酒卓一,长八尺,阔七尺二寸。玉瓮一,玉编磬一,巨笙一,玉笙、玉箜篌咸备于前。前悬绣缘朱帘。至冬月,大殿则黄猫皮壁幛,黑貂褥。"(《辍耕录》卷二一《宫阙制度》)。这种在正殿上帝、后并设座位,左右重列诸王、贵族及怯薛官坐床,前方备有巨大的酒容器,桌上摆放各种乐器的陈设制度,完全是沿用蒙古斡耳朵(金顶大帐)的设置。1252年,到过蒙古的西欧基督教士鲁布鲁仑对这方面有过详细的描述。(《出使蒙古记》第194~195页)这和历代中原王朝的殿廷设置大不相同。上面所说的巨笙,便是所谓"兴隆笙","其制为管九十,列为十五行,每行纵列六管。其管下制匮中,而匮后鼓之以鞴。自匮足至管端,约高五尺,仍镂版凤形,绘以金条,以围管之三面,约广三尺,加文饰焉。凡大朝会,则列诸轩陛之间,与众乐并奏。每用乐工二人,一以按管,一以鼓鞴,以达气出声,以叶众膏,而乐之奏成矣!"相传它是由忽必烈自己制作;又说是西域乐工所献,而由忽必烈加以损益。(《钦定日下旧闻考》卷三〇,《宫室》引王伟《兴隆笙颂并序》)殿外,丹樨之前,忽必烈还特意从漠北旧居之地引种来一种莎草,名之曰"誓俭草",意在用此草教育子孙后代,常思"太祖创业艰难",使"知勤之节"。

宫城的后部是以延春阁为主体的另一组建筑。南面正门为延春门,内为延春堂,其门庑殿制,大略与大明殿相同。"氍地皆用浚州花版石氍之,磨以核桃,光彩若镜。中置玉台床,前设金酒海四,列金红小连。"堂之上一阁高耸,即延春阁。自东隅循级而上,"虽至幽暗,阑楯皆涂黄金龙云,冒以丹青绢素。上仰亦皆拱内攒顶,中盘金龙。四周皆绕金珠琐窗,窗外绕扣金红阑干,凭望至为雄杰"。(萧洵《元故宫遗录》)延春阁之北即宫城的北门厚载门,辟有御花园,栽植花木。

延春阁之西,通过园坻(今北京北海团城)而与太液池西岸的太子东宫有舟桥相连。(后改名隆福宫,为皇太后之所居,而于其北另建兴圣宫以为皇太子东宫)太液池北即金之琼华岛,1271年忽必烈改赐名万寿山。其山皆垒玲珑石为之,峰峦隐映,松桧隆郁,山上有广寒殿。太液池两岸垂杨,碧波数顷,锦麟荡漾,芙蓉盛开。金水河自和义门附近引玉泉水灌注,是皇帝和后妃放舟游弋的好地方。

宫殿之外，又在齐化门里修了太庙，平则门里修建了社稷坛。整个城池、宫殿、社庙的布置，都一准《周礼·冬官·考工记》所记"匠人营国，方九里，旁三门。国中九经九纬，经涂九轨。左祖右社，面朝后市"的原则。宫阙的风格、形制以及它们的命名，都本于汉制。城门、坊名都从《易经》命名。但殿内的陈设又多保存蒙古旧制；宫廷内的仪式典礼，也是蒙汉并存。这都表明，在改行汉制与沿行祖制上，忽必烈是经过悉心安排，以求各得所当的。

元朝兴盛时期，据记载，大都城居民达十万余户，人口四十余万，在当时世界上，它的巨大规模与富赡壮丽，是很少有城市能与之相比的。历史上，黄仲文写过一篇《大都赋》，其中说："华区锦市，聚四海之珍异；歌棚舞榭，选九州之秋芬。招提（庙宇）拟乎宸居，廛肆主于宦门。酤户何泰哉！扁斗大之金字。富民何奢哉！服龙盘之绣文。奴隶杂处而无辨，王侯并驱而不分。庖千首以终朝，酿万石而一旬。复有降蛇搏虎之技，扰象藏马之戏，驱鬼役神之术，谈天论地之艺，皆能以蛊人之心而荡人之魂。是故猛虎烈山，车之轰也；怒风搏潮，市之声也；长云偃道，马之尘也；殷雷动地，则文明为舳舻之津，丽正为衣冠之海，顺则为南商之薮，平则为西贾之派。天生地产，鬼宝神爱，人造物化，山奇海怪，不求而自至，不集而自萃。"（《宛署杂记》上《民风一》）今天我们读起上述文字，当时大都的繁华景象，仿佛仍在眼前。

大都是元朝的国都，也是元朝的政治、经济、宗教、文化中枢，又是当时世界上最富庶、商业最发达的都城。马可·波罗以及其他来中国的商人、使节和旅行家的记述中，都对大都城恢宏壮丽的建筑，富庶繁华的城市,作了生动的描绘和渲染。通过他们的记述,大都城的富丽繁盛,引起了西方世界的普遍惊奇和仰慕。大都城的历史地位,甚至不因元朝的覆亡而消失。因为在1368年后,它又成为明朝的京都,从而发挥着簇新的功能和使命。

大都虽为元朝皇帝的都城,但从忽必烈皇帝开始,元朝皇帝每年只在大都居住半年时间,另半年时间则在上都度过。其惯例是每年二三月驾幸上都避暑,至八月回到大都,这就是元朝皇帝的两都巡幸制度。皇帝每年巡幸上都,除了后妃、太子和蒙古诸王外,文武百官、宗教领袖和名士硕儒都要从行,大都只留平章政事、右丞(或左丞)数人居守。皇帝巡幸时乘坐"象辇"(架在四只大象背上的大木轿子),带有仪仗队和扈从军,浩浩荡荡往返于上都、大都之间,盖欲"以威镇朔漠,以震耀古今,然亦莫掩其盛也"。

忽必烈为了对全国的疆域进行有效管理,在全国实行了行省制度。忽必烈即位后,把"行省"作为中书省的临时派出机构,用以主持地方的政治、经济、军事事务,因事而设,事已则罢,没有相对稳定的治所和辖区。元朝灭亡南宋后,行省这种管理形式被广泛采用推行,逐渐演变成为地方的行政机构和地理区域。据《元史·地理志》记载,行中书省有十一个,即岭北、辽阳、河南、陕西、四川、甘肃、云南、江浙、江西、湖广、征东。其中征东行省设在高丽,徒有虚名,实际只有十省。这十个省管辖着元王朝百分之六十的国度。此外,临近首都,由中央直接管辖的今河北、山东、山西等地,共二十九路八州的地方,被称为"腹里"。所以,在拉施特的《史集》中,称元王朝辖有十二省,就是并中书省而言的。由于不少行省辖境过大,为了加强与偏远地区的联系,又设置宣慰司,介于行省与路、府、州、县之间,起上传下达的作用。这样,通过行省制度,元朝的行政管理范围便进一步扩展到偏远地区了。

由于元朝幅员辽阔,上述省区彼此相距遥远,为了维系边徼的安全,并加强对全国的控制,忽必烈经与二三大臣共议,又实行镇戍制度。忽必烈把他的儿子分封为王,出镇哈剌和林、云南、回回、畏兀、河西、辽东等边疆,以强化中央对边疆的统治。由于元朝的政治中心偏重北方,故对"据天下腹心"的河南、山东等地,"则以蒙古、探马赤军列大府以屯之"。对于"淮、江以南,地尽南海,则名藩列郡"等原南宋统治区,除留有少数蒙古、探马赤军镇戍外,"又各以汉军及新附军戍焉"。

为了密切中央与地方的联系,沟通中外之间的往来,元朝在辽阔的国度建立了四通八达的交通线路。统一的国度,打破了分立政权的此疆彼界,扫除了妨碍彼此交往的政治藩篱。强盛的国力,为把驿站制度推到全国和力所能及的一切地方开辟了前景。在元朝大一统时期,以大都为中心修筑了通向全国各地的驿站,东连高丽,东北至奴儿干,北达吉利吉思,西通伊利汗国和钦察汗国,西南抵乌思藏,南接安南、缅国。《马可·波罗行纪》记载,忽必烈时期全国共有"驿邸逾万所","备马三十万匹"。这种可以自豪的壮举,"从未见有皇帝国王藩主之殷富有如此者"。由于驿站发达,所以在元朝的国度内,"四方往来之使,止有馆舍,顿则有供帐,饥渴则有饮食,而梯航毕达,海宇会同,元之天下,视前代所以为极盛也"。

统一的国度和强盛的国力,还为兴建一些全国性的影响深远的巨大工程创造了条件和可能。由于元朝建都燕京,去江南极远,百司庶府所需粮食,"无不仰给于江南"。为了解决南粮北调问题,元朝开辟南北漕运工程。在忽必烈时期,成功开辟两条新运河:一条是至元二十六年(1289年)开成的会通河,全长二百五十余里;另一条是至元二十九年(1292年)开工兴凿的通惠河,全长一百六十里。这样,由南方漕运来的粮食,便可以通过连接南北的长达三千里的大运河,经通惠河而直达大都码头泊舟卸仓。这样的水利工程,堪称壮举。除了漕运外,还有海运。由于河漕"转输艰而糜费重",至元十九年(1282年),元朝又开始取海道运粮至大都。初航成功,效益甚佳,由是罢所开河道,专事海运。至元二十七年(1290年),南漕粮运至大都,达一百五十多万石,后增至三百余万石。从元代开始,海上运粮前后持续了八十年(1283—1363年)之久,共开辟了从南方的淮安、利津、刘家港、庆元、长乐、漱浦始发至直沽的六条航线。海道的开辟,其实际作用和深远影响,已超过了南漕粮以实京师的范围。它不仅促进中国南北方经济文化的交流和人民之间的交往,而且还促使一些沿海城镇得以繁荣,并推动了中国海上对外贸易事业的发展。刘家港所在的太仓州,本为草莽之地,海运开辟后,数年之间,就成了"番汉杂处,闽广混居"的"六国码头"。闽南最大的商港泉州,被马可·波罗称为"刺桐城",是当时世界上最大的国际贸易港,有"梯航万国"之誉,其繁盛局面远非宋代所能比拟。所以元朝的《经世大典》说:"皇朝平定江南,幅员既广,贡赋益夥,于是泉州、上海、漱浦、温州、庆元、广东、杭州、邻海诸郡,与远夷番民往复互易舶货。"据考证,忽必烈去世后十年,即成宗大德八年(1304年)所刊行《大德南海志》记述,当时来广州贸易的国家和地区,共有一百四十三个之多,东起菲律宾,西至东非沿岸,交往范围之广,前代罕见。另外,经庆元输入中国的外国商品达二百二十余种,也比宋代在该港进口的商品多六十余种。

元朝还开创了北方少数民族征服统治全国的先例。元朝对全国的经略,进一步为我国多民族国家的形成奠定了规模。《元史·地理志》说:"汉梗于北狄,隋不能服东夷,唐患在西戎,宋患常在西北。"历代都曾经为边疆民族问题而生忧患,而元朝却能较为成功地解决许多民族和地区间的矛盾,基本上把全国各地统一起来,因此,它能实现前所未有的"华夷一统"的历史大业,创造超过以前朝代的统一规模。

在元朝广袤的疆域里,分布着为数众多的少数民族。具体而论,除蒙古族聚居大漠南北以外,国内还有许多其他少数民族,如东北的女真、水达达、哈剌鲁,西南的藏族,云南、湖广等边陲地区的白、罗罗、末些、苗、瑶、壮、黎、仡佬等族。

由于这些民族间社会发展水平不同,经济文化殊异,情况千差万别,十分复杂,忽必烈针对当时国内多民族的实际情况,从维护封建王朝的利益出发,制定了因地制宜、因俗而治的民族政策。这一民族政策包括两方面的内容:其一是在边远地区设置符合当地特点的管理机构。如针对吐蕃地区教派林立的特点,主要通过尊奉喇嘛教,笼络吐蕃上层人物,实行政教合一的统治。在中央,设立专门机构宣政院,由皇帝册封的帝师代"领吐蕃"事务。宣政院下辖有许多宣慰使,以及宣抚使、招讨使,其主要管理机构是吐蕃宣慰司,即吐蕃等处宣慰使司都元帅府、吐蕃等路宣慰使司都元帅府和乌思藏纳里速古鲁孙等三路宣慰使司都元帅府。针对祖国西南边陲云南地区民族众多，情况复杂，又存在前大理国王段氏的地方势力，以致"诸蛮变乱不常"的情况，忽必烈特派"功闻五朝"的重臣赛典赤·赡思丁前往治理。至元十三年(1276年)，赛典赤完成对云南地方政权管理机构的改革，将权力集中于行省，行省之下遍设路、府、州、县，以及中央政权统辖之下的行政机构，取代了过渡性的军事统治的万户、千户、百户制，革除了管军官兼管民政这一长期以来的弊政，进一步削弱了云南的地方势力，从政治上结束了南诏、大理国五百余年来的地方割据，使云南重新置于封建王朝中央政权的直接控制之下。针对西北地区存在着与元王朝一直为敌的海都的叛王势力的情况，忽必烈进一步加强对天山南北的治理。继遣其子那木罕出镇阿力麻里之后，又分别设立了分辖南北疆军政事务的北庭都护府和别失八里、和州等宣慰司。其二是大力笼络少数民族的上层人物充任各级官员。除在中央政权机构中广泛任用各族官员外，在少数民族聚居地区，更是注意大量任用当地的上层人物治理本民族的行政事务。赛典赤治滇时，更把蒙古军初入云南即使用的招降和任用地方民族上层的做法进一步系统化、制度化。除以本地的土官、酋长充任各级官员外，在少数民族聚居地区，更是注意大量任用当地的上层人物治理本民族的行政事务。对于在云南地方势力中影响较大的段氏，更加优待、重用。如前大理国王段兴智之子段实，被授以宣慰使、都元帅、行省参知政事之职；段兴智的兄弟信苴日，曾任大理总管、宣慰使和云南行省左丞，"治大理，凡二十三年"。段氏世代受封遂为惯例，迄至明初，历十一世。赛典赤的这一举措，成为元王朝治理西南边陲的定制，并为明、清二代所汲取,由此形成了中国历史上完整的土司制度。此外,忽必烈为了笼络畏兀儿首领,在中断蒙古与畏兀儿亦都护三十年联姻关系之后,于至元十二年(1275年)又把定宗之女巴巴哈儿公主嫁给畏兀儿首领火赤哈尔的斤,使畏兀儿亦都护家族在与西北叛王的斗争中忠心事元,确保了"北至阿木河,南接酒泉,东至兀敦甲石,西临西番"的畏兀儿地区牢固地归附在元王朝的统治下。

元王朝的文治武功,使我国广大的少数民族地区纳入祖国的版图,给中国的历史与中华民族的发展带来了巨大而深远的影响。从元朝开始,西藏正式统一于中国的版图之内,西南边陲再也没有出现有如南诏、大理那样的地方政权。元朝开拓了边疆与内地的新关系,促进了各族人民之间的互相融合的趋势。岭北、辽阳、甘肃、四川、云南、湖广之边,在唐代实行羁縻统治的地方,到了元代几乎都同于内地,从而同中原更加密切地联结成为不可分割的整体。有元一代的统治,使蒙古地区与四面八方联系起来,许多非蒙古人来到蒙古地区,天长日久,无不同化、融合到当地居民之中,从而使原来非蒙古血统的部落、部族和个人蒙古化了,无形中扩大了蒙古人的内容和涵义,结果便导致蒙古人队伍的空前膨胀。另一方面,元朝的民族四等级制,将女真人、契丹人、高丽人包括在汉人之中,与汉人列为一等,结果也使得这些民族本来就在积极汉化的速度更为加快了。此外,随着信奉伊斯兰教的中亚突厥人、波斯人、阿拉伯人大批来到中国定居,被称为回回人,他们逐渐说汉语,用汉文,因而在祖国民族大家庭中又增加了一个新的成员——回族。由于各族人民的共同努力,在元朝,漠北、东北、新疆、西藏、云南、海南海北、台湾澎湖等边疆地区的经济文化都有了长足的进步和发展。元末明初人叶子奇称颂,"元朝自世祖混一之后,天下治平者六七十年……诚所谓盛以矣",从一个侧面描写了元朝的鼎盛状况。

元朝的统一,还使得"天下车书之同,往昔莫及"。忽必烈在原来塔塔统阿所创蒙古字已通用近六十年的基础上,于至元六年(1269年)二月,以八思巴新创的蒙古新字施行于天下。由八思巴所创的蒙古新字,是一种以吐蕃字母为基础的方体字,共有四十一个字母,用以拼写蒙古语,也拼写汉语。忽必烈诏以蒙古字"译写一切文字",实际是企图以一种通用字母拼写蒙、汉、藏各民族的语言。因此,这可以说"是中国文字史上的一次创造性的尝试,也是制作汉语拼音字的第一次尝试"。蒙古新字不仅是蒙古国和蒙古民族的文字,而且也是元朝国家法定的官方文字。整个元朝统治时期,所有皇帝的诏书、文告、印章、牌符、钞币一律使用蒙古新字。

国家的大统一,民族的大融合以及中外交通的发达,为元朝文化的发展创造了十分有利的客观环境。加之主观指导上,蒙古统治者文化水平低,统治粗疏,对各种思想文化实行了比较宽容放任的政策,对各种意识形态的控制没有中原封建专制那样严密,对各种宗教的传播采取兼收并蓄的态度,使得各种文化有可能借助于宗教这个载体加以表现。所以,有元一代文化多姿多彩,内容十分丰富。中原汉族文化、北方草原文化、边疆各族文化,以及中亚伊斯兰教文化、东欧基督教文化、南亚佛教文化,都找到适合自己发展的园地,并且互相交汇,由此构成了这一时期文化发展上的重大特点。

在各族文化的交流融汇方面,其成就也是十分引人注目的。其中,如受汉文化的影响,元代涌现出一批以汉文从事杂剧、散曲、诗词创作的各少数民族作家,以及在国画、书法上颇有造诣的少数民族书画家。他们的作品是汉文化与各兄弟民族交流融合的结晶,同时也为汉文化的发展注入了新鲜血液。受其影响,元朝的皇帝也对汉文化表现出程度不同的兴趣。忽必烈的汉文化知识比较全面,所以,他很重视"择名儒"教授太子真金的《孝经》及汉文书法。忽必烈的后继者中,有几个皇帝的汉文水平大大提高,他们均有汉文"御书"的记录或墨迹存世。而且,愈到晚期他们的兴趣越浓。因此,有的论者认为,要不是1368年蒙古统治者被逐出中原,在元帝国中很可能会"产生另一个康熙或乾隆"。在忽必烈统治时期,由政府出面组织了几项大规模的文化交流活动,为各民族学者的集体合作创造了有利条件。如历时近三年(1285—1287年)的藏汉大藏经勘核工作,聚集了政府官员,印度、西藏、北庭名僧和汉族法师二十九人,编写出一部藏汉对勘的佛教大藏经目录——《至元法宝勘同总录》,便是藏汉佛教文化的一次大规模的交流与总结。至元二十三年(1286年),即在元朝平定江南,统一全国十年之际,由行秘书监事、回回人扎马鲁丁发起建议,经忽必烈批准开展组织编纂的空前规模的地理书籍——《大元一统志》,是又一项各族学者的集体劳动和智慧的结晶。该书由扎马鲁丁、虞应龙等纂修,至元三十一年(1294年)成书,共七百五十五卷。后由勃兰盼、岳铉等续修,成宗大德七年(1303年)成书,凡一千三百卷。此书通过地理书籍的形式,再现了元朝大一统的国家规模,"则是古之一统,皆名浮于实,而我则实协于名矣"。在元朝末年,由政府主持纂修的宋、辽、金三史纂修工程,更是这种集体写作活动的集大成者。担任三史都总裁的是蒙古人脱脱,总裁是唐里人铁木儿塔识,集中众多的少数民族史家修史,这在二十四史中都是少见的。由于有众多的少数民族史家与汉族史家共同修史,对克服大汉族主义的民族偏见和正统观念,采取宋、辽、金"各系其年"的修史方法,较为全面地撰写少数民族历史,都是大有好处的。此外,在辽、金二史之后附《国语解》,这在中国二十四史中也是特有的。

在元朝时期,由于幅员广袤,交通方便,社会比较开放,中西文化交流等客观条件,促进了科学技术的发展,提高了自然科学的接触面和精确度,从而使得知识分子更加注重实际,注重自然科学。在这种风气的影响下,产生了一些闪烁着科学光芒的文化成就。如精通水利历算的伟大科学家郭守敬,利用元朝"疆宇比唐尤大"的优势,派遣监候官十四名,深入"远方测验"。"东至高丽,西极滇池,南逾朱崖(今海南岛),北尽铁勒"(今蒙古国和林以北),分设测量站二十七所,经过四年努力,于至元十七年(1280年)制成新历。由于这次监天观测能在如此广大的地区进行,能根据不同地区所得的不同数据,以求得天体运行的客观实际,所以,这部新历被命名为授时历,与地球绕太阳一周的实数只差二十六秒,精确度以365.2425天为一年,比西方求得这一数据的格里高利历早了三百零二年。至元十七年(1280年),忽必烈命都实为招讨使,"往求河源",有组织地进行大规模的探索黄河发源地的科学考察活动。由于都实利用了当时"元有天下,薄海内外,人迹所及,皆置驿传,使驿往来,如行国中"(《元史·地理志》)的有利条件,经行四个月即抵达河源,求出河源出于火敦脑儿,即星宿海的位置,破除了《禹贡》中"导河积石"的旧说,与实际极为相合。此外,地理学家朱思本"周游天下",积二十年调查之功,所绘成的《舆地图》,对丰富地理宝库,完备计里方法,作出了卓越的贡献。在长期的海上航行中,知识分子总结了船户们"仰观天象,以卜明晦"的经验,依据掌握的气象预测知识,把对潮汛、风向、雨雾等预测,编为口诀,"屡验皆应"。蒙元时期的医学家李杲、朱震亭,从实际出发,敢于破除自北宋以来由官方修订占统治地位的"太平惠民和剂局方",创立独立的家法,产生了"以古方为胶柱",和认为"集前人已效之方,应今人无限之病,何异刻舟求剑"的观点,发展了元代的医学。

在元代文化的贡献上,可以和汉赋、唐诗、宋词等量齐观的是杂剧艺术。我国戏剧为什么在元代走向成熟的问题,也和元朝的社会历史条件紧密相关。一方面,从艺术发展规律而论,中国传统的戏剧艺术形式在其自身的发展历程中,在元代由于一种新诗体——散曲的注入,而使诸宫调在变为元杂剧中起了最后定型的重要作用。而这种散曲,则正是在元朝建立后,随着兄弟民族的乐曲大量传入中原,从行腔歌辞到伴奏乐器,将之与固有的民间小调融汇在一起而产生的一种新声新词。另一方面,从杂剧所反映的深刻社会内容而论,由于在元朝统治下,一些知识分子因对朝代更迭或异族统治感到失意,并因在现实生活的需要和对统治集团不满的驱使下,开始和下层劳动人民有较多的接触,与社会有较多的联系,从而获得了丰富的文学艺术创作的源泉。这样,在元代的城市游乐场所——勾栏瓦舍中,便涌现出了一批散曲杂剧作者。与前代文艺作品较多歌颂封建社会升平盛世不同,以杂剧为代表的元代文艺作品,则在揭露封建统治阶级、同情被压迫人民方面取得了独特的艺术成就。其中,以关汉卿为代表的杂剧作家,以纯熟的技巧所写成的那一出出爱情鲜明的剧作,便构成了我国现实主义文学光辉的一页。

元朝的大一统,进一步促进了中外文化的交流,在推进中外交往上揭开了一个新篇章。由于当时蒙古的军事征服行动震撼了世界,中国是世界最强盛的国家,一时间大蒙古国和元朝成了欧亚地区引人注目的中心,使当时世界的几个主要的文明区域无不与之发生联系。另一方面,在蒙古三次西征基础上建立起来的四大汗国,使蒙古统治的境域直接与欧洲国家毗邻,交往比较便利。再加上元朝完善的驿站制度,把欧亚大陆连接在一起,同时在主观上实行扩大开放的政策,对来自欧亚的各国使臣、商人和传教士给以种种保护优待、支持鼓励。所以,元朝能在中唐和北宋、南宋以来,中国与西方国家中断了若干世纪以后,迎来频繁交往的兴盛局面。元朝除了如前所述,在海外交往范围大大超过宋代以外,在陆路方面,更是畅通无阻,中西交往不绝如缕。随着大蒙古国的西征,大批中亚的波斯人、阿拉伯人涌入中国,经由陆路迁居内地,其数量之大实属空前。跟在回回人、西域人或大食人的商队之后的,是一些从事贸易、传教或旅行的"碧眼黄发"的欧洲人。中国与欧洲的通使往来,在从汉至宋的历史长河中,见于记载的不过十余次,而在蒙元时代,这种中西通使关系则是经常频繁进行,实属前所罕见。频繁的中西交往,促进了中国与西方各国的文化交流。中国伟大的科学发明——罗盘、火药、印刷术等就是在这一时期辗转传入欧洲的。久负盛名的阿拉伯医学、天文学知识,也在这时传入中国,汇入元代丰富多彩的文化宝库之中。除了中西关系交往超过前代外,元朝与日本和平交往的盛况,也超过了唐代和宋代。元代与近邻日本的关系,在经过发动 1274 年和 1281 年两次不义之战招致失败后,忽必烈皇帝转而恢复两国的和平交往。

从 10 世纪初开始,中国处于分裂状态,延续达三百多年之久。忽必烈在上都完成了统一中国大业,进而在大都提高了中国的国际地位。

上都、大都的建成,体现了忽必烈皇帝的远见卓识和雄才大略。后来,忽必烈定都于大都,为北京奠定了国都地位。历史证明,上都、大都的建成,是忽必烈皇帝的一大功劳。

忽必烈皇帝建立元朝,统一中国的历史功绩,彪炳史册,与成吉思汗一样,永远载入中国和世界史册,万古流芳。

附录　元世祖忽必烈皇帝大事记

1215 年，1 岁

《青史演义》下册第四十七章，一开头写道："成吉思汗破中原迁居大都，忽必烈生大都平定燕京。大蒙古国成吉思汗十年（1215 年）……是年太祖五十四岁。拖雷四子忽必烈诞生。"（尹湛纳希著，黑勒、丁师浩译，内蒙古人民出版，1985 年 9 月第 1 版）

《忽必烈汗》（蒙古文）中记载："1215 年五月，成吉思汗攻取金朝中都（今北京）。""1215 年八月二十三日，成吉思汗幼子拖雷的第四子（忽必烈）诞生。"

鉴于上述记载，可以确定，忽必烈在 1215 年八月二十三日生于燕京（今北京）。

1217 年，3 岁

太祖十二年，成吉思汗命木华黎经略中原。

1219 年，5 岁

太祖十四年，成吉思汗西征（1225 年返回）。

1227 年，13 岁

太祖二十二年，在大蒙古国军队长期围攻中兴府后，七月，西夏国被大蒙古国灭亡。成吉思汗病逝于六盘山清水县行宫。诸将遵遗诏,秘不发丧。将成吉思汗遗体运回蒙古本土,由拖雷主持葬礼,将成吉思汗葬于不儿罕山起辇谷。拖雷监国。

1229 年,15 岁

太宗元年,窝阔台继位为大蒙古国第二任大汗。

1231 年,17 岁

太宗三年,耶律楚材任中书令。

1234 年,20 岁

太宗六年,大蒙古国与南宋军联合攻破蔡州,金国皇帝完颜守绪自杀,金国灭亡。

蒙古诸王召开贵族大会。秋,议征伐南宋。

1235 年,21 岁

太宗七年,窝阔台遣子阔端、阔出等南下征伐南宋,遣拔都西征(至 1242 年)。开始营建哈剌和林宫殿。

1236 年,22 岁

太宗八年,失吉忽秃忽完成中原括户,耶律楚材主持制定中原赋税制度。

1241 年,27 岁

太宗十三年,窝阔台大汗病逝,皇后脱列哥那(乃马真)摄政。

1248 年,34 岁

定宗三年,贵由大汗病逝于西巡途中。

1251 年,37 岁

宪宗元年六月,蒙哥大汗继位为大蒙古国第四任大汗。捕窝阔台孙失烈门等人,究治其党。命忽必烈总领漠南汉地军国庶事,统军南下进驻金莲川草原;命旭烈兀总领阿姆河以西诸地军国庶事,统军西征。忽必烈派张耕、刘肃等治理邢州。

1252年,38岁

宪宗二年,在中原括编户籍。忽必烈在桓州金莲川开设幕府。正月,唆鲁禾帖尼病逝。忽必烈请准设立河南经略司,以史天泽、赵璧、杨惟中为使。六月,元好问与张德辉一起觐见忽必烈,请其为儒教大宗师。蒙哥大汗命忽必烈南征大理国。七月,忽必烈誓师出征。

是年,蒙哥大汗再括中原民户,将其分赐诸王贵族。

1253年,39岁

宪宗三年,旭烈兀西征。忽必烈受京兆封地,派姚枢立宣抚司,杨惟中等为使,商挺为郎中。十二月,忽必烈平定大理国,留兀良合台驻守,继续攻打未附山寨部落。

1256年,42岁

宪宗六年,忽必烈命刘秉忠在桓州东,滦河北,于龙冈之地,建开平城。

1258年,44岁

宪宗八年,旭烈兀攻占巴格达(今伊拉克首都),建立伊利汗国。

1259年,45岁

宪宗九年七月,蒙哥大汗亲攻南宋合川钓鱼山,受伤而病逝。

1260年,46岁

世祖中统元年三月,忽必烈即位于开平,成为大蒙古国第五任大汗。四月,正式建立中书省,以王文统为平章政事,张文谦为左丞。

发布即位诏书。派郝经为国使,出使南宋。此月订立官制。五月,建元中统,诏告天下。立十路宣抚司,以赛典赤、廉希宪等为宣抚使。阿里不哥即位于哈剌和林。派阿蓝答儿等取关陇之地。九月,忽必烈统兵与阿里不哥大战,将其击败。派廉希宪等夺取关陇,杀死阿蓝答儿等人。十月,发行中统元宝交钞。十二月,以八思巴为帝师,统释教。

1261年,47岁

世祖中统二年五月,派人责问南宋稽留国使郝经,访其所在。以史天泽为中书右丞相。六月,南宋泸州安抚使刘整以城降。以不花为中书右丞相,耶律铸为左丞相。七月,立翰林国史院,王鄂建议修辽、金史。八月,以许衡为国子祭酒,姚枢为大司农,窦默为翰林侍讲学士。封张柔为安肃公,张荣为济南公。九月,阿里不哥对忽必烈再次发动袭击。十一月,忽必烈大败阿里不哥于昔木土脑儿,阿里不哥北遁。十二月,封皇子真金为燕王,领中书省事。

1262年,48岁

世祖中统三年二月,李璮反叛,忽必烈命各路军征讨。王文统被杀。七月,史天泽等平定李璮叛乱,处死李璮。八月,郭守敬请开玉泉山水以通漕运。

1263年,49岁

世祖中统四年五月,升开平府为上都,即国都。六月,以线真为右丞相,塔察儿为左丞相。

1264年,50岁

世祖至元元年七月,阿里不哥向忽必烈表示归顺。八月,改年号为"至元",改燕京为中都。十二月,取消汉人世侯的世袭,立迁转法。诏子聪复姓刘,易名刘秉忠,拜太保,参领中书省事。改燕京为中都。规定以五事考校升黜地方官吏。十一月,以阿合马为中书平章政事。

1265年,51岁

世祖至元二年二月,以蒙古人充达鲁花赤,汉人充总管,回回人充同知,宣布永为定制。

1266年,52岁

世祖至元三年正月,立制国用使司,以阿合马为使。二月,以廉希宪、宋子贞为平章政事,史天泽为枢密副使。六月,封皇子那木罕为北平王。八月,命黑的、殷弘出使日本。十二月,以张柔、段天佑行工部事,修筑宫城。建大安阁于上都。是年,阿里不哥在漠北病逝。

1267年,53岁

世祖至元四年正月,封张柔为蔡国公,以赵璧为枢密副使。始建大都新城。三月,耶律铸制成《大成乐》。八月,封皇子忽哥赤为云南王。九月,派忽哥赤出镇大理。波斯天文学家扎马鲁丁在上都建成七件西域仪象。

1268年,54岁

世祖至元五年七月,立御史台,以塔察儿为御史大夫。立东西二川统军司,以刘整为都元帅,用其建议,发兵围攻襄樊。是年,海都与八剌联兵反元。张柔病逝。

1269年,55岁

世祖至元六年正月,命史天泽等董师襄阳。二月,立四道提刑按察司。颁行八思巴所创制蒙古新字。尊八思巴为"大宝法王"。七月,立国子学。十月,定朝服色。是年,海都、忙哥帖木儿在塔剌思河谷举行忽里台,划分各自势力范围。

1270年,56岁

世祖至元七年正月,立尚书省,以阿合马为平章。罢制国用使司。二月,观刘秉忠等所制朝仪。立司农司,十二月改大司农司。五月,下令括户。闰十一月,申明劝课农桑赏法之法。十二月,以赵良弼为国使出使日本。建护国仁王寺于高梁河,敕定僧人服色。是年,忽必烈视师西北,驻跸称海。

1271年,57岁

世祖至元八年五月,进史天泽平章军国重事。十一月,改"大蒙古"国号为"大元",诏告天下。十二月,诏天下兴起国子学。是年,命皇子北平王那木罕出镇阿力麻里。

1272年,58岁

世祖至元九年正月,并尚书省于中书省。二月,中都新宫建成,改名为大都,定为国都。十月,封皇子忙哥剌为安西王,驻兵六盘山。十一月,回回人亦思马因创作巨石炮,命送襄阳军中使用。

1273年,59岁

世祖至元十年正月,元朝军攻破襄阳。二月,南宋襄阳守将吕文焕以城降。三月,察必皇后、真金皇太子受册宝,诏告天下。四月,以史天泽、合丹等人分别为行荆湖、淮西等路枢密院使,大举进攻南宋。编成《农桑辑要》。

1274年,60岁

世祖至元十一年正月,大都官殿告成,忽必烈御正殿,受皇太子与百官朝贺。命伯颜为统帅,发大军二十万,征发南宋。三月,忻都、洪茶邱等率军征伐日本。六月,发布对南宋问罪诏书。十二月,元朝军攻取鄂州。是年,刘秉忠、张德辉去世。八思巴西行,其弟子亦怜真继为国师。

1275年,61岁

世祖至元十二年二月,元朝军与南宋军在丁家洲会战,南宋军大败。元朝军连克建康、平江、常州等城。南宋放回扣留的元朝国信使郝经等人。是年,立阿力麻里行中书省、行枢密院。史天泽、郝经去世。夏,马可·波罗抵达上都。

1276年,62岁

世祖至元十三年正月,南宋幼帝赵㬎上表请降,元朝军攻取南宋首都临安(今杭州)。二月,发布告临安新附府州司县官吏士民军卒人等诏书。五月,南宋幼帝赵㬎到达上都,被封为瀛国公。忽必烈以平南宋事,遣官告天地,祖于上都近郊。南宋益王赵昰即帝位于福州,元朝军入福建、广西。是年,北平王所部昔里吉叛变。大都城建成。赵璧去世。

1277年,63岁

世祖至元十四年七月,昔里吉劫北平王那木罕于阿力麻里之地,械系安童,诱胁诸王叛乱,诏伯颜前往平息叛乱。八月,伯颜率军破昔里吉于鄂尔浑河畔。是年,文天祥等组织兵力抗元。

1278年,64岁

世祖至元十五年四月,崔斌弹劾阿合马。南宋小皇帝赵㬎死。卫王赵昺被立为帝,驻广东新会海中之崖山。六月,命减汰翰林院及诸南儒为宰相、宣慰及各种达鲁花赤者。八月,诏唆都、蒲寿庚告知东南诸番国可与元朝自由往来互市。十一月,安西王忙哥剌去世。闰十一月,文天祥在五城岭被元朝军俘虏。是年,姚枢、董文炳去世。

1279年,65岁

世祖至元十六年正月,元朝军攻破崖山,赵昺溺海而死。三月,忽必烈用郭守敬言,遣官四出测晷度,测验之所,计二十七处。十月,诏皇太子燕王真金参决朝政。是年八思巴、亦怜真去世。

1280年,66岁

世祖至元十七年,颁行《授时历》。都实考察黄河河源。

1281年,67岁

世祖至元十八年,设蒙古国子学。元朝军十万进攻日本失败。

1282年,68岁

世祖至元十九年三月,王著击毙阿合马。是年,始以海道漕运。

1283年,69岁

世祖至元二十年正月,忽必烈纳南必为皇后。三月,命阿塔海等再征日本。五月,孛罗、爱薛出使伊利汗国。元朝发兵征伐缅甸。

1284年,70岁

世祖至元二十一年正月,忽必烈在大明殿受和礼霍孙与百官所奉玉册玉宝及所上尊号:宪天述道仁文义武大光孝皇帝。黄华战败,死。派王积翁使日本。三月,海都等放回那木罕、安童。七月,诏镇南王脱欢征占城。与安南战。十一月,以安童为中书右丞相,卢世荣为右丞。

1285年,71岁

世祖至元二十二年十一月,卢世荣被诛。十二月,因有人奏请忽必烈禅位,皇太子真金惊惧而死。

1286年,72岁

世祖至元二十三年正月,因真金死,罢朝贺。诏罢征日本。五月,元朝军复攻安南。六月,征安南退还。以《农桑辑要》颁行诸路。十月,元朝军再征缅甸。

1287年,73岁

世祖至元二十四年闰二月,复置尚书省,以桑哥为平章政事。三月,发行至元通行宝钞。四月,诸王乃颜反叛。忽必烈亲征,乃颜战败,被处死。十一月,脱欢等再进兵征安南。以桑哥为尚书右丞相。

1288年,74岁

世祖至元二十五年三月,元朝军自安南退还。四月,诏铁穆耳行边,进讨乃颜余党。十月,因桑哥请,以省、院、台官十二人理算江淮、江西、福建、四川、甘肃、安西等六省钱粮。十二月,海都、失烈门等叛乱。商挺去世。

1289年,75岁

世祖至元二十六年二月,籍江南户口。六月,土土哈从甘麻剌抵御海都军失利,海都兵犯哈剌和林。七月,忽必烈亲征,收复哈剌和林,留伯颜镇守。

1290年,76岁

世祖至元二十七年十月,封皇孙甘麻剌为梁王,出镇云南。

1291年,77岁

世祖至元二十八年正月,桑哥被罢职。二月,以完泽为尚书右丞相,不忽木为平章政事,诏天下。改提刑按察司为肃正廉访司。五月,清理桑哥余党。颁行何荣祖所辑《至元新格》。十月,派张立道出使安南。

1292年,78岁

世祖至元二十九年闰六月,黄圣许在广西上思州起兵。是年,元朝军征爪哇,无功而还。十二月,甘麻剌进封晋王。是年,命高兴、也黑迷失、失弼等发兵征爪哇。

1293年,79岁

世祖至元三十年六月,以皇太子宝授皇孙铁穆耳。招抚北边。召伯颜还,以玉昔帖木儿代之。七月,海运漕粮,可直达大都。八月,征爪哇退还。九月,派梁曾、陈孚出使安南。

1294年,80岁

1294年正月二十二日午夜,忽必烈在大都宫中病逝,得寿八十,在位三十五年。元世祖忽必烈是中国历史上一位著名的蒙古族政治家和军事家。他的最大功劳,是结束了中国数百年来南北对峙的政治局面,建立起一个统一的多民族的大元帝国,其版图在中国历史上是空前的。如果说中国目前的疆域幅员辽阔,民族众多,那么与忽必烈皇帝的殚精开拓和进取是分不开的。从《元史·世祖本纪》中,人们可以看出元世祖忽必烈皇帝努力维护和巩固元帝国的深思熟虑和呕心沥血。他在位三十五年,建立了不可磨灭的功勋,又一次完成了统一中国大业,奠定了元、明、清三代六百多年国家长期统一的基础,在中国历史上具有深远的意义和影响。

忽必烈皇帝逝世后,遗体循大蒙古国礼,殡殓于萧墙之帐殿。二十四日发灵,由大都健德门北去,往葬漠北不儿罕山起辇谷祖陵。皇孙铁穆耳经忽里台选举嗣皇帝位,是为成宗。五月,上尊谥称"圣德神功文武帝",庙号"世祖";蒙古语尊称"薛禅皇帝"("薛禅"蒙古语意为贤者)。

参考文献

[1] 道润梯步.《蒙古秘史》新译简注.呼和浩特:内蒙古人民出版社,1978.

[2] 额尔登泰,乌云达赉.《蒙古秘史》校勘本(蒙古文).呼伦贝尔:内蒙古文化出版社,1984.

[3] 阿期钢等.蒙古秘史(现代汉语版).北京:新华出版社,2006.

[4] 尹湛纳希.大元盛世青史演义(蒙古文).第2版.呼和浩特:内蒙古人民出版社,1979.

[5] 尹湛纳希.青史演义.黑勒,丁师浩译.呼和浩特:内蒙古人民出版社,1985.

[6] 韩儒林.元朝史.北京:人民出版社,1986.

[7] 巴拉吉尼玛等.世界名人眼中的成吉思汗——千年风云第一人.北京:民族出版社,2003.

[8] 乌云毕力格等.蒙古史纲要.呼和浩特:内蒙古人民出版社,2006.

[9] 韩儒林.中国历史·元史.北京:中国大百科全书出版社,1985.

[10] 金歌.中华四百帝.上海:上海科学技术文献出版社,2006.

[11] 杜文青.正说开国十四帝.北京:新世界出版社,2005.

[12] 阎崇年.正说历代帝王.北京:中华书局,2006.

[13] 黄时鉴.元朝史话.北京:北京出版社,1985.

[14] 陈世松.蒙古定蜀稿.成都:四川省社会科学院出版社,1985.

[15] 杜玉亭等.云南蒙古族简史.昆明:云南人民出版社,1979.

[16] 腾藤猛等.成吉思汗、忽必烈汗(蒙古文).德力格尔朝克图等译.呼和浩特:内蒙古教育出版社,1987.

[17] 华·杨契维茨基.成吉思汗(蒙古文).呼和浩特:内蒙古人民出版社,1980.

[18] 爱岩松男.忽必烈汗(蒙古文).宝彦德力格尔译.呼特浩特:内蒙古人民出版社,1983.

[19] E·D·弗里夫斯.蒙古史——成吉思汗与他的继承者(下册,蒙古文).官布仁钦译.呼伦贝尔:内蒙古文化出版社,1983.

[20] 志费尼.世界征服者史.何高济译.翁独健校订.呼和浩特:内蒙古人民出版社,1980.